交錯と共生の人類学

オセアニアにおけるマイノリティと主流社会

Anthropology of Minorities:
Coexistence and Complexity
in the Pacific Islands

風間計博 編 Kazuhiro Kazama

ナカニシヤ出版

はじめに

　京都に来てから，学内の自主上映会で十数年ぶりに『ユリシーズの瞳』を観た。ちょうどその頃に継続していた，科研共同研究の成果が本書である。当初，共同研究に思い至ったのは，世界各地で世紀の変わり目頃に起こったいわゆる「民族紛争」が，長らく頭にこびりついていたからであった。混乱がおさまる前の 1995 年，ギリシャの映画監督テオ・アンゲロプロスは，『ユリシーズの瞳』を制作した。同年には，『アンダーグラウンド』（エミール・クリストリッツァ監督）も作られた。いずれも，動乱のバルカン半島を描いた名画である。

　オセアニア島嶼部に関する本の冒頭としてふさわしくない話題から始めてしまったが，1995 年といえば，私は丸々 1 年間，日本にいなかった。1994 年初夏から 1996 年春先まで一度も帰国することなく，中部太平洋の赤道直下，キリバスにおいてフィールドワークを行っていたためだ。キリバスの過酷なサンゴ島での生活は，私にとって心身のストレスが重くのしかかる，心底辛い経験だった。そして当然ながら，本書の対象であるオセアニア島嶼部は楽園幻想とは程遠く，暴力沙汰や殺人事件も，日常的な怒りの爆発や悲劇的なできごとも日々起こってきた。

　オセアニアの人類学者は，島々で喜怒哀楽に満ちた人々の生き様に遭遇するが，日本での生活と異なるのは，人間の死に驚くほど頻繁に直面することだろう。しかしながら，さまざまなできごとは，どこかのほほんとした後味を残す。それに引き続く忘却によって，激しい悲喜劇は緩やかな悲哀となり，やがて煙のように拡散して消え失せていくという印象を私はもつ。

　キリバスから帰国後の 1996 年，梅田の劇場で『ユリシーズの瞳』を観て，声の出ぬほど圧倒された。サンゴ島の生活世界とは全く異なる，バルカン半島において展開した激しくも詩的なアンゲロプロスの映像世界が，エレニ・カラエンドロウの静謐な音楽とともに，「南洋ぼけ」の私の頭に衝撃を与えた。サンゴ島で自ら経験したできごとや間近に見てきた人々の生の営みと，同時代に世界各地で起こっていた紛争の惨劇とのギャップをいかに考えたらよいのか。暴力的衝突は起こったにせよ，オセアニア島嶼の人々が，こうした惨劇を引き起こ

さずに済んだ理由はいかなるものなのか。さらには，排他性や暴力といった人間にへばりついた宿痾は，いかなる過程で現出するのか。こうした眩暈にも似たナイーブな疑問が，共同研究の出発点だったと思う。

　大まかにいえば，軋轢や紛争は，集合的自己と集合的他者を認識した個々の人間の間で起こり，ときに目を背けたくなるような事態が生じる。そして多くの場合，移動してきた人々と，それより以前から住んでいた人々の間で，争いは起こる。人間の移動は，グローバル化のなかで加速し，世界のどこに住んでいても，誰もが移住者に出会うようになった。常識的に考えれば，行き先が近かれ遠かれ，人間は常に移動を繰り返してきた。生活の拠点を遙か遠方に移すことも常態であり，人間は，まさに「移動する人（*homo mobilitas*）」としてしか存在しえない。そして人間やモノのみならず，情報，諸制度や資本，思想や宗教が，現代世界に遍く行き交い衝突し，均質化と異化を引き起こしている。

　今さら思うに，何千年経っても，軋轢に満ちた世界のあり方が好転することはなさそうだ。オセアニア島嶼部の人々もグローバル化の時代に，むしろこの交錯した現代世界に引きずり込まれ，あるいは自ら深く関わっていく途上のようにみえる。こうしたなか，本書は，オセアニア島嶼部におけるマイノリティの共生とその交錯を主題とし，歴史的過去から現代に至る移動と「混血」，性や障害，記憶や感情といった概念を軸に，フィールドワークに基づく民族誌的事例を論じた文章を束ねたものである。世界の内にある人間の営みに排他や暴力が必然的に伴うにせよ，オセアニア島嶼部の生活実践や在地の論理から，軋轢を緩和・消失させる術を身につける，小さな手がかりを得ることはできないだろうか。

　本書は，編者が代表として組織した，科研費基盤研究（A）「太平洋島嶼部におけるマイノリティと主流社会の共存に関する人類学的研究」[課題番号23251021]（平成23年度〜平成26年度）の成果をまとめた論文集である。研究分担者は，毎年それぞれの調査地へフィールドワークに赴き，年度末までに研究会において成果を発表した。初年度は厳寒のつくばで，以降は京都で研究会を開催した。ときにゲストスピーカーを招聘し，オセアニアに限らず，東南アジアやアフリカ等を専門に研究する人類学者から，多彩な報告をお聞きするこ

とができた。研究会後の酒宴を含めて，おもしろい研究会を幾度となく開催することができたと思っている。こうした内輪の面白みとその雰囲気を，少しでも読者にお伝えすることができたら幸いこの上ない。

　研究会の開催や本書刊行に至る細かな雑事等，現在，国立民族学博物館機関研究員の深川宏樹さん，京都大学人間・環境学研究科研究員の比嘉夏子さんには，大変お手を煩わせた。執筆者でもある深川さんには，原稿段階の面倒な形式チェックをお願いした。比嘉さんには，表紙裏のオセアニア島嶼部地図の作成に労をとって頂いた。また，ナカニシヤ出版編集部の米谷龍幸さんは，かなりマニアックな本書の出版を快くお引き受け下さったうえ，煩雑な編集作業を厭わずにいつも親身に対応して頂いた。ここに深謝致します。なお，本書の刊行は，平成28年度京都大学教育研究振興財団の研究成果物刊行助成によって可能となった。関係各位に御礼申し上げます。

寒中の洛北にて

編者

目　次

はじめに　*i*

序　章　現代世界における排除と共生
風間計博　*1*

1　問題の所在　*1*
2　排他と攻撃性　*5*
3　エスニシティと排他性　*11*
4　マイノリティの存在証明　*14*
5　オセアニア島嶼部における在地の論理と共生　*18*
6　本書を構成する諸論文の概略　*20*

第Ⅰ部　移動する人間と「混血」

第1章　鯨歯を纏い，豚を屠る
　　　フィジーにおけるヴァヌアツ系フィジー人の自己形成の視点からみた共存
丹羽典生　*35*

1　はじめに　*35*
2　ヴァヌアツ人のフィジーへの定着　*37*
3　ヴァヌアツ系としての自己形成　*41*
4　複合的な自己の形成　*48*
5　最後に　*51*

第2章　「その他」の人々の行き交う土地
　　　フィジー首都近郊に生成する「パシフィック人」の共存
風間計博　*55*

1　はじめに　*55*
2　「その他」の人々　*58*
3　スヴァ在住のキリバス系住民　*60*
4　オールド・カマーのヴェイサリ地区住民　*65*
5　ヴェイサリを行き交う人々　*69*
6　ネットワークの結節点としてのフリーホールド地　*72*
7　おわりに　*77*

目　次　v

第3章　ニュージーランド・マオリの「混血」をめぐる言説と実態
深山直子 81

1　はじめに　81
2　マオリの「混血」の概史　82
3　国勢調査における「混血」マオリの可視化　84
4　現代におけるマオリ・アイデンティティを巡る言説　89
5　フィールドワークから考えるマオリ・アイデンティティ　93
6　おわりに　104

第4章　ヤップ離島社会の共生戦略におけるアイデンティティとネットワーク
柄木田康之 107

1　はじめに　107
2　サウェイ交易ネットワーク，公共貨幣経済，二元的州政府　108
3　民主化と首長会議の形成　113
4　公務員の離島アイデンティティ　115
5　ヤップ本島におけるコミュニティ用地獲得戦略　119
6　葬儀における公務員アソシエーションと交易パートナー　124
7　むすび　126

第Ⅱ部　新たなマイノリティの生成：性・高齢者・障害

第5章　マフとラエラエの可視化と不可視化
フランス領ポリネシアにおける多様な性の共生
桑原牧子 133

1　序　論　133
2　性の名づけとマイノリティ化　134
3　タヒチ島とボラボラ島の性カテゴリーの多様化　141
4　タヒチ島とボラボラ島のマフ，ラエラエ，レズビエンヌ　148
5　考　察　155
6　結　論　160

第 6 章　母系社会・パラオにおけるマイノリティは誰か？

安井眞奈美　*165*

 1　ローカルな社会における「男女平等」というグローバルな基準　*165*
 2　母系社会・パラオの概観　*167*
 3　ベラウ女性会議の 20 年　*172*
 4　ベラウ女性会議のさまざまな評価　*179*
 5　シューカンを担うパラオ女性の現状　*184*
 6　結　　語　*188*

第 7 章　高齢者の包摂とみえない異化
ヴァヌアツ・アネイチュム島における観光業とカヴァ飲み慣行

福井栄二郎　*193*

 1　高齢者とマイノリティ　*193*
 2　ヴァヌアツ・アネイチュム島の観光業　*196*
 3　平等とみえない異化　*203*
 4　まとめ　*212*

第 8 章　「障害」をめぐる共存のかたち
サモア社会における障害支援 NGO ロト・タウマファイによる早期介入プログラムの事例から

倉田　誠　*217*

 1　はじめに　*217*
 2　サモア社会における障害者支援の展開　*219*
 3　サモア社会における能力観　*222*
 4　ロト・タウマファイによる早期介入プログラムの実践　*225*
 5　おわりに　*235*

第Ⅲ部 差異をめぐる記憶と感情

第9章 帝国の記憶を通した共生
ミクロネシアにおける沖縄人の慰霊活動から　　飯髙伸五 *241*
1. はじめに　*241*
2. 沖縄人とミクロネシア人の邂逅　*244*
3. 戦後の慰霊活動　*249*
4. 帝国の記憶を通じた共生　*256*
5. おわりに　*261*

第10章 狂気に突き動かされる社会
ニューギニア高地エンガ州における交換と「賭けられた生」　　深川宏樹 *267*
1. 序　論　*267*
2. 狂気の民俗理論　*274*
3. 狂気と呪い　*283*
4. 結　論：狂気に突き動かされる社会　*292*

事項索引　*298*
人名索引　*302*
地名索引　*305*

序　章
現代世界における排除と共生

風間計博

1　問題の所在

● 1-1　排除の時代：グローバル化による境界線の曖昧化

　現代世界において，他者は異世界からやってきたマレビト（客人）ではなくなった。グローバル化によって，さまざまな境界線が曖昧となった。逆に，強固な境界線を引き直す衝動的な運動が生じ，必然的に激しい軋轢が生起してきた。自己を確定する欲望によって他者を確定する過程において，暴力的排除や衝突が頻発した。20世紀末，隣人同士が突如，敵対して殺し合ったエスニック紛争の惨劇に戦慄を覚えた人は，少なからずいるに違いない。

　殺戮劇や暴力的の排斥は，現在まで形を変えながら延々と継続している。悲惨な状況をみると，人間は，些細な差異を見出して自他を集合的に区分し，他者を攻撃的に排斥することによってのみ，自己を是認することが可能な存在なのかもしれない。人間の攻撃性や残虐性は，個人的性癖に帰することはできず，誰もが潜在的にもつと考えるほかない。

　均質にみえる人々の間であっても，集合的に弁別されて内集団と外集団が形成されることは普通にみられる。当事者が操作困難な事由（エスニシティ，ナショナリティ，ジェンダー，年齢，障害等）によって，他者は作為的に弁別される。あるいは偶発的な事象を契機として，自他の区分が恣意的に作られることもある。社会心理学の実験によれば，人為的に分けられた内集団と外集団の成員に対して，相互に嫌悪感を抱くよう仕向ける状況を容易に作ることが可能である。人間は，些細な次元の属性が異なるというだけで，互いに攻撃的な態度を取り

うる［大渕 2008］。

　現代世界において存在論的不安に駆られた人々が，他者を自らの不安の元凶とみなすことがある。いわば被害妄想に囚われ，根拠のない非難や攻撃を行うことが，往々にして起こる［塩原 2012: 17; アパドゥライ 2010: 72-121］。ただし，主流社会の人々とマイノリティとを比較すれば，異質な絶対的他者という想定とは裏腹に，しばしば相互にほとんど変わらない生活を送り，微妙な差異しかみられない。差異が問題にならない程度に軽微であり，むしろ共役可能な他者だからこそ，近親憎悪的な激しい排除の対象となる場合がある［Blok 2000］。

　本書では，オセアニア島嶼部における実地調査で得た具体的事例を提示しながら，錯綜した現代世界における，人類学的な共生の論理を追究したい。序章では，オセアニア島嶼部の地域性や人類学を超えて，学問分野を横断しながら視野を広角にとり，共生と排除のあり方を考える。まず，生物としての人間がもつ攻撃性に関する知見を手始めに，共生の対極にある暴力的排除や紛争についての議論を垣間みる。そして，議論の鍵となる自他の弁別や軋轢をめぐり，エスニシティ，移民，マイノリティについて多角的に概観する。さらに，リベラリズムに基づく共生概念に，在地の論理を加える必要性を示したうえで，個別論文の要点を紹介する。

　さて，本書における「共生」と「共存」の用語使用について簡単に示す[1]。「共生」とは，境界線により峻別される「異なるもの」や「明確な他者」の同所的生存状況を指示する。近代的な分類による自他の弁別が強調される文脈において，共に在る状態を主に示す。そして，現代世界における西欧的論理を基盤に置きながら，多様な在地の論理を摂り込む枠組みとして「共生」概念を使用する。一方，「共存」は，オセアニア島嶼部の在地論理として，自他の弁別が曖昧な同所的生存状況を指示する。境界線により峻別されるとは限らない柔軟性を含む概念として使用する。オセアニア島嶼部の「共存」概念を摂り込むことにより，「共生」概念を内側から変形させることが，本書の目標である。

　また書名の「交錯」には，二つの意味を与えている。一つは，歴史的に変化

---

1) 政治哲学的議論を中心に据えた別稿において，私は一貫して共生の語を用いた［風間 2016］。本書では，オセアニア島嶼部における在地の論理を強調するために，語義の重なりはありながらも，共生と共存の概念を分けて使用する。

しながら構築されてきた，柔軟に属性を変更しうる，オセアニア島嶼部における人々の「共存」状態を示している。すなわち「交錯」した「共存」は，自他が明確に弁別されない入り混じった複合状態である。もう一つは，「共生」と「共存」の並列や混淆である。近代的諸制度のなかで弁別と排除が明確に立ち現れると同時に，在地の「共存」もまた維持され，あるいは生成される錯綜した状況を示す。近代の論理は，境界線の強化と自他のカテゴリー化を押し進める。ただし，近代化のプロジェクトは直線的に完遂することなく揺り戻しが起こり，複数論理の併存や混淆した「交錯」状況を生み出すのである。

● 1-2　オセアニア島嶼部における紛争と共存

　本書の対象であるオセアニア島嶼部では，2000年代前半に他者の排斥を伴う暴動や政治的混乱が起こった［丹羽 2016］。トンガやフィジーでは，華人系やインド系商店の略奪や放火が起こった。ソロモン諸島では，武装集団による抗争が勃発して200人もの死者がでた。混乱の一側面を見れば，グローバル化した政治経済状況によりもたらされた，島嶼国経済の危機および国内統治の政治的脆弱性に起因するという解釈が可能である。

　大まかにいえば，政治経済的危機のなかで不満を蓄積させた人々が暴動を起こし，出自や文化の異なる移民が，暴徒の攻撃対象にされた。トンガやフィジーでは，明確な他者として，形質的特徴の際立つアジアからの移民が襲撃された。ソロモン諸島の場合，国内移民であるマライタ島出身者が，微細な差異と否定的なステレオタイプを伴って暴力的に排斥された。マライタ島出身者側も対抗して紛争は拡大し，解決にはオーストラリア等，近隣諸国の介入が必要だった。

　なお，かつて各地で紛争が継続し，都市部における治安の悪さが問題視されるパプアニューギニアの状況は，やや性質を異にする[2]。また，凄惨な事態を引き起こしたブーゲンヴィル紛争には，鉱山資源をめぐる利害対立と独立運動

---

2) パプアニューギニアでは，ワントクと呼ばれる言語集団や，いわゆるクラン間の潜在的な敵対関係がしばしば暴力的に顕在化する。地縁・血縁を異にする人々の相互関係には，暴力を伴わない婚姻や競合的な贈与交換と，暴力的な敵対や抗争が不可分のものとしてある。

が絡んでいる。いずれも，本論の主題である，移民や社会内部の人々をマイノリティ化して排除する事例とは異なるものである。

ニューギニアやブーゲンヴィルの諸事例を除けば，オセアニア島嶼部における大半の国や地域では，実際に暴力行為が起こった場所でも，凄惨な大量殺戮が起こるには至らなかった[3]。この事実は，やや楽観的に捉えれば，規模や内実の異なる多様な集団間において，差別や同化圧力があるにせよ，衝突の過激化を回避する何らかの論理や装置が今日の島嶼社会に内在する可能性を示唆しているのではないか。在地の論理や装置は，キリスト教化や植民地支配等の歴史的変遷を経て，構築されてきたと考えられる。

オセアニア島嶼部は，しばしば外部から楽園幻想を押し付けられてきたが，その表象は誤りである。確かに現在の島嶼部社会は比較的平穏だが，必ずしも多様な集団が差異を縮減させて容易に融和が進んできたわけではない。史実をみれば，19世紀の島嶼部各地において，マスケット銃等を用いた血腥い殺戮を伴う内乱が起こっていた。また，現在でも暴力と結びつく男性性が称揚され，日常的にDVや暴力的な事件が起こっている。人々は，暴力性を必ずしも否定しているわけではない。むしろ，暴力性と暴力の拡大抑制の均衡が，微妙に保たれてきたと理解するほうがよい。

そうした状況下，本書では，広くオセアニア島嶼部における主流社会とマイノリティとの共存のあり方について，民族誌資料に基づいた日常生活の次元から検討し，在地の論理のあり方を考えてみたい。本書で取り上げるマイノリティとは，外来の移民，社会内部において有標化される障害者や性的マイノリティ，さらには通常，主流社会の側に含まれる女性や高齢者まで包括的に捉えている。別言すれば，マイノリティの語は，他者カテゴリーとしてステレオタイプ化される人々を指示する場合，あるいは，有標化によって他者性を付与される個々人を指示する場合がある。このとき，人々がいかに自他を弁別してマイノリティが作られるのか，いかに差別や排除が生じるのかが問題となる。そして差別や排除は，他者に対する攻撃性や暴力と不可分である。逆に，集団的

---

[3] オセアニア島嶼地域では，フィジー等の軍を擁している国家のほうが例外的であり，住民の間に火器は見られない。火器の不在という状況が，衝突の過激化が起こらなかった要因であるという見方もおおむね妥当であろう。

自己がいかに他者を取り込むのか，両者の差異と共存がいかに維持されるのか，問われなければならない。

ここで，主流社会とマイノリティとの共生は，政治哲学を含む西欧近代的な論理によって，必ずしも把捉できるわけではないことを強調すべきである。西欧近代的論理への安易な依拠は，グローバルな知的支配への従属に直結する。この陥穽を回避するには，単純な反発や直接的な対抗言説の形成ではなく，それをずらして組み替え，変形させる人類学的な代替論理の追究が必要となる。

個別論文に入る前に，本章では以下，人間の攻撃性，認識論的弁別と排他性，エスニシティと暴力，マイノリティの存在証明，共生の論理について，専門分野を横断して広範にみていきたい。

2 排他と攻撃性

● 2-1 動物の攻撃性と転位

本節では，共生と表裏一体にある排他的暴力と攻撃性に目を向ける。

人類学ではかねてより，儀礼的暴力を研究対象として，供犠やイニシエーションにおける身体的暴力を取り上げてきた［ブロック 1996; 田中 1998］。儀礼における身体的暴力を対象とした場合，人々の個別経験が，時間を超えて集合的に再生産されていく様態をみる必要がある。そのためには，構造や象徴に焦点化するだけでは不十分であり，苦痛の感覚や恐怖等の感情を取り上げる必要がある［Whitehouse 2001］。一方，儀礼に限定せずに暴力を扱うとき，アイデンティティ，ステレオタイプ，スケープゴート，怒りや憎悪といった感情に関連する心理学用語が頻繁に使用される。ここで，心理学的検討に触れる前段階として，人間を含む動物の攻撃性とその回避についてみてみる。

多様な動物の攻撃性を基礎づけ，さらに人間の振る舞いにまで射程に入れたのは[4]，古典的なエソロジー（動物行動学）における攻撃研究である［アイブル＝アイベスフェルト 2001］。動物は，摂食，逃走，生殖に関わる本能をもち，本能行動は，遺伝的にプログラミングされている。例えば，動物が同種の他個体と相互関係を切り結ぶとき，攻撃の衝動が生じ，定型化した反応を見せる。トゲウオやハイイロガン等の古典的な行動研究によれば，視覚や嗅覚等，特定の

外的刺激を受けると，刺激が解発因（releaser）となって，自動的に本能行動が誘発される［ティンバーゲン 1975; ローレンツ 1985］。

　ただし，攻撃の衝動が，必ずしも直接的な攻撃行動を引き起こすとは限らない。むしろ，攻撃とは異なる行動を起こすことが，しばしば観察される。距離をおいて争い合う水禽が，突如足元の草をくわえて引き抜いたり，毛づくろいの行動をとる。あるいは，他個体のなわばり侵入に興奮したトゲウオが，直接対象に向かわず，採餌のように底土をついばむ行動を起こすといった例があげられる。このように，攻撃の衝動がまったく異なる行動を誘発することを転位と呼ぶ。転位は，直接の攻撃を抑制する衝動の迂回路であり，個体間の相互的な儀礼的行動を基礎づけている。

　個体間の相互行為は，比較的単純に見えても，内分泌系・神経系や筋肉の協働を伴う，複雑な機構の組み合わせにより成り立つ。鳥のオスとメスが繁殖期に接近する際，フウチョウ等でよく知られる，ディスプレイと呼ばれる儀礼的行動（求愛ダンス）が見られる。性的衝動による異性へ接近と同時に，距離が狭まることへの恐怖との狭間に置かれ，オスもメスも攻撃と逃亡の葛藤状態に置かれる。このとき，衝動は別方向に転位して，攻撃でも逃亡でもない，定型化した儀礼的行動が連鎖して起こる。両者の動きや生理的状況がうまく噛み合えば，交尾にまで至る。上手くいかなければ，攻撃または逃亡するしかない。エソロジーでは，衝動が攻撃に至らずに儀礼的行動に向かうよう，動物の行動は，進化を遂げてきたと解釈される。攻撃を回避する，本能による動物の儀礼的行動が，人間の儀礼的行動と連続性をもつとエソロジストは理解する。

　ただし，動物の本能が，常に「正しい」儀礼的行動を導くとは限らない。ローレンツは，なわばり内の侵入者を追い払うべく突進していったガンのオスが，接近してからようやく相手が既知のメスであると認識し，そのまま横を走り去る事例を観察した。興奮し走りぬけたオスは，なわばり境界の端まで行って，

4）ローレンツ［1985］は，人間の衝動や本能を重視しており，人文学において看過しがちな人間の生物性を強調している。また，群衆の攻撃性に目を向け，現代社会や国家，戦争に対する思索を著作から読み取ることができる。ただし，自然科学や理性を崇高な位置に置き，人間を進化の頂点とする見解には，素朴な科学主義と人間中心主義が見出せる。

当初無関係だった，隣のなわばりのオスを威嚇したという[5]。このように，刺激への反応は，抑制されたり脇道に逸れることがある。

多くの脊椎動物において攻撃性は，遺伝的に定まった行動により，他個体に直接的な致命傷を与えることなく回避される。ただし，完全な回避はありえず，微妙な均衡のずれが，直接的な攻撃を生じさせることもある。

人間の場合も，多くの暴力は生理学的基盤をもつ衝動によって生じる一方，冷静沈着に道具を使用して計画的に遂行されることもある[6]。人間にも転位行動はあるが，武器や遠隔操作による暴力は，抑制する感情の働きを鈍らせる。銃掃射や無人飛行機による爆撃は，攻撃者自身の想像をはるかに超えた破壊を相手にもたらす。相手を集合的な他者としてカテゴリー化したとき，抽象的で匿名の集合体は脱人格化され，格好の攻撃対象となる。さらに，メディアや政治家の扇動により，他者への共感は麻痺し，際限のない攻撃性が生じることもある。人間の行動は複雑であるが，意識や意図，文化的意味によってのみ引き起こされるわけではなく，識閾下の感覚や生物性を無視することはできない。

ただし，エソロジーを礎石とする生物学的な見方は，生存価を一義的に高める行動を所与とし，あらゆる行動を遺伝子の自己保存に結びつける傾向がある。最適採餌戦略等，個体の生存，遺伝子の伝達がドグマとなり，生殖への競争に主眼が置かれる。このとき，行為者の経験から離れて，メタレベルの合目的的な意味が研究者によって付与されている。当然，安易な機械論的解釈を人間行動に適用することはできない。

● 2-2　外集団のステレオタイプ化

社会心理学において，攻撃の生起には，内集団と外集団の弁別が前提とされ

---

5) まず，なわばり内の他個体（メス）を見たオスに攻撃の衝動が誘発された。オスは走り近づいてようやく相手が既知のメスと気づき，メスの視覚刺激により攻撃行動は抑制され，そのまま脇を走って行った。その攻撃衝動を，隣のなわばりにいるオスに向けたのである。
6) 攻撃性が対象に向かって作用する暴力とは，きわめて複雑でねじ曲がった過程であり，容易に類型化や分類を行うのは困難である［Anderson 2004: 2-3］。硬直した定義づけは，暴力のもつ多様な影響や浸透性を矮小化することにつながる。本章では，主に直接的な身体的暴力を想定して議論を進める。

る。内集団の成員同士は、親密な付き合いによって、相互の人格化と脱カテゴリー化が起こる［作道 2008: 135, 140］。内集団と外集団は非意識的な次元で区別され、内集団の成員は過度に好意的に評価され、外集団はステレオタイプ化される［潮村 2008: 63-65］。

人為的に作られた内集団と外集団を用いた心理実験では、内集団成員が被害を受けた場合、加害側の外集団成員に対して、直接の加害者でなくとも、報復としてより強いノイズ刺激を与えるという結果が得られた。これは報復として、外集団への攻撃性が増大したことを示す。単純化された実験においても、実験協力者は、内集団を自己概念の重要な一部とみなし、同一化が起こる。そこに、集団的誇り（group pride）や、集団的共感（group member empathy）の形成が示唆される［熊谷 2008: 54, 56］。

こうした知見は興味深い。ただし、心理学には生物学と近似したバイアスが看取される。前提として個体を中心に据え、メタレベルの合目的的な心理学的還元論に陥っている［Lee et al. 2004: 6］。説明対象は抽象的であり、個人の内にある心理的仕組み（普遍的な中央処理プロセッサー）を想定している。そこでは、自然科学的な普遍理論を目指し、個別の文脈や社会的プロセスを無視または軽視することになる。実験に基づく心理モデルが人間を物象化し、現実の生活や個別経験から乖離した次元の議論に留まることは避け難い。

対照的に人類学は、心理学的実験に対して、実験が行われる社会的文脈そのものを注視し、文脈の結果として捉える。作道によれば、両分野間には、いわば「文脈特定主義」と「普遍心理主義」という乖離がみられる［作道 2008: 140］。文脈特定主義からみれば、内集団と外集団という実験設定は、あらかじめ対立を見越した作為である。境界生成の背景や過程は問題化されず、集団間の境界の曖昧さを捨象した地点から実験は開始される。

社会心理学において、排他行為を防ぐには、対立の前提であるステレオタイプ化の低減が重要である。ステレオタイプ化を制御するには、①異質で相容れないと感じられる他者に対し、広い意味で同じ集団に属する内集団成員と考えるようにすること、②他者や他集団を理解しようとし続ける、能動的な情報処理の継続が必要である。すなわち、カテゴリーを認知レベルで操作することにより、排他の前提となるステレオタイプ化を脱することが、困難でありながら

も可能という見解である［潮村 2008: 67］。

　排他性を回避するという示唆は重要であるが，①については，大きな内集団を想像する過程で，敵対する別の大きな外集団のステレオタイプを生む可能性がある。内的な対立を隠蔽するために，巨大な外敵の恐怖感を煽る方策は，政治的な常套手段であろう。また，①②ともに，どのように認知レベルの自己操作が可能であるか，具体的方法は不明である。外部からの意図的な認知操作が可能ならば，排他の抑制とは裏腹に，扇動的な政治やメディアがきわめて深刻な問題として焦点化される。プロパガンダによる認知操作は，敵となる外集団をステレオタイプ化し，排他と攻撃を自然化する方法である。人間のもつ柔軟な想像力に基礎をおいた認知操作の可能性は，攻撃にも宥和にも向かいうる諸刃の剣である。

● 2-3　歴史記憶と象徴操作

　心理学において1990年代以降，現実に起こった紛争への注目が高まった［Lee et al. 2004; モハダム・マーセラ 2008; 大渕 2008］。また心理学では，文化の重要性を強調する傾向が，1980年代初頭の文化的転回（cultural turn）以降，目につくようになった。文化への関心は，エスニック紛争の心理学的研究にも反映されている。この方向は，社会科学者や心理学者による，深刻な紛争への対応の失敗および事態への内省に起因する。

　現実に起こった紛争の動態的で複雑な性質は，従来の静態的な心理学的想定から大きくずれていた。眼前の紛争に対して，心理学者や社会科学者は，まったく無力だった［Lee et al. 2004: 5-6］。内省のもと，学問分野間の協調の必要性が認識された。内省は，学術誌（*American Psychologist*）の特集（1998年）に顕著に表れている。特集では，ルワンダ，北アイルランド，スリランカ，グァテマラ等の紛争事例が取り上げられた。特集責任者によれば，エスニック紛争は，政治・経済・社会，歴史に根をもち，その影響によって点火される。そのため，心理学単独で研究することはできない［Lee et al. 2004: 7; 八ッ塚 2008: 123］。

　学際的分析は，集合的記憶，心的外傷，歴史，政治家による象徴操作等の諸概念を織り込んだ，1990年代のボスニア紛争に関する精神分析的著作に見出すことができる。ヴォルカン［1999: 76］は，14世紀に起こった「コソヴォの戦い」が，

現代の人々を残虐な行為や戦闘に駆り立てた原動力になったと述べる[7]。14世紀当時，当然ながら，今日と同質のナショナリズムはなかった。ここに，歴史的に懸け隔たった二つの戦争を結ぶ，「時間の崩壊」が看取できる［ヴォルカン 1999: 50］[8]。

人々が為政者の象徴的な操作によって動員されたとき[9]，排他的暴力が正当化される過程が問題となる。正当化には，メディアや芸術における暴力の美的表象，映像等における復讐の正義といった「暴力の詩学」が介在する。美化され正当化された暴力は，国家や政治家によって政治的な選択肢とされる。国家は，エリートや軍の利益や思惑に誘導され，文化的な暴力の生産に正当な価値を与える［Whitehead 2004: 14-19］[10]。

また暴力は，関与するアクターの三角形——加害者（perpetrators），被害者（victims），観察者（observers）——を形成する。諸アクターにとって暴力は，秩序や意味の欠如，文化や社会的関与の否定ではなく，コミュニケーションの一形態である[11]。無意味な暴力など存在せず，むしろ過去を今日のリアリティのなかに呼び起こす働きをもつ［Schmidt et al. 2001: 12; Whitehead 2004: 8-10］。正当化される集団的暴力は，記憶を通じた物語や歴史を創作する運動である。自

---

7) 歴史記憶や象徴操作の記述は興味深いが，ヴォルカンの文章には，頻繁に精神分析的な説明がみられる。強引かつ一義的な解釈の妥当性には，首肯しかねる点が多い。

8) 「時間の崩壊」は，アラブ・イスラエル会議の議論や，ナヴァホの「ロング・ウォーク」の語りにおいて見出される。自分が生まれるよりはるか以前の出来事を「選ばれた心的外傷」として，人々は熱く感情的に「思い出す」［ヴォルカン 1999: 50-58］。

9) 「コソヴォの戦い」では，セルビア人指導者ラザルが，トルコのムラートⅠ世率いる軍勢に敗れて処刑された。ラザルの遺体は修道院に保管され，殉教した聖人とされ，イスラーム敵対の象徴となる。数百年を経た1990年代初頭，旧ユーゴスラビア崩壊後，セルビアの指導者は，ラザルの遺体を各地に巡回させて母国に帰還させた。さらに，古戦地に記念碑を建立し，セルビアの一体化とイスラームへの敵意をかき立てた。このとき，聖地再生と巡礼という儀礼的実践が，人々の攻撃性を喚起した。政治的扇動によって歴史記憶や象徴が生み出されて操作され，非人間化された邪悪な敵が作り出された［ヴォルカン 1999: 150］。

10) シュミットらは，紛争や暴力へのアプローチを三つに大別する。①操作的（operational）方法，②認知論的（cognitive）方法，③経験論的（experiential）方法である［Schmidt & Schroder 2001: 1］。一方，ホワイトヘッドは，部分的な主体の経験を重視し，③に該当する解釈学的アプローチを優先する［Whitehead 2004: 4］。

己を決定する集団的同一性が前提とされ，外部の敵対者が存在することになる ［Schmidt et al. 2001: 14-16］。こうした次元で所与とされるのは，近代国家やエスニック集団である。

3 エスニシティと排他性

● 3-1 不確定性と暴力

既述の社会心理学実験では，内集団と外集団があらかじめ措定されていた。一般に，自他のエスニシティは始原的で不変な性質をもつと認識され，ステレオタイプ化されている。すなわち自他は，明確に弁別されている。一方，人類学や社会学では，古典的なバルトの議論はもとより，エスニック集団の境界は流動性をもつことが当然視されてきた。

エスニシティの流動性と，ステレオタイプ化されて固定されたエスニシティ像の乖離は，いかに維持されているのか。脱植民地期の暴力的衝突がエスニック紛争と呼ばれること自体，エスニシティの実体化を前提としている。エスニシティは，不変ではないが，同時に完全に開かれているわけでもなく，相互作用のなかで作り出される［Lee et al. 2004: 10］。当然，エスニシティのみが集団的な弁別の指標ではなく，人間集団は，多くの指標によって複雑に入り組み，歴史的に流動化してきた。しかし，植民地化を契機とし，西欧近代的な論理の圧力によって，エスニックな指標は強力に一元化され，境界線が形成されてきた[12]。

植民地支配下，「血の絆」を一義的に重視するエスニシティが，世界各地で本質化され，不変のリアリティをもつかのような，突出して重要なカテゴリーとなった。今日に至るまでエスニシティは，マスメディアのみならず当事者においても，複雑なアイデンティティを覆い隠す略記法であり続けてきた。そして，

---

11) アクターの三者関係は動態的であり，古い敵意の上に新たな対立が作られて連動する。動態的な見方の維持には，アクターの固定化を回避し，連続過程として，接触以前から衝突の発生，事後まで見据える必要がある。自己と他者の形成という観点から，アクター間の相互認識を把捉することが求められる。敵対集団やカテゴリーが所与とされ，ステレオタイプ化された両者が利害関係をめぐって相争う，単純な図式に陥らないためである。

人々を分け隔てるカテゴリーのうち、ステレオタイプ化されたエスニシティが、宗教を伴って過度に強調されるようになった。さらに、誰が敵であるかを決定するとき、エスニシティが前面に押し出されるようになった。

エスニシティは均質性をもつと想定されながらも、実際には、必然的に不確定性（uncertainty）を内包している［Appadurai 1998］。エスニックな暴力の多くは、不確かな境界線をめぐる、同一性の攻防として立ち現れる[13]。ライフ・サイクルの過渡期、人生儀礼における身体への暴力は、スティグマを刻印して新たな人間を生み出し、肯定的な社会的同一性が付与される。対して、エスニックな暴力は、逆回りの儀礼的性質を帯びる。致死的な暴力によって曖昧さは払拭され、エスニックな身体が確認され、犠牲者の同一性は確定される。こうしたエスニックな身体を生み出す儀礼は、ライフ・サイクルならぬデス・サイクル（death cycle）と名づけられる［Appadurai 1998: 919-920］。アパドゥライによれば、ルワンダ内戦の致死的な暴力と検死は、アザンデが妖術師と疑われた被害者の死体を解剖し、証拠の妖物を探す行為と同義である。

確認作業を強いる不確定性は、国家の境界線が希薄化したグローバル化の時代になって、拡大し遍在化した。国勢調査におけるエスニック・カテゴリーは、大きな数値による統計的な表象と、数値による抽象化として立ち現れる。エスニックなラベルは、何百万人の人々を収める抽象的な器となる。あるカテゴリーの人々が何人、領土内にいるのか、そして「おまえは誰か」という問いが発せられる。問いへの答えに応じて報酬が与えられ、リスクが課せられる。抽象

---

12) 東アフリカ遊牧民を概観すれば、エスニシティにあたるトライブが、植民地期のヨーロッパ人統治者によって作られた様相を明瞭に理解できる［Broch-Due 2005: 6-8］。統治者が、アフリカにヨーロッパ型国民国家モデルを導入するのは困難であった。そこでネイションではなく、小規模のトライブが作られた。トライブは、「血の絆」というヨーロッパ的幻想を内包する官僚用語である。統治者は、「場所の不在」（placelessness）を極度に恐れ、トライブと一方的に割り当てた領土との結びつきを固定化した。こうしてトライブの同一性、土地、法が一体化し、かつて柔軟なネットワークを形成し、複合的で不定形であった人々の間に、固定的な境界線が引かれた。
13) ルワンダ内戦の残虐な暴力は、曖昧なエスニックな差異を、明瞭な指標を探して確認する作業であった。相貌、手の大きさや身長等が検問時に検査され、曖昧な差異を巡って暴力が行使された。本来曖昧だった犠牲者と加害者のエスニシティが明確化され、差異と同一性が、致死的な暴力により確定された。

化された数値から，知覚可能で具体的な身体を確認する過程として，エスニックな暴力が残虐な形で発動されたのである［Appadurai 1998: 908-909, 919］。

● 3-2 移民とナショナルな空間

　統計的数値による抽象化は，ステレオタイプな他者認識に通じる。エスニシティとは，非意識的な認知的差異と，意識的操作が交叉する領域である［Brubaker 2004］。グローバル化時代にあって，衝突に至らないまでも，移民等，広くエスニックな他者への排斥が行われてきた。世界各地において，移民排斥運動を展開する政党が議席を増やし，憎悪犯罪がメディアで話題になる等，共通した事象が起こっている。

　移民が居住する社会では，論理的可能性として，完全な同一化と完全な差異の保持という両極の政策的対応がありうる。簡単な図式化が可能である［Lee et al. 2004: 11］。

① $A + B + C = A$　　② $A + B + C = D$　　③ $A + B + C = A + B + C$

　ここで①は，主流社会への完全な同化である。多くの社会で主流社会は，多様なマイノリティに対して，あからさまな同化を強いてきた。仮に明確な強制がなくとも，移民が社会的な上昇を目指すには，主流社会の文化資本を自らのものとする同化が必要である。また②は，新しい社会・文化を生む，混淆した坩堝の形成である。異種混淆的世界は，成員の対等性を目指す，ある種の理想的状況と捉えられるかもしれない。

　ただし仮に，同化や混淆がかなりの程度進行したとしても，通常，マイノリティには，何らかのスティグマが残される。系譜の知識や記録，個人の名前，所有物や土地，身体的特徴等，微細で弁別可能な指標（あるいはその不在）が継承されていく可能性がある。スティグマによって，差別や排除の対象とされる危険性が，世代を重ねて継承される。逆に，微細な差異が，自己の実存を支える拠り所となる可能性もある。

　さらに③は，それぞれの文化が混じることなくそのままの状態を保ち，共存する形であり，多文化主義に該当する。多文化主義の主流社会は，差異に対して開

かれ，寛容であることが必要である。ただし問題は単純ではない。主流社会の人々は，ネイションが自らを中心に構築された空間であるという認識を共有している。マイノリティは，主流社会側の意志によって持ち込まれたり，排除される客体となる［ハージ 2003: 42］。主流社会の人々は，想像上のナショナルな空間の支配権力を放棄して，他のエスニック集団に譲渡することは決してない。

ナショナルな空間支配の権力は，排除行使の潜在的な可能性を常に保持している。ナショナルな空間には，存在するにふさわしい我々／ふさわしくない他者が前提とされている。これは，メアリー・ダグラスによる，純粋性と汚穢の議論の延長線上に位置している［Appadurai 1998: 910-911］。食卓上の靴が汚いと感じられるように，ある場所に対して，適切なものと不適切なものが割り当てられている。ナショナルな空間にいる他者は，その場所にふさわしくない者として嫌悪され，排斥の標的になる。さらに，純粋性を失った「混血」は，境界を乱す混淆物として，排除の対象とされる危険にさらされている。

移民は，同化する努力を惜しむべきではないという圧力のもとにあり，社会的成功を目指すには，文化資本を習得蓄積して，ナショナルな空間の支配者から存在を是認してもらうしかない。しかし，世代を重ねた移民の子孫であっても，出自的差異や身体的特徴を根拠として，十全な身分が付与されるとは限らない。マイノリティ移民の子孫は，常に不安定な位置におかれるのである。

4 マイノリティの存在証明

● 4-1 マイノリティの多義性

マイノリティとは一般に，どのような人々を指示するのか。先取りしていうならば，一元的に定義づけることは，原理上不可能である。この概念は，ある文脈のなかで，ある人々がどのような社会・政治的立場におかれているのかを示している。マイノリティという呼び名は，関係的なカテゴリーの総称である。内包するものは多種多様であり，無限に拡張しうる。宇野は，マイノリティの雑多な内実を以下のように述べる。

　　白人に対する非白人，植民者に対する非植民者，大人に対する子供，男性に

対する女性，異性愛者に対する同性愛者，健常者に対する障害者，一国内での民族的，宗教的少数派。…〔中略〕…マイノリティは，しばしばマジョリティによって命名され，マイノリティとして表象され，それが同時にマイノリティの側での自分自身の表象にもなっていく［宇野 2001: 52］。

マイノリティとは，主流社会に対して「非」という接頭辞を伴う，否定的な対立項として表現され，劣位を伴った差異によって特徴づけられる人々のカテゴリーや集団である。塩原は，相対化され，差異化された人間の集合体として，マイノリティを簡潔に表現している。すなわち，マイノリティとは，その社会で否定的な差異を有しているがゆえに，不利な立場におかれた人々のことをいう。単に人数が多いか少ないかの問題ではなく，外見や皮膚の色など遺伝的特徴だけで，ある人物がマイノリティかどうか決まるわけでもない［塩原 2012: 57-58］。対して，主流社会の成員は，無標（unmarked）のまま，日常的に自らのカテゴリーの意識化をことさらに迫られることはない。

例えば，女性はマイノリティでありうるし，対比の在り方や個々人の状況によって，実態的にマイノリティに適合しない場合もある。心身の障害者，いわゆる「人種」やエスニシティ，同性愛者等，差異が否定性を含意する場合，マイノリティとなる。マイノリティとは，相互関係のなかで排除されうる他者カテゴリーの総称である。

しかし逆に，マイノリティが自らその名称を強調することにより，積極的な異議申し立てを行うことが往々にして起こる。そのとき，マイノリティの自己像は転倒し，必然的に主流社会からのステレオタイプ化された他者像に近似する。マイノリティとして名指されることは，排除の可能性と同時に，他者化される不当性を暴く自己主張の契機ともなる。主流社会側から名指すことは，権力関係の証しとなる一方，マイノリティの名称を常に否定的文脈において捉えるべきではない。

名指さないことが，つねに，名指すことより「正しい」振る舞いであるとも限らない。名指さないこと，名を訊ねないことは，無視すること，存在そのものを否認することでもありうるからだ。…〔中略〕…名指すことも名指さな

いことも等しく不正でありうるような状況があるのであり，マイノリティという名は，正確には，このアポリアの名なのだといえる［鵜飼 2001: 23-24］。

政治家が，国民のエスニックな単一性を主張するとき，先住民や移民マイノリティの存在を無視し，歴史的な弾圧の証拠を隠蔽することになる。さらには，同化政策の完遂という欺瞞の自己肯定的な宣言を意味する可能性もある。逆に，国家がエスニックな単一性を否定した場合，マイノリティと名づけられた側は，差異化される現状に異議申し立てを行い，主流社会との同一性を主張する場合もありうる。まさにアポリアとしてのみ，マイノリティは存立しうるのである。

西欧近代の価値観が，脱植民地化以降の多様な国民国家の増殖に伴って，ますます普及してきたのは確かである。その功罪はともかく，多様な人々が自らマイノリティを名乗り，自らの政治意識に覚醒してきたことと，近代性の拡張とは無関係ではないだろう。西欧由来の人道や人権といった疑似普遍的な価値に対して，短絡的に否定することは，安易な肯定と同様に困難である。しかし，普遍的価値の建前が，ヘゲモニーを目指す抗争に悪用され，往々にして暴力や排除に正当性を与えてきたことを看過すべきではない。

多くのマイノリティ論は，西欧近代的な論理を所与として展開してきた。ここで，西欧近代的価値を鵜呑みにすることなく，その枠組みからずれた地点において，マイノリティについて考えることが求められる。斜めからみた視座は，現代世界において，西欧近代的な価値とその自然化を揺さぶる可能性をもつはずである。

● 4-2 マイノリティの存在証明

マイノリティの存在は，カテゴリーの問題に関わり，集団的な排除と権利主張の運動として社会的に立ち現れる。しかし，抽象的な弁別や集合性の問題のみならず，個人の日常生活や微細な対面状況を捨象することはできない［ゴッフマン 2001; 石川 1992; 1996］。ここで，ある人物が，何らかの価値剥奪を被り，スティグマを刻印された場合を想定する。

スティグマをもつ人々は，生き続けるために，個別状況において自らの「存在証明」を試みる。そのとき，自己のスティグマを社会的にいかに位置づける

かが，実存に直結する世界認識に関わる問題となる。存在証明の方法は，主に四つある［石川 1996: 172-174］。①負のアイデンティティを隠す〈印象操作〉，②社会的威信の高い集団への帰属を達成する〈保障努力〉，③自らを相対的に押し上げるために他者に否定的な烙印を押す〈他者の価値剥奪〉，④カテゴリーの内包する属性を肯定的なものに変更する〈価値取戻し〉。

ここで，①と②は，主流社会への同化志向を示すことになる。ただし①は，マイノリティに限らずとも，心的なコンプレックスをもつあらゆる人に該当する。きわめて日常的に，衣装や化粧の選択，振る舞いの仕方など，あらゆる対面行為において繰り返されている事象である。②は，金銭的な成功や社会的に評価の高い国家資格の取得，文化資本の蓄積が考えられ，階層上昇の試みとみなしうる。③は，あるマイノリティが，別のマイノリティよりも自らの優位性を主張する場合に相当する。主流社会から排除されるマイノリティは，相互に連帯するとは限らず，逆に対立し糾弾し合うこともある。④は，マイノリティの自己肯定的な名乗りによる権利主張が相当する。

ここで，④に関連した興味深い事例がある。私がキリバス離島で長期の住み込み調査をしていたとき，〈価値取戻し〉に関わる印象的な出来事があった。

> 隣村に左腕を失った中年男性がいた。彼は，ココヤシに登って，できたばかりの新鮮なヤシ酒を飲むのが好きだったという。しかしあるとき，樹上で酔って落下し，左腕をひどく骨折した。医者もおらず，医療設備が整っていなかった離島では，適切な治療もできず，周囲はやむなく腕を切断したという。彼は，右腕とわずかに残った肩から突き出た上腕骨を器用に使って，日常生活を送っていた。
>
> ある日，集会所で開催された饗宴において，ツイスト（ペアが対面で踊るダンス）の時間となった。彼は，短い上腕骨を勢いよくぐるぐる振り回して滑稽に踊り，観衆の大きな笑いを誘っていた。ただし，ペアとして一緒に踊っていたボランティアのアメリカ人女性は，どう反応してよいかわからず，心底困惑した表情を浮かべていた。

片腕の欠損したキリバス人男性は，臆することなく人前に出て，自らの身体

的特徴を笑いへと転化するという〈価値取戻し〉を試みていた。しかし，自己肯定的な「存在証明」の試みに対して，アメリカ人女性は，先端が短く途切れた上腕部の円運動を見ながら，笑うことが憚られるように戸惑っていた。彼女は，儀礼的無関心の態度を封印され，困惑するのみだった。対照的に，キリバスの村人たちは大爆笑して，彼の滑稽なパフォーマンスを楽しんでいた。

　対面状況下におけるマイノリティの立居振舞いは，主流社会から孤絶しておらず，浸透性をもつ柔軟な領域で展開している。そして，アメリカ人ボランティアとキリバスの観衆という，スティグマへの対照的な反応は，近代的倫理の硬直性がマイノリティの排除を内包する可能性を暗示している。近代的な社会において，否定的に価値づけられるスティグマの堂々とした提示は，無標の人々に憐憫や困惑を惹起させる。困惑を除去し，主流社会における自己の安全と均質性を確保するためには，排除や不可視化を促すしかない。このように考えるとき，キリバス村落における在地の論理に着目する必要が生じるのである。

5　オセアニア島嶼部における在地の論理と共生

　冒頭で述べたように，本書の目標は，西欧近代的概念に対し，現代世界の周辺部から異質性を混入して，擬似的な普遍性を捻じ曲げ変形させることである。オセアニア島嶼部における在地論理の共存概念は，西欧近代的な前提のもとで議論されてきた共生概念を変形させる触媒である。

　私はリベラリズムを批判的に検討した別稿において，人類学的な共生概念への道筋を示した［風間 2016］。議論をたどるためにまず，政治哲学的な共生概念をみてみる。

　正義論に基づく共生を理論化するなかで，政治哲学者の井上は，会話とコミュニケーションを区別し，会話の重要性を強調した［井上 1986: 243-269］。コミュニケーションは遂行されうるが，会話は遂行されえずに営まれることが，両者の根本的な相違点である。コミュニケーションには，何らかの目的（合意形成，相互理解，和解等）があるが，会話はそうではない。会話の目的を強いてあげるならば，会話自体を継続することである。

　会話の重要な点は，共同体を形成するわけではなく，外部に開かれ，形式

的・目的独立的で開放的なことである。会話の作法（decorum of conversation）は，根源的な共生の作法である。この会話は，合意形成の目的をもたない点において，「無為の共同体」に共鳴する［ナンシー 2001: 49-54］。

　人類学に連接可能である開かれた概念として，会話から導き出された共生（conviviality: 饗宴）概念に注目したい［井上 1986: 246］。この概念は，通常共生に必要とされる調和や協調を意味しない。密な関わりあいが含意するのは，「安定した閉鎖系」である。これは，安定的な内部均衡を保持するために外部を遮断し，他者を排除する潜在性を有する。対して，共生（＝饗宴）概念は，異質な他者に開かれた社会的結合のあり方である。共生は，不協和音や軋轢を避けることなく，むしろ当然のものとして受け入れる。静態的ではなく，多様な個別的状況に応じた差異の是認，融合や混淆の反復，会話の継続によってしか生じえないものである。

　ただし，会話による形式的な共生は，明らかに無色透明なリベラリズムの個人を前提にしている。その安易な肯定は，グローバル化の論理を追認することになりかねない。ここで，疑似普遍的な共生に，在地の論理である共存を混入させ，新たな共生の図式を描くことが要請される。このとき，交錯した論理を混入させた「人類学的共生」が生成する。

　ここで，リベラリズムによって提出された共生（＝饗宴）が，オセアニア島嶼部における饗宴（＝共生）と，ずれながらも重なりあう点に着目したい。例えば，キリバスにおいて頻発する饗宴（*botaki*）は，参加する人々を音・踊り・歌・匂いによって取り囲み，認知レベルでの同等性を生成する装置である［風間 2010］。感覚を動員する饗宴は，生物・心理学的に説明可能にみえるが，必ずしもそうではない。むしろ，歴史的文脈を踏まえ，キリスト教的理念を取り込んだ平等性（*boraoi*）を包含した観念を軸として捉える必要がある。

　キリバス村落への帰省者や外来者を歓迎する饗宴（*te boka nu wae*）において，贈与交換や共食によるサブスタンスの共有により，他者が自己化するという，特異な共存の過程を見出すことができる［風間 2012a］。他者を取り込む共存の場としての饗宴は，食物（＝土地）の共有により成り立つ[14]。

　一方，リベラリズムの共生が前提とするのは，自由意志によって合理的判断を下す，理念的個人である。オセアニア島嶼部の個人は，対照的に，そもそも

親族や土地との関係によってのみ人格化する存在である。リベラリズムの共生概念に，在地論理の共存を加えることにより，新たな共生の展開が可能になる。異質性を混入した共生には，近代的個人モデルとは異なる人間観によってもたらされる外部者の受容，すなわちリベラリズムのいう共生とは異なる可能性が内在している。

在地論理としての共存の様態は，歴史的変遷を異にしてきた諸社会により多様である。本書の個別論文では，グローバル化とのせめぎ合いのなかにある，オセアニア島嶼部における民族誌的事例を描写しながら，在地の実践論理のあり方を考察している。序論に引き続き，三部に分かれる全十章では，ポリネシア・メラネシア・ミクロネシアの多彩な共存の事例を提示し，現代世界における共生の可能性を示す。同時に，圧倒的な西欧近代的論理のなかにあって，新たなマイノリティが生成する現状が看取される。

6　本書を構成する諸論文の概略

● 6-1　移動する人間と「混血」

第Ⅰ部では，ヨーロッパ人とオセアニア島嶼部住民が初期接触した後，植民地化を経て独立し，現在に至る歴史経緯のなかで起こった人間の移動と，必然的にそれに伴う「混血」や同化／異化について論じる。近年のグローバル化の起こるはるか以前から，移動する人間は他者に出会い，戦い，交渉し，協働し交わってきた。そうした歴史の刻印は，瞬時に消去できるものではない。不可視の痕跡と化し，ときに偶発的な契機によって顕在化し，現在の問題として水面に浮上する。歴史的変遷のなかにあって，オセアニア島嶼部の在地論理としての共存のあり方が，新たに見出される。

---

14) オセアニア島嶼部の土地は，出身者にとってきわめて重要であり，争いや他者排除の原因となる。人間存在そのものが土地と切り離せず［風間 2012b］，さらに人間は，親族から切り離せない。親族間にみられる感情的な相互作用は［Lutz 1988］，オセアニア島嶼部における身体・交換・人間観をうまく示している。土地や食物，「血」といったサブスタンスの共有が，獲得的な集団への帰属をもたらすのである［Linnekin & Poyer 1990］。

「第1章　鯨歯を纏い，豚を屠る：フィジーにおけるヴァヌアツ系フィジー人の自己形成の視点からみた共存」において，丹羽は，フィジーのヴァヌアツ系住民を取り上げる。人々は，移民マイノリティであるメラネシア系に含まれ，なおかつそのなかでもマイナーな「二重に周辺化された存在」である。いわば，不可視化されたマイノリティといえる。さらに，先住フィジー系への「同化」と同時に「他者化」されるという意味でも，二重に周辺化されている。ヴァヌアツ系の人々は「土地なし」であり，政治経済的にも下層に位置づけられ，下層性は世代を超えて再生産されてきた。

ヴァヌアツ系住民は，多重の否定性（……ではない，……をもたない）を被ってきた。ところが，一部の人々は，クーデタの多発するフィジーの国際関係における不安定さや，メラネシア国家間の政治的緊密化を契機として，国境を越え，故郷ヴァヌアツへの帰還を果たすことができた。故郷に渡航した折に，年配の帰還者は，ヴァヌアツの首長としての称号を授与され，儀礼的に承認される機会を得た。人々は，フィジーでは「土地なし」だが，ヴァヌアツにおいて「土地とのつながり」を新たに見出した可能性がある。

しかし，ヴァヌアツ人としての自己を，声高に主張しない点が肝要である。むしろ儀礼において，鯨歯（フィジーの伝統財）と豚殺し（ヴァヌアツの象徴的な儀礼行為）によって，二重性を明示したことが，人々の固定化されない立ち位置を示している。ここに，オセアニア島嶼部住民の自己認識のあり方，すなわち，帰属の本質主義化に陥らない柔軟性が顕現している。こうした複数性に，混淆した儀礼を通じた新たな共存の可能性が反映していると読むことができる。

「第2章　「その他」の人々の行き交う土地：フィジー首都近郊に生成する「パシフィック人」の共存」において，風間は，第1章と同様，フィジーにおける不可視の移民，とくにキリバス系オールド・カマーに焦点を当てる。19世紀末から20世紀初頭にかけて，主にココヤシ等のプランテーション労働者として来訪した人々の子孫である。キリバス系と形容しているが，内実は複雑であり，ロトゥマ，ツヴァル，バナバ等の島嶼部出身者や中国系との通婚関係を繰り返してきた。さらに，インド系やフィジー系との養子縁組もみられ，センサスで示される「その他」カテゴリーにふさわしい様相を呈している。

人々は元来，フィジーにおいて「土地なし」であるが，20世紀前半，メソデ

ィスト教徒のキリバス人やツヴァル人の祖先が,首都近郊のフリーホールド地を共同購入し,今日まで集住している。フィジー国内の離島はもとより,海外から来た親族は,首都中心部への交通の便がよい土地に,数日間から数年間も滞在する。このフリーホールド地は,西太平洋から中部太平洋,中国にまで広がる親族の土地を結ぶネットワークの交叉点となっている。

　また,この地に集う人々は,ミクロネシア系のキリバス人とポリネシア系のツヴァル人にやや偏りながらも,多様に混淆しており,「パシフィック人」と呼ぶしかない。近代の人間は,エスニシティや国籍により固定化され,境界線によって分断される存在である。しかし対照的に,「パシフィック人」は,越境して移動しながら,複数の土地との細いつながりを結び直し,ときに新たに結合している。「パシフィック人」は,グローバル化に乗じて,境界線による近代的な分断を乗り越える可能性を内包し,オセアニアの在地論理である共存を含む,コスモポリタン的な共生を実践している。

　「第3章　ニュージーランド・マオリの「混血」をめぐる言説と実態」において,深山は,歴史的に繰り返されてきたパーケハー(ヨーロッパ系)とマオリの通婚によるマルチ・エスニックな状況を射程に入れる。ニュージーランドでは,19世紀初頭にヨーロッパ系とマオリの通婚が記録され,以後「混血」が進行してきた。マオリへの国家の視線は,国勢調査における記述や資料から読み取ることができる。1851年に初めて行われた国勢調査では,マオリは調査対象となっておらず,組み入れられたのは1874年からである。

　20世紀半ばまで,国勢調査には人種主義が色濃く看取され,マオリは,「血」の割合によって客観的に判定された。その後,出自やエスニックな起源が問われ,さらにはエスニック集団への帰属に移行する。20世紀後半以降,文化的な自己意識を基準とし,複数のエスニシティを選択回答するようになった。このとき,自己意識の中心点として,ファカパパ(系譜)とイウィ(部族)が強調された。同時期,マオリ・アクティビズムが昂揚した。先住民としての特権性が政府に承認され,土地権原が焦点化されると,補償をめぐる調停や裁判が増加した。主流社会側の反動として,国民としての同質性を根拠づける「混血」性が強調され,マオリの先住性と権利を弱体化させる政治的な対抗言説が流布している。

一方，都市マオリの若者からの聞き取りによれば，マオリの自己意識をもちつつも，自らのイウィやファカパパを知らない人々もいる。また，伝統知識の有無により，エスニックな他者を雑然とマオリとみなす発言がなされている。このように，西欧近代的な明示的弁別に基礎づけられた人種主義や法とは対照的に，自己を確認する差異を残しながら他者を排除しない，「いい加減な」マオリ像のあり方が，若者の発言から抽出される。

　「第4章　ヤップ離島社会の共生戦略におけるアイデンティティとネットワーク」において，柄木田は，第二次世界大戦後，アメリカの国連委任統治期から独立を経て今日に至る，ミクロネシア連邦ヤップ州の政治的変遷を射程に入れている。ヤップ本島と離島の首長会議が設立され，また離島出身エリートの組織化が図られてきた。新たな組織の対立関係と，本島・離島間の伝統的貢納関係がいかに併存しているかが論じられる。

　西カロリン諸島ではかつて，ヤップ本島ガギル地区と連鎖状の離島を結ぶ伝統的交易（サウェイ）が形成されていた。今日，交易自体はみられないが，贈与と庇護に基づくサウェイ関係は，多少とも存続してきた。離島出身者は，本島の首長・平民層からみると不浄の存在として差別されてきた。貢納相手である本島ガギル地区の首長が庇護しなければ，本島に来た離島出身者は，居住場所の確保も困難であり危険な状態に置かれる。一方，アメリカの政策変化により，近代的議会政治の導入が図られた。同時に，伝統的首長制が再編され，本島の首長会議と離島首長会議が設立された。さらに，レメタウ（海人）概念を本質主義化した離島出身エリートの組織が作られた。

　まとめると，①本島ガギル地区と離島とのサウェイ関係は，換喩的な近接性による連続として把捉できる。対して，②提喩的論理により成り立つ，本島と対立的に離島全体を包括するカテゴリー化が進むなか，本島と離島それぞれの首長会議が設立された。また，離島出身エリートは，離島（海）のアイデンティティを強調する組織を設立した。著者はこの変遷を換喩から提喩への転換と捉える。

　ただし，二つの様式は，単純な時系列的変化により生じたのではなく，相互に排除しあうわけでもない。具体的事例として，ヤップ本島における離島出身者による土地買い取りの試み，客死者の葬儀費用を捻出する集金活動があげ

られる。いずれも，本島と対立する離島出身者の同一性が強調されるとともに，貢納相手による庇護を活用する側面が戦略的にとられている。著者は，事例を対抗と連続性の同居として捉える。状況に応じて選択を繰り返すことにより，離島出身者の本島主流社会との交錯した共存／共生が可能になっている。

● 6-2　新たなマイノリティの生成：性・高齢者・障害

　第Ⅱ部では，グローバル化の進展に伴う，近代的論理の導入による社会組織の再編と在地論理の変質や維持が主題化される。グローバル化による「錯綜」状況が，明示的にみられる事例が紹介される。近代性は，メディアと移動を通じて，疑似普遍的な論理や制度をオセアニア島嶼部にまで強力に普及させる。そのとき在地論理は，単純に解体されるのではなく，ときに強化され，ときに内実を変質させられながら存続する。この過程において，新たなマイノリティが生成し，名づけられながら，権力関係が再編されていくのである。

　「第5章　マフとラエラエの可視化と不可視化：フランス領ポリネシアにおける多様な性の共生」において，桑原は，男性の身体をもつが性自認は女性であるトランスジェンダーについて，伝統社会と現代という歴史軸を見据え，都市化の進むタヒチと対照的なボラボラという二地点を交叉させながら議論を展開する。

　ヨーロッパ人宣教師や探検家の歴史文書によれば，伝統的トランスジェンダーのマフは，女性のしぐさをし，女性の仕事をもっぱら行う男性であり，性器の矮小化や同性愛的セクシュアリティが記録されている。しかし，現代のマフは，性行為について言及されず，ジェンダー化と脱セクシュアリティ化が進行している。家事や現金収入により世帯を支え，家族と同居していることが普通にみられ，可視化されている。

　一方，タヒチでは，フランス軍関係者が増加した1960年代以降，化粧や女装，ホルモン摂取等により女性化し，セクシュアリティの強調されるラエラエというトランスジェンダーが登場した。伝統性を付与されたマフとは異なり，ラエラエは，家族とのつながりが一般に希薄である。ラエラエは，夜の街のビューティー・コンテストで自らの姿を晒し，西欧的で垢抜けた存在として注目され，女性的外見の強調された身体性により可視化する。

グローバル化のなか，マフ・ラエラエともに性的マイノリティとして，欧米由来のLGBT運動において不平等を訴えうる可視化した存在である。一方，ポリネシア人のゲイやレズビエンヌは，不可視化されたままに留め置かれている。可視化されたカテゴリーの及ばない陰の部分において，多様な性的マイノリティの生活が密かに営まれている。

「第6章　母系社会・パラオにおけるマイノリティは誰か？」において，安井は，ベラウ女性会議を取り上げる。グローバル化の進む現代世界において，西欧近代的な価値観（個人の自由，ジェンダー間の平等等）が標準化してきた。そうしたなか，世界女性会議は，男性支配に抗して，グローバル標準として男女平等，女性の権利を謳い，その実現を目指す。一方，ベラウ女性会議は，パラオ女性は伝統的に男性に服属しておらず，男性と対等であることを強調する。パラオ女性の存在は，世界でも稀有なジェンダー関係のなかにあり，グローバル標準に矛盾することなく対峙する，ユニークな在地論理を示している。

しかし，別の見方をすれば，パラオの女性は，伝統的な男性の秩序を補完する政治的位置にある。女性首長の主導するベラウ女性会議は，構造的に保守性を維持し，男女の首長制の権威を再生産する。いわば，変化を拒否する硬直性を内包している。一般にジェンダー関係が，歴史的に変容してきたにもかかわらず，ベラウ女性会議は，むしろ女性首長の政治的権威を保持しながら，パラオ女性を本質主義的に固定化するのである。

さらに，パラオでは，いわゆる近代化・グローバル化のなかで，親族間の相互扶助が脆弱化し，小規模世帯が登場し，女性間の分断が生じている。こうした状況下，家事と儀礼準備や賃労働等，女性の負担は増大し，男女平等とは裏腹に，男性への従属がドメスティックな領域で顕在化してきた。つまり，孤立し困窮した村落部の女性や，伝統儀礼と賃労働に追われる都市部の若い女性は，ベラウ女性会議の描く女性像とは必ずしも一致せず，いわば隠蔽されたマイノリティ化している可能性がある。さらに，家事労働は，出稼ぎのフィリピン人家政婦に任されるケースがしばしばみられる。女性会議とは無縁なジェンダー領域において，女性の新たな階層化が生じているのである。

「第7章　高齢者の包摂とみえない異化：ヴァヌアツ・アネイチュム島における観光業とカヴァ飲み慣行」において，福井は，ヴァヌアツの小島アネイ

チュムの人々が有する在地論理を鮮明に抽出している。著者が長期にわたって継続調査するなか，外国人観光客の増加によって，アネイチュムに急速に現金が流入するようになり，社会は怒涛の変化を遂げてきた。

　オーストラリアの大型観光クルーズ船が頻繁に来島するようになり，比較的若い世代が観光業において，現金獲得に熱心に勤しむようになった。現金の大量流入により，出稼ぎに出る必要はなくなり，人々は太陽光発電池を購入し，携帯電話が一気に普及した。2000年代後半の数年のうちに，島の生活は大きく変化した。

　一方，観光業に関わらない高齢者は，若者が金儲けにかまけて畑仕事や教会行事がおろそかになり，カヴァ飲みさえも現金化する等，メラネシアのカストムが衰退することを嘆く。しかし，かつてよりアネイチュムの村落では，儀礼的共食や日常生活において，共有理念（アクロウ）が作動し，経済的な平準化がなされてきた。現金の大量流入が起こっても，排他的な個人所有が単純に強化されることはない。むしろ，現金の分配がなされ，高齢者も恩恵に与っている。著者の指摘する皮肉は，高齢者が批判的に捉える観光業によって得られた現金が理念に基づいて分配され，高齢者自身が恩恵を享受している点である。このとき，望まぬものに依存する状況が生じ，不可視化された高齢者の異化が起こっている。

　アネイチュムにおける共有や平準化理念，饗宴と共食の重要性，キリスト教的理念との一体化は，まさにオセアニア島嶼部に広く見出せる傾向性である。人々を強力に取り込んでいく，オセアニア島嶼社会に共通する在地論理の典型を見出すことができる。

　「第8章　「障害」をめぐる共存のかたち：サモア社会における障害支援NGOロト・タウマファイによる早期介入プログラムの事例から」は，西ポリネシアの小島嶼国における障害概念を取り上げた報告である。倉田は，障害に関する現地語を分析しながら，ヨーロッパ人により援助を伴って輸入された障害概念が，サモアにおいて受容される際にずれが生じ，矛盾が生起している状況を考察している。

　グローバルな共通認識を前提とした，英語のディスアビリティ概念がサモアに入ってきたとき，「マナオガ・ファッアピトア」というサモア語に翻訳された。

翻訳語は，個別の身体的状態を包括的な人間カテゴリーとして捉えるディスアビリティとは異なる。NGOは，村落を巡回して障害者を探索・発見し，支援活動に取り込んでいる。サービス提供を受ける人々が「マナオガ・ファッアピトア」と捉えられる。すなわち，障害概念が先立つのではなく，支援活動が対象である障害を規定していくという，逆説的な様相が描かれる。

　巡回訪問しても，支援対象が不在であったり，貸与された補助器具が埃を被ったままのことも珍しくない。サービスが必要とされるのは，障害者個人でなく家族であると理解され，障害者のリハビリテーションについて，とくに関心は向けられない。障害をリハビリや補助により緩和し，社会的能力を発揮して自立させるという，西欧近代的個人を前提とした発想自体が，サモアの社会状況から乖離している。在地の実践論理や社会状況を無視したまま，グローバル標準が「普遍的価値」をもって拡大していく矛盾が，サモアの障害者をとりまく状況において顕現している。

● 6-3　差異をめぐる記憶と感情

　第Ⅲ部では，人間の心理的な状態に関わる感情や記憶を射程に収める。過去の経験や感情の共有が個別の文脈において人々を動かし，共存へと向かわせる力を内包する事例が示される。近代的思考に基づいてカテゴリー化された，マイノリティや主流社会を前提とするのではなく，個別の感情的経験に基づく自己と他者との関係を見据えることにより，西欧近代的な共生概念の枠組み自体を問い直すことになる。

　「第9章　帝国の記憶を通した共生：ミクロネシアにおける沖縄人の慰霊活動から」において，飯高は，戦争体験の記憶やコロニアル・ノスタルジアを軸として，沖縄出身の「南洋帰り」やその子孫，パラオの「ダブル」（混血）を中心とした現地の人々との越境的な交流（共生）のあり方を論じている。交戦国である日本とアメリカの国家的思惑とナショナリズムの合間に置かれ，等閑視されがちだったパラオ人，さらに二等国民として現地の人々に近接して生活していた沖縄からの移民が，生々しい体験の記憶により結びつくさまは，鮮明な印象を与える。

　慰霊祭や記念碑建立等，「南洋帰り」の活動は，不可避的に日米のナショナ

リズムに巻き込まれている。しかし同時に，ナショナルな側面の利用によって，自らの活動を公的に権威づけ，事業を推進していると解釈することが可能である。そうしたなか，個別経験の記憶を再生産させる契機は，日本とパラオという遠隔地間の相互訪問である。活動を成り立たせるうえで，人々に共有されるのが，植民地時代に生成した「共生の記憶」である。

一方，「記憶の継承」といいながらも，当然ながら世代交代が進むと，飢餓体験等の個人的な生の記憶は失われる。将来，交流活動は必然的に，消滅の運命をたどるか，公的記憶や偏狭なナショナリズムに取り込まれていく可能性が予見される。こうした悲観にこそ，コロニアル・ノスタルジアの内包する哀愁を感じ取ることが可能である。

「第10章 狂気に突き動かされる社会：ニューギニア高地エンガ州における交換と社会性」において，深川は，人類学における社会観と人間観を批判的に検討したうえで，社会と狂気の状態にある個人との関係を考察する。エンガ語で狂気の状態は，「キャガエンゲ」と表現され，多義的な逸脱状態を指示し，村落で日常的に耳にする言葉である。

エンガ村落において，長男を殺された男性が，分配されるべき多額の殺人代償を親族に横領された事例と顛末が紹介される。男性に対し，代償の未分配を埋め合わせる必要があるなか，二男の婚資支払いの場においても，横領した親族が金銭の提供を拒絶し，婚姻は成立しなかった。長男を失い，正当な分配を否定された男性は，怒りのあまり心身に不調を来し，キャガエンゲに陥った。そして，衆目の目前において大声で泣き，嘆き悲しんだ。

常軌を逸した振る舞いと発せられた言葉が，横領者たちへの「呪い」として周囲に解釈され，村内で広く噂された。「呪い」の噂が，周囲の人々による横領者の不当性の批判と，狂気の男性への支持を明示した。結局，横領者は「呪い」による死を恐れ，二男の婚資提供に応じた。ただし実は，狂気に陥った男性は，通常の贈与交換において，分配対象に値しない者とみなされていた。すなわち，十全たる人格に満たなかったのである。しかし，狂気と「呪い」を生み出した代償横領に関しては，不当な扱いを受けた交換の主体として周囲から是認されたのである。

事例解釈において，著者は，西欧近代的概念である，個人の総体としての社

会が個人を排除／包摂するのではなく，エンガでは，むしろ個々の人格・身体が不可分に交換関係を含みこんでおり，交換関係が進行し展開するなか，人格に包含された過去の関係が顕在化すると述べる。エンガの人格性に照らし合わせるならば，疑似普遍化された社会や個人という近代的概念自体が，根本的な批判の対象となる。

　オセアニア島嶼部におけるマイノリティと主流社会の多様な関係のあり方をみると，脱植民地化，そしてグローバル化のなかにあって，従来は親族や村落内部に関係づけられてきた人々が，近代的概念の侵蝕と社会経済変化によってマイノリティ化する事例がみられる。ただし，西欧近代的な人間観の卓越によって形成されるマイノリティ化は，むしろ稀である。オセアニア島嶼部における在地の論理は，再編され内実を変えながら存続し，再活性化されている。そこでは，多重で曖昧な帰属の仕方や，複合的な人間観，「血」の共有や交換の実践により，自他の区分や敵味方の弁別における境界線がときに錯綜し，無化されることもある。

　自他の弁別様式が変形され，状況に応じて属性を適宜組み替えていく交錯した状況において，いわば，境界線の非決定的な柔軟性が色濃く見出せる。このような曖昧さを含む在地の共存論理が，近代性の内包する自他の峻別と過度な排除を攪乱する可能性を，多彩な民族誌事例から指摘することができる。

【引用文献】

Anderson, M. (ed.) (2004). *Cultural shaping of violence: Victimization, escalation, response*. West Lafayette: Purdue University Press.

Appadurai, A. (1998). Dead certainty: Ethnic violence in the era of globalization. *Development and Change* 29: 905–925 (Reprinted from *Public Culture* 10(2), 1998).

Blok, A. (2000). Relatives and rivals: The narcissism of minor differences. In T. Otto, & H. Drissen (eds.), *Perplexities of identification: Anthropological studies in cultural differentiation and use of resources*. Aarhus: Aarhus University Press, pp.27–55.

Broch-Due, V. (2005). Violence and belonging: Analytical reflections. In V. Broc-Due (ed.), *Violence and belonging: The quest for identity in post-colonial Africa*. New

York: Routledge, pp.1-40.
Brubaker, R. (2004). *Ethnicity without groups.* Cambridge: Harvard University Press.
Lee, Y-T., Moghaddam, F., MacCauley, & Worchel, S. (eds.) (2004). *The psychology of ethnic and cultural conflict.* West Port: Praeger.
Linnekin J., & L. Poyer (1990). Introduction. In J. Linnekin, & L. Poyer (eds.), *Cultural identity and ethnicity in the Pacific.* Honolulu: University of Hawai'i Press, pp.1-16.
Lutz, C. A. (1988). *Unnatural emotions: Everyday sentiments on a Micronesian Atoll and their challenge to western theory.* Chicago: University of Chicago Press.
Schmidt, B. E., & Schröder, I. W. (eds.) (2001). *Anthropology of violence and conflict.* London: Routledge.
Whitehead, N. L. (ed.) (2004). *Violence.* Santa Fe: School of American Research Press.
Whitehouse, H. (ed.) (2001). *The debated mind: Evolutionary psychology versus ethnography.* Oxford: Berg.
アイブル=アイベスフェルト, I. ／日高敏隆［監修］桃木暁子他［訳］(2001).『ヒューマン・エソロジー―人間行動の生物学』ミネルヴァ書房
アパドゥライ, A. ／藤倉達郎［訳］(2010).『グローバリゼーションと暴力―マイノリティの恐怖』世界思想社
石川　准 (1992).『アイデンティティ・ゲーム―存在証明の社会学』新評論
石川　准 (1996).「アイデンティティの政治学」『差別と共生の社会学―岩波講座 現代社会学 15』岩波書店, pp.171-185.
井上達夫 (1986).『共生の作法―会話としての正義』創文社
ヴォルカン, V. D. ／水谷馬尭［訳］(1999).『誇りと憎悪―民族紛争の心理学』共同通信社
鵜飼　哲 (2001).「歓待の思考」宇野邦一・野谷文昭［編］『マイノリティは創造する』せりか書房, pp.23-36.
宇野邦一 (2001).「マイノリティ―いくつかの問い」宇野邦一・野谷文昭［編］『マイノリティは創造する』せりか書房, pp.51-66.
大渕憲一［編］(2008).『葛藤と紛争の社会心理学―対立を生きる人間のこころと行動』北大路書房
風間計博 (2010).「キリバス離島村落社会における集団性の生成」塩田光喜［編著］石森大知・馬場　淳・棚橋　訓・風間計博『知の大洋へ，大洋の知へ！―太平洋島嶼国の近代と知的ビッグバン』彩流社, pp.203-244.
風間計博 (2012a).「キリバス離島における村集会所の崩壊と再興―グローカル化装置の再領土化」須藤健一［編］『グローカリゼーションとオセアニアの人類学』風響社, pp.73-95.
風間計博 (2012b).「バナバ人ディアスポラにおける二つの故郷の同一化」風間計博・中野麻衣子・山口裕子・吉田匡興［編］『共在の論理と倫理―家族・民・まなざしの人類学』はる書房, pp.149-172.

風間計博（2016）.「序　現代世界における人類学的共生の探究―コスモポリタニズムと在地の実践論理」『文化人類学』81(3): 450-465.
熊谷智博（2008）.「集団間葛藤」大渕憲一［編］『葛藤と紛争の社会心理学―対立を生きる人間のこころと行動』北大路書房，pp.53-61.
ゴッフマン，E.／石黒　毅［訳］（2001）.『スティグマの社会学―烙印を押されたアイデンティティ　改訂版』せりか書房
作道信介（2008）.「紛争へのアプローチ―社会心理学と人類学」大渕憲一［編］『葛藤と紛争の社会心理学―対立を生きる人間のこころと行動』北大路書房，pp.133-143.
塩原良和（2012）.『共に生きる―多民族・多文化社会における対話』弘文堂
潮村公弘（2008）.「集団認知とステレオタイプ」大渕憲一［編］『葛藤と紛争の社会心理学』北大路書房，pp.63-71.
田中雅一［編］（1998）.『暴力の文化人類学』京都大学学術出版会
ティンバーゲン，N.／永野為武［訳］（1975）.『本能の研究』三共出版
ナンシー，J-L.／西谷　修・安原伸一郎［訳］（2001）.『無為の共同体―哲学を問い直す分有の思考』以文社
丹羽典生［編］（2016）.『〈紛争〉の比較民族誌―グローバル化におけるオセアニアの暴力・民族対立・政治的混乱』春風社
ハージ，G.／保苅　実・塩原良和［訳］（2003）.『ホワイト・ネイション―ネオナショナリズム批判』平凡社
ブロック，M.／田辺繁治・秋津元輝［訳］（1996）.『祝福から暴力へ―儀礼における歴史とイデオロギー』法政大学出版局
モハダム，F. M.・マーセラ，A. J.／釘原直樹［監訳］（2008）.『テロリズムを理解する―社会心理学からのアプローチ』ナカニシヤ出版
八ッ塚一郎（2008）.「地域紛争とその解釈」大渕憲一［編］『葛藤と紛争の社会心理学―対立を生きる人間のこころと行動』北大路書房，pp.123-131.
ローレンツ，K. Z.／日高敏隆・久保和彦［訳］（1985）.『攻撃―悪の自然誌』みすず書房

第Ⅰ部

移動する人間と「混血」

第1章
鯨歯を纏い，豚を屠る

フィジーにおけるヴァヌアツ系フィジー人の
自己形成の視点からみた共存

丹羽典生

1 はじめに

● 1-1 問題提起

　本章では，オセアニアのフィジーにおける少数民族の事例から共存について考える。本章で民族という場合，「特定の個別文化およびそれへの帰属意識を共有する，人類の下位集団」［井上 1994: 750］という定義を念頭に置いている。フィジーは多民族国家であり，ことに1980年代のオセアニア史上初のクーデタが起きてからは，民族対立や紛争が解決されるべき政治的課題の焦点とされてきた国であるため［丹羽 2013］，人口統計においても民族構成は，特に重要な要素である。
　しかしその一方で，二大民族集団（先住系フィジー人とインド系）の対立のかげにうもれ，人口規模が小さな少数民族が主流社会の集団とどのように折り合いをつけているのかについては，いまだ十分な分析の対象となっていない［丹羽 2005］。本章では，以上の側面について自己の形成という視点から，民族誌的データを基に解き明かすことを目的とする。
　取り上げるのは，フィジーにおけるヴァヌアツ移民の末裔である[1]。彼らは，集団の規模があまりに過小であるためフィジーで存在感のある民族ではない。さらに多数派の人々——とくに先住系フィジー人——とのたびかさなる混血の過程を通じて，例えば身体的形状（肌の色など）や日常的な言語すら先住系と見

---

1) ヴァヌアツは，1980年の独立以前は，ニューヘブリデス（New Hebrides）と呼ばれていた。本章では，現在の呼称に準じて，一貫してヴァヌアツと記述する。

分けがつかないほど曖昧化された人々である。そしていまもその曖昧化のプロセスは継続中である。本章では，そうした彼らが，彼ら自身にとってもすでになじみのないものとなった「ヴァヌアツ人」としての自己を形成している側面を記述・分析していく。そして最後に，主流社会との共存のありようについて若干の議論を行う。

 2節では，フィジーにおけるヴァヌアツ系フィジー人の状況について議論と関係する限りで整理する。3節では彼らがいかにヴァヌアツ人という自己を形成しているのか記述・分析する。そして最後に，以上の事例を通じて，少数派としての自己の発現とグローバル化について考察したい。本章のデータは，2012年から現在までの断続的な聞き取り調査に基づいている。

● 1-2 みえない少数民族：フィジーのヴァヌアツ系フィジー人

 フィジーにおけるヴァヌアツ系フィジー人については，存在自体は認知されていたものの，まとまった研究や情報は存在していない。政府統計では太平洋諸島民，選挙枠ではそのほか（the Other）として［Prasad et al. 2001: 7-8；丹羽 2010: 296］，政府やNGOによる数少ない少数民族に関するレポートにおいても，その存在が文中に言及されることがあっても，メラネシア系としてソロモン諸島民，パプアニューギニア人と一括して提示されるのがつねであった［e.g. Naidu 2013; Prasad et al. 2001; Ministry of Multi-Ethnic Affairs 2003］。

 2007年統計においてフィジーの総人口は約84万人である。そのうち先住系フィジー人が約47万5000人，植民地時代の契約労働者の子孫であるインド系が約31万3000人，ロトゥマ系が約1万人，中国系が約4700人を占め，それ以外の太平洋諸島民系は，1万5000人にすぎない。そうした太平洋諸島民という少数民族の中の少数民族がヴァヌアツ系なのである。

 学術的な研究における存在感も似たようなもので，多くの場合メラネシア系として一括して扱われている［Kuva 1971; Halapua 2001］。主に研究対象とされてきたのは人口規模の比較的大きなソロモン系で，ヴァヌアツ系については，傍系的に言及されることはあっても，社会の特質にまで踏み込んで分析されることはなかった。

 その背景には，人口規模が非常に小さいため統計の上で他民族と一括して扱

われる傾向があること。同じ理由から政治家の票田としても重視されず，政治的圧力をもつ集団となっていないこと。同じメラネシア系に属するソロモン諸島民が英国国教会からの強い支援を受けていたことと対照的に，彼らを下支えする特定の宗教団体が存在していなかったこと。経済的に周辺化されているため人々の教育歴は概して低く，民族集団としての意見を集約し，代弁する人物が不在であったことなどが考えられる。最後の点については，ソロモン系も同じような問題を抱えているが，それでもソロモン系の大学卒業者や国家公務員などは，複数名生み出されていることと比べて［Halapua 2001: 125］，ヴァヌアツ系は，その水準にも達していないのである。

2 ヴァヌアツ人のフィジーへの定着

● 2-1　労働移民から都市辺縁の少数民族へ

　ヴァヌアツ人がフィジーに到来したのは，他民族と比べても早い時期に属している。フィジーが西洋社会と出会い，入植者が頻繁に訪れるようになったのは，19 世紀のことである。19 世紀初め白檀の採取，19 世紀半ばから綿の栽培地として，フィジーは，ヨーロッパ諸国の商業的関心を集めた。そしてそれに応じてヨーロッパ人入植者の数も増大していく。そうしたプランテーションでの労働力として必要とされたのが，メラネシア系の人々であった。1865 年からヴァヌアツ系，1870 年からソロモン系の人々が導入された［Siegel 1985: 46］。詐欺，誘拐に類する非合法な手段も伴っていた初期の移民は，ブラックバーディング（blackbirding）と呼ばれていた。実際，この労働移動は，植民地までの劣悪な移送状況に，到着後のプランテーションにおける過酷な労働条件が加わることで，多くの死者を出したことで知られていた。こうした非人道的な取り扱いは次第に国際的な非難を招き，メラネシア系の労働移民自体が削減され，1911 年には完全に停止された［Siegel 1985; Kuva 1971; Halapua 2001］。フィジーの歴史上，1987 年のクーデタ以来，先住系と対立する民族としてクローズアップされることの多いインド系は，そもそも彼らメラネシア系の移民が停止された後に，その結果生み出された労働力の不足を補うために導入されたのであった［Gillion 1962: 10; 丹羽 2004, 2011］。

現在のフィジーにおけるメラネシア系住民のほとんどは，この時期に導入された労働移民の末裔である。都市で散在する人々がいる一方で，フィジーの各地に独自の集落を形成して，そこで生活している者も数多い。こうしたヴァヌアツ系集落の多くは，彼らがプランテーションでの労働契約終了後，都市部における雑業に従事したという歴史的経緯を反映して，旧都オヴァラウ (Ovalau)，首都スヴァ (Suva) の近隣で目につく。

以上の点は，メラネシア系の住民一般に共通する特徴であり，先行研究においても指摘されてきたことである [Kuva 1971; Halapua 2001]。ところがヴァヌアツ系についての詳細な情報はない。筆者の調査によれば，本島ヴィチ・レヴ (Viti Levu) のなかでヴァヌアツ移民の子孫が形成している集落は，スヴァと近隣の都市であるナウソリ (Nausori) との間の幹線道路沿いに並んでいる。スヴァ側から順に，フィラフォウ (Filafou)，マニコソ (Manikoso) と，メラネシア系住民の集落であるニュータウン (New Town) の一角はヴァヌアツ人の集落となっている。本島以外でヴァヌアツ人集落のある離島として，筆者が耳にしているのは，オヴァラウとヨーロッパ人入植者が多く生活していたタヴェウニ (Taveuni) である。

これらヴァヌアツ系の集落は，いずれもかつてヨーロッパ系入植者の集中した都市や離島の辺縁に位置している。そして彼らが生活する土地の権利関係は多くの場合錯綜している。そのため地主の温情によって生活が許されている区画のなかには，近年の都市開発の拡大に伴い，再開発の対象とされている土地もある。ヴァヌアツ系は立ち退きの対象となりかねない潜在的な危機を抱えているわけである。彼らにとって安定した生活の地を確保することは，もっとも関心の高い話題の一つである [cf. 丹羽 2004, 2011]。

● 2-2　二重の周辺化と少数民族の坩堝

現在のヴァヌアツ系は，文化的には先住系のそれへの同化が著しくみてとれる。フィジーにおけるメラネシア系一般の特徴として，先住系への同化の程度の高さと，貧困率の高さがしばしば指摘されている [Kuva 1971; Halapua 2001; 丹羽 2004, 2011]。主にソロモン系の調査から先の事実は指摘されているが，ヴァヌアツ系にも当てはまる特徴である。さらに，同化に至る背景要因も共通し

ている。なぜなら，土地所有権の相対的な不安定さ，経済的な生活水準の低さなどの貧困の問題からはじまり，人口の少なさから政治的組織力が弱いという点などは，ソロモン系と共通しているからである。

ヴァヌアツ系としての民族的な集合性は，フィジー定着後の地縁・血縁を利用して，作られているものである。フィジーに来島以前のヴァヌアツ在住時では，彼らは出身島や言語もばらばらで多様であり，ましてやお互いに親戚関係になかった。彼らは，フィジーで世代を重ねる中で，お互いに血縁関係で結ばれる人々も出現して，さらに，集住化する中で地縁的つながりが生み出されていったのである。

多くの場合，こうした相互のゆるやかなネットワークがあるのみで，それ以上の集合的なヴァヌアツ系としての意識は希薄で，集団全体としての活動も盛んでないというのが実情である。彼らの間の具体的な活動としては，必要に応じて時折行われる募金があげられる。フィジーのどこにヴァヌアツ系の集落があるのかについて，多くの人々は熟知しており，同胞間の慶弔に関わる儀礼が執り行われる際には，連絡が取り交わされる。こうした何らかの出来事が彼らに起きたときには，ヴァヌアツと関わる人々に，それとなく情報が回されている。

このようにフィジーにおけるヴァヌアツ系は，先住系フィジー人の文化に同化された存在としてありながら，フィジーにおけるメラネシア系に範疇化されることで他者化されてもいる。同化されつつ他者化されるという意味で，彼らのエスニックアイデンティティは，曖昧な位置に宙づりにされている。したがって，経済的に貧困状態にあると同時に，エスニックアイデンティティの承認の点でも不十分な認知しか受けていないという意味で，ヴァヌアツ系は二重に周辺化されているといえる。

● 2-3 ヴァヌアツ系集落の構造

フィジーにおけるヴァヌアツ系の社会は，明確な組織的構造のもと整序されてはおらず，緩やかなネットワークのつながりとしてある。しかし，儀礼が遂行される際に財の集中・再分配の単位として機能するような大まかな人々の分類は存在している。それらは，ヴァヌアツの島名にちなみ，サント（Santo），メレ・ラヴァ（Mere Lava），ペンテコスト（Pentecost），アンバエ（Ambae），マ

エオ (Maewo), アンブリム (Ambrim) の6単位に分類されている。この単位は, フィジー語でリネージに相当するマタンガリ (*mataqali*) と称され, 所属メンバーの祖先の出身地とされている。

　マタンガリの境界は, ゆるやかなものである。ことに移民初期の世代のなかには, フィジーという異国に定着する過程で, 親代わりに養育された人物や, 近くに住んでいた人であるという理由で——つまり生物学的な血縁などとは関係なく——特定のマタンガリへの所属が決まっていることも珍しくない。マタンガリの名称に冠されたヴァヌアツの地名と各人の由来とが厳密に照応しているわけでは, 必ずしもないのである [e.g. Pakoasongi n.d.]。また, 同じマタンガリという用語を用いていても, 先住系のそれとは意味が異なっている。先住系にとってのマタンガリは, クランと拡大家族の間にある中間範疇として階層的に構造化されているが, ヴァヌアツ系のそれは, 垂直的で階層的な関係性はなく, あくまで水平的な人間の分類にとどまっている。ましてや土地所有権とは関わりがない[2]。

　こうした自生的な単位以外にも, 現在では, メラネシア系あるいはヴァヌアツ系のための組織も形成されている。前者は, フィジー・メラネシアン・コミュニティ・デベロプメント・アソシエイション (Fiji Melanesian Community Development Association) である。この組織は, フィジーで生活するメラネシア系全体を代表するものとして存在しており, ソロモン系, ヴァヌアツ系, パプアニューギニア系などがメンバーに含まれている。ただしソロモン系の人口上の多さを反映してか, ソロモン系のメンバーが中心となっている。1990年憲法の改正に関する全国的答申が行われた時には, この組織がメラネシア系としての要望書を提出している [e.g. Fiji Melanesian Community Development Association 1995]。

　後者, ヴァヌアツ人による組織も, 近年形成されている。名称は, ヴァヌアツ・ディセンダント・アソシエイション (Vanuatu Descendant Association) と呼ばれ, 名前が示唆するように, ヴァヌアツ移民の子孫を中心に形成された組織である。現時点では, 彼らのうちの最高齢者であるメレ・ラヴァ・マタンガ

---

2) ソロモン系にも似た特徴を指摘することができる [丹羽 2004]。

リの男性が会長とされている。

　以上が，ヴァヌアツ人移民の子孫が関わるフィジー国内における組織である。注意が必要なのは，上記の組織は実際に存在し，機能しているものの，恒常的な活動実態は必ずしも明確でなく，ヴァヌアツ系の間での認知度も十分とはいいがたいということである。フィジーにおけるヴァヌアツ系の人々に関する基礎的な情報について，これらの組織はもちあわせていない。ましてや，彼らのフィジー来島に至るまでの歴史的過程や現状についての情報も集約されてはいない。日常的にヴァヌアツ系集落で中心となる人物は，各集落に存在している村役（*turaga ni koro*）[3]である。

　二つの組織は別個の組織である。どちらの組織に所属するかは，基本的に各人の選択に任されている。ある人物は，「自分は両方の組織に加入しているが，フィジーの政府に請願をしたいときはメラネシア・デベロプメント・アソシエイション（フィジー・メラネシアン・コミュニティ・デベロプメント・アソシエイション）に足を運び，ヴァヌアツ政府と交渉したいときはヴァヌアツ・ディセンダント・アソシエイションに向かう」と明言するほど，非常に柔軟に運営されている。さらに，どちらにも積極的に関与していないヴァヌアツ系も珍しくなく，関心や関与の度合いも人それぞれである。

3　ヴァヌアツ系としての自己形成

● 3-1　ヴァヌアツ首相のヴァヌアツ系集落への訪問

　前節までは，ヴァヌアツ系住民がホスト社会である先住民文化への同化という過程のなかにあることについて述べた。かつては，多文化の並存状況に関して，人種の坩堝かサラダボウルかという議論があったが，ヴァヌアツ系をはじめとする少数民族集落のなかにいる彼らは，たびかさなる混血を通じて固有の民族

---

[3] 村役とは先住系フィジー人の村落に設置されているヘッドマンである。行政との仲介役を担当しており，いわゆる伝統的な首長とは異なる行政的な役職である。ヴァヌアツ系の集落は，先住系の村落とは異なるので，公的な村役が設置されることはないが，本章の事例では外部との交渉や，集落のとりまとめなどを目的として自主的に設置されているものである。

的特徴をますます希薄化させており，文字通り坩堝と化している。ヴァヌアツ系集落の近隣には，他のメラネシア系，インド系，キリバス系がゆるやかな境界をもちつつ並存しているし，彼らの間には血縁的なつながりが存在してもいる。

興味深いのはその一方で彼らの民族的所属が必ずしも曖昧化されているわけではない点である。曖昧化されているのは名指しの側面であり，名乗りの側面についてみてみると，母系が誰であれ，基本的には父系の論理に従って自己を規定している[4]。さらに筆者の調査によると，彼らがヴァヌアツ系としての自己を形成している文脈が近年いくつか見受けられる。本節からはその点についてみていきたい。具体的には，ヴァヌアツの首相によるフィジーへのヴァヌアツ系集落の訪問とヴァヌアツ系フィジー人の祖国ヴァヌアツ訪問という二つの出来事を契機にした出来事を記述・分析していく。

まず，ヴァヌアツの首相のフィジーにおけるヴァヌアツ系集落訪問を取り上げたい。2011年の3月末日，フィジーではメラネシアン・スピアーヘッド・グループ（MSG: Melanesian Spearhead Group）[5]の国際会議が開催された。それにあわせて，同年4月2日にヴァヌアツの首相メルテク・サト・キルマン・リヴトゥヴァヌ（Meltek Sato Kilman Livtuvanu）と外務大臣ジョージ・ウェルズ（George Wells）が，スヴァのフラッグスタッフ（Flagstaff）の丘の上に位置する，ヴァヌアツ移民の集落跡地（現在は，墓石が残されているほかは，放置されている）と，マニコソ集落への訪問を行ったのである［cf. Wara 2011a, 2011b］。

ヴァヌアツ首相の訪問が実現に至るまでには，次項でもみるように，ヴァヌアツ系フィジー人とヴァヌアツの中心人物との間で水面下での粘り強い交渉があったようである［cf. Wara 2011b: 40］。ヴァヌアツの首相による訪問が実現した背景には，次に述べるような国際関係的な配慮があったと推測できる。ヴァヌアツ首相訪問時のフィジーは，2006年の軍事クーデタ後の不安定な状況下に置かれていた。クーデタは，世界の各国や近隣の太平洋地域からも非難を招き，太平洋諸島域内の地域連合体である太平洋諸島フォーラムから参加資格を停止

---

4) ただし父系で自己の民族的属性を分類するという行為それ自体は，先住系の影響によると思われる。
5) MSGとは，パプアニューギニア，フィジー，ソロモン諸島，ニューカレドニアによって構成されたメラネシア諸国・地域のための国際的組織である。1983年に設立された。

されるなど，フィジーの国際的な位置は危うい状態にあった［小柏 2016: 338-340］。

そうしたなか，クーデタ後のフィジーの軍事政権は，オーストラリア，ニュージーランドという地域的な大国がメンバーではなく，メラネシア島嶼部のより限定されたメンバーで構成されている MSG を通じて国際的な立ち位置を確保したいという思惑があった可能性もある［cf. 小柏 2016: 340-342］。ひいてはその重要なメンバー国であり，当時 MSG の議長も務めていたヴァヌアツ首相と個別的な連携を強化したいという政治的な理由が背景にあったと思われる。実際，時期を同じくしてフィジーにおけるヴァヌアツ高等弁務官事務局が設置されてもいる［Wara 2011b: 40］。

こうした国際的な状況を背景にお膳立てされたこともあり，当時のヴァヌアツ首相キルマンは，国際会議でフィジーを訪問した際に，フラッグスタッフとマニコソまで足を運んだのである。フラッグスタッフは，ヴァヌアツ移民の集落跡地であり，居住者は都市部の再開発の進展にともない，ニュータウンなどスヴァの郊外へと移転している[6]。現在では，雑草が生え放題の荒れ地の中に

図1-1　ヴァヌアツ系移民の墓（2013年，フィジーのトゥーラックにて）

---

6) この土地とその近隣と思われるマレクラ（Malekula）集落についての 1987 年の報告では，メラネシア系の存在は記載されていない［Laqere 1987: 56-64］。報告書の調査が行われるよりはるか前にこの地から移転していたためであると思われる。

ヴァヌアツ系フィジー人の祖先の墓石が並び，そのすぐ脇は近隣に住む先住系家族のキャッサバ畑となっている（図1-1）。首相は，ここで墓石にお参りをして，かつてのヴァヌアツ移民の苦境を偲んだという［Wara 2011b: 40-41］[7]。

ついで，首相はマニコソに向かった。マニコソは，スヴァ・ナウソリ間の首都郊外に位置する集落で，いまでも多くのヴァヌアツ系を抱える地域である。マニコソでは，首相の来フィジーを歓迎する簡単な席が設けられたという。マニコソに在住する年配の女性は，マニコソは，首都からも遠くないという交通の利便性や，集会所があり来賓を招きやすいこと，ヴァヌアツ系の人口も他の集落に比べて大きいことなど，他の集落に比べて比較的条件が整っていたため，ここで歓迎式が行われたと説明していた。

首相の訪問は，実質的な援助などを行うためというよりは，むしろヴァヌアツ系の存在を国政のレベルで認知したという象徴的意味があるといえよう。ヴァヌアツ系にとっても，異国の地でホスト社会への同化圧力にさらされ続けて，政治経済的位置づけとアイデンティティの承認という意味で周辺化された彼らの存在をアピールする機会であった。もちろんヴァヌアツ系の側としてもこうした交流を足がかりに，将来的な見返りをまったく期待していないわけではない。例えば，ヴァヌアツ系に対する大学進学のための特別な奨学金制度や二重国籍制度などを希望する発言は，筆者の集落滞在時にもよく耳にした[8]。

● 3-2　ヴァヌアツ系フィジー人の首長位獲得儀礼の過程

こうした国際的な国の上層部までを巻き込んだ訪問が演出されるまでには，少なからぬ交渉が，ヴァヌアツ系フィジー人とヴァヌアツにおける関係者との間で重ねられていた。実際，それに先立つこと5年前の2006年には，フィジーのヴァヌアツ系集落の人々約20人——男性14名，女性6名——のヴァヌアツ訪問が実現していた。渡航時期は，ヴァヌアツ本国における独立記念日の行事

---

7) ヴァヌアツ系のなかには，この集落をコロ・マカワ（koro makawa）と称して特別な位置づけにしている者もいる。コロ・マカワとは現在の場所に移転する前にあった旧村落を指す一般的フィジー語である。
8) フィジー及びヴァヌアツにおける中心的な大学は，南太平洋大学で，太平洋地域内諸国にキャンパスを構えている。

とあわせて7月に設定されたという。

　この訪問をフィジー側で主に仲介したのは，ヴァヌアツ系フィジー人のJ氏である。彼は，いまのヴァヌアツ系フィジー人のなかでは珍しく，幼少期をヴァヌアツですごしたこともあり，ヴァヌアツのピジンであるビスラマ（bislama）はもとより複数の土着の言語も自由に操れる。学校教育はフィジーで受け，1987年のクーデタを契機にヴァヌアツに戻りそこで仕事をみつけた。その際，ヴァヌアツ人の女性と結婚している。こうした滞在経験のため，ヴァヌアツ側，フィジー側どちらにもネットワークがあり，交流事業のフィジー側の要となった人物である。また先に述べたヴァヌアツ・ディセンダント・アソシエーションのスポークスパーソンでもある。

　ヴァヌアツ側で受け入れの中心となったのは，J氏の義理の父親のように遇されているT氏である。彼はヴァヌアツの首都ポートヴィラ近郊に住居をかまえるアンバエ出身のヴァヌアツ人首長で，近隣でもリーダー的な存在として知られている。彼の妻の姉妹の娘DがJ氏の妻にあたる。Dの婚姻儀礼を組織したのがT氏だったというつながりから，Dのことを特に娘のようにかわいがっているということである。

　T氏は，そもそもフィジーにヴァヌアツ人の子孫がいること自体知らなかった。彼が交流事業に関わるようになった契機は，1990年代の後半か2000年代のはじめ頃，彼の日本訪問にさかのぼる。仕事の関係で日本に行くことになったT氏は，渡航ヴィザの発行を行う日本大使館がフィジーにあるため，フィジーの首都を訪問した。その際に，当時，フィジー在住のJ氏の世話になり，彼の仲介のもとヴァツアツ系の集落の存在を知ったという。

　この二人が協力することで，ヴァヌアツ系フィジー人のヴァヌアツ訪問が実現したという。経費は，渡航者20人の内半分をヴァヌアツ政府に，残りの半分をフィジー政府に援助を依頼したとのことである。それ以外に数名ほど，自費でヴァヌアツに渡航した人物もいた。彼らのヴァヌアツ滞在時には，さまざまなイベントが催されたが，特に着目すべきは，以下3点である。

　一つめは，リユニオンである。ヴァヌアツを訪問したヴァヌアツ系の家族捜しがなされた。彼らはヴァヌアツの言語と文化を失っているとはいえ，フィジーに来島した祖先の名前と出身島については記憶している場合もあった。そ

うした断片的な情報を頼りにして，彼らの親戚の探索が行われたのである。滞在時に，数名の家族の親戚縁者をみつけることができ，再会を果たしたという。

ついでヴァヌアツ系の5人にヴァヌアツのカストムネーム[9]が付与される儀礼がとりもたれた。付与される人物には，ヴァヌアツ系フィジー人の各マタンガリ――サント，メレ・ラヴァ，ペンテコスト，アンバエ，マエオ，アンブリム――の代表者が，選ばれた。彼らはいずれも各マタンガリの高齢の男性で，集落では村役を務めている人物と概ね重なっていた。彼らはヴァヌアツでは，フィジーにおけるマタンガリを代表する人物であるという理由で，首長として遇されたのである。与えられたカストムネームにもすべて，チーフという称号が付されている。

さらに，上記5人のうち1名，アンバエの代表者P氏は，ピッグ・キリング（pig killing）の儀礼を行った。ピッグ・キリングとは，ヴァヌアツにおける特定の位階の首長位の称号を獲得する儀礼の一つにあたる［吉岡1998: 170-171］。アンバエの代表者が選ばれたのは，この交流事業を担当していたT氏がアンバエ出身であったことがある。またT氏は首長でもあるので，儀礼を遂行する実際的な知識に長けてもいた。

儀礼は2段階で行われた。最初の段階はマットの贈呈である。称号を獲得する人物は，儀礼の遂行を司る首長にマットを贈呈する必要がある。本来は，ヴァヌアツ系フィジー人の側から，マットを準備・贈呈するべきであるが，この儀礼ではヴァヌアツの儀礼に通じていないフィジー系ヴァヌアツ人に配慮して，T氏が，彼らへのプレゼントという名目で準備した。夕方からはカヴァバー（図1-2）[10]となるT氏の邸宅の庭にマットが並べられ，T氏はアンバエの伝統的な冠をかぶり，上半身裸となり，豚の歯でできた首飾りをつける。首長のみが着用を許される伝統的な腰巻を身に着け，儀礼のための装いが準備される。そしてマットのまわりを反時計回りに4回廻り，最後にマットに手を触

---

9) ヴァヌアツ系フィジー人の説明によると，ヴァヌアツのコミュニティメンバーであることを承認する伝統的な名前を意味する言葉。
10) カヴァバーとは，オセアニア地域における土着の飲量であるカヴァを混ぜ，お客に供するバーである。ヴァヌアツの主に都市部では，夕方すぎからの男性たちの社交の場となっている。

第1章　鯨歯を纏い，豚を屠る　　47

図1-2　ピッグ・キリングが行われたカヴァ・バー（2012年，ヴァヌアツのポートヴィラにて）

れる。こうしてマットが受け取られたことが儀礼的に示された。

　2段階目は，豚を殺す儀礼である。T氏と同じようにピッグ・キリングに必要なヴァヌアツの伝統的衣装をまとったP氏は，なれない格好と見知らぬ儀礼を前にして緊張した趣であった。彼は，T氏の後に従って，ひもで灌木に縛られて動けなくなった豚のまわりを反時計回りに4回廻る。その後，豚の頭を斧[11]でたたき割り殺害する。最後に，T氏は，ヴァヌアツの称号でP氏に呼びかけを行い，P氏が「はい」と返答することで儀礼の幕は閉じられた[12]。

　T氏の説明によると基本的な儀礼の過程は，ヴァヌアツで通常行われるピッグ・キリングと大差ない。しかし，一つ顕著に異なっている点がある。T氏は，首から豚の歯だけではなく，フィジーの代表的な交換財である鯨の歯タンブア（*tabua*）もかけていたのである。タンブアは，ヴァヌアツ系フィジー人から土産として手渡されたものである。T氏によると，フィジーの文化への敬意を示すため

---

11) 棍棒が使われるのが正しい作法ということであるが，ここでは手軽で入手も簡単な斧で代用された。
12) 儀礼の内容については，現地の人々によって撮影されたビデオで確認している。ここでの儀礼の記述は，ビデオを視聴しながらなされた，T氏とJ氏による説明に依拠している。

図1-3 2006年のヴァヌアツ訪問から持ち帰ったヴァヌアツ土産（2012年，フィジーのニュータウンにて）

に首からかけて儀礼を行ったとのことである。同じようにP氏も，儀礼が遂行される際に，豚の歯と一緒に鯨の歯も首からかけることで，フィジー的な儀礼のやり方を意図的に織り交ぜていた[13]。J氏によると，残りのマタンガリのリーダーにも，首長位獲得の儀礼を順次行っていきたいということであった（図1-3）。

4 複合的な自己の形成

● 4-1 グローバルな時代における自己の表出

この儀礼は，ヴァヌアツ系フィジー人の自己の表出と関わっているという

---

[13] この儀礼は彼らの2006年のヴァヌアツ訪問のなかでも一つの要として記憶されている。2006年10月2日から11日まで，フィジーで第3回メラネシア芸術文化祭（Melanesian Arts and Cultural Festival）が開催されたときには，一部の人たちは旧交を温めている［cf. Marcellin n.d.］。また，その後2012年には，T氏がフィジーのマニコソでピッグキリングの儀礼を行っている。カストムネームが付与されたペンテコストの男性が死去したことに伴い，代わりの首長を就任させるためであった。ヴァヌアツ系フィジー人だけでは，儀礼の遂行がままならないため，T氏のフィジー訪問の機会にあわせて行ったという。なお，その時には，フィジーの南太平洋大学に在籍していたヴァヌアツからの学生も参加したという。

意味で興味深い事例である。日常生活に照準を当てたとき，ヴァヌアツ系フィジー人は，三世代以上の年月をフィジーで過ごすなかで，先住系への同化を相当程度果たしている。例えば言語，文化などはほぼ先住系のものといってよい。別言すると，フィジー国内の日常生活で，ヴァヌアツ人意識が顕在化する文脈も限られているといえる。

しかし完全に同化された自己が形成されているわけでもない。むしろ先住系になりきれない残余を抱えた人々としてあるのが実情である。経済的に貧しいのみならず，メラネシア系として，さらにメラネシア系の中でも少数派のヴァヌアツ系として，二重に周辺化されてさえいる。先行研究でもたびたび指摘されているように，こうした彼らの少数民族としての苦難——土地所有権に関わる不安定さと，経済的な貧しさ，アイデンティティの承認の不十分さ——が，この傾向を強く後押ししていることは疑いない。

本章では取り上げていないが，彼らの居住地は，都市開発に伴って，都市の辺縁へと移動している。首都の人口集中は現在も進行中の事態で，土地の経済的な価値の上昇に伴い，いつ移転を迫られるかという，開発への恐れは多かれ少なかれ人々の間に存在している。さらにはヴァヌアツ系の経済的な周辺性は，高等教育に進む人材の不足とも相関しており，結果としてフィジーにおいて自集団を代表する組織が未成熟であることにもつながっている。

このように日常生活の状況に位置づけてみると，彼らがヴァヌアツ人として自己を認識する契機は，何々ではないという否定的な文脈が多いことがわかる。文化的には先住系でありながら実際はそうでない自己，少数民族としてメラネシア系でありつつも少しずれた自己など，彼らはヴァヌアツ系としての積極的な自己というよりは，否定的な形容の重なりのなかで自己を提示している側面があるといえるのである。

● 4-2 ピッグ・キリングという儀礼のもつ意味

そうした文脈においてみたとき，ピッグ・キリングの儀礼には，別の意味もみえてくる。儀礼の行為自体は形式的なものであり，フィジーで生まれ育ちヴァヌアツの言語も文化にも疎いヴァヌアツ系フィジー人自身にとっても，その内容をどこまでヴァヌアツ文化の文脈に沿った形で理解しているのかは疑わし

い。ピッグ・キリングが撮影されている映像のなかには，P氏がたえず自信なげな表情をして，おそるおそるという態で儀礼を遂行している姿が残されている。経済的な利得としても，こうした儀礼自体が直接的な利益を生み出すものではない。カストムネームの獲得は土地所有権と関係しているが，彼らヴァヌアツ系フィジー人で祖先のいたヴァヌアツの離島で生活したり，畑作を行うということを，いまの段階で現実的なものとして思い描いている人物はさほどいないだろう。

　このように考えていくと，この儀礼の重要性は，彼らに分有されているヴァヌアツ人としての自己の発現にあるといえる。オセアニアの人々にとって土地所有権がアイデンティティの根幹に関わるという指摘は，その植民地期に経た変容を含めてつとに指摘されている［cf. Keesing 1989: 29-30］。ヴァヌアツ系の人々にとっても，あくまで将来に向けた希望や投資としての側面はありうるとしても［cf. Narotzky and Besnier 2014］，より現実的には，儀礼を通じて祖先の土地とつながりをもつという出来事それ自体に重要な意義があるといえよう。

　このことは，カストムネームや首長位を獲得して，フィジーに戻ったときにどのような意義があるのかを考えてもわかる。実際のところ，フィジー国内でカストムネームや首長位をもつ意義は，ほとんどない。彼らの処遇がフィジーの中で変わることはいまのところ起きていないし，そのことで経済的な恩恵に与るというわけでもない。実際チーフの称号を獲得したP氏自身も，「自分は首長ではないが，一番の年配者として代表して儀礼を受けただけである。そうした高い身分ではない，平民にすぎない」と繰り返し語っていた。この儀礼を行った結果，フィジーの集落での生活における彼らの地位や行動に何らかの影響があったようにはみえない。

　ヴァヌアツでピッグ・キリングを行っている映像を筆者はヴァヌアツ系フィジー人の集落で上映したことがある。そのときカストムネームを獲得したある老人が興奮して語っていたように，そもそも同じ集落に住んでいる近しい人間からからして，「自分たちがヴァヌアツでこうした儀礼を行ってきたこと自体知らなかったり，場合によっては話半分で聞いている人ばかり」なのである。

　むしろ，この事例で興味深いのは，ピッグ・キリングの過程で実際に行われていることは，グローバル化とアイデンティティ・ポリティックスでしばしば

議論されるような，純粋なアイデンティティを求める動きとは言い難い点である。フィジーで周辺化されているがゆえに，ヴァヌアツ人としてのアイデンティティに救いを求めるという自己同一化の過程があるとは，儀礼の手順のなかにうかがえる細部とも齟齬する解釈である。儀礼では，ヴァヌアツの儀礼において本来であれば使用しない文脈でフィジーの交換財であるタンブアを首からかけていた。そしてそのことで，むしろ彼らのアイデンティティがフィジー人とヴァヌアツ人との複合的な存在であることを，双方が公に認知していたのである。

ここでみてとるべきはフィジー系かヴァヌアツ系かという二者択一的な自己主張ではなく，先ほど述べた未来への投資という側面と，文化的差異への敬意（vakarokoroko）の態度であろう。固いアイデンティティのありようを主張することではなく，伏在しているヴァヌアツ人としての自己の側面を肯定すること。そうした文脈においてさえ，儀礼本来の文脈からは外れた鯨の歯が掲げられるように，すでに身体化されたフィジー人としての自己が顔を出すわけである。

5 最後に

本章では，フィジーにおけるヴァヌアツ系フィジー人の事例から，周辺化とグローバル化の端に置かれた少数民族の姿を描くことを試みた。彼らは，国内政治における政治力が過小であり，経済的な苦境に置かれているために，グローバル化にさらされた影響を真っ先に受け，国際関係の動向をダイレクトに受けるという特徴を表出する存在でもあった。そもそも，経済的に裕福ではない彼らが比較的簡単に祖国に帰国し，かつての絆の回復を可能にすること自体が，グローバル化の帰結といえよう。儀礼的実践から読み取ることができるのは，このような辺縁に置かれた立場から，自己の内側に幾重にも折りこまれた可能性を表出していくことで，可能性の場を広げる戦略といえるかもしれない。ここには，辺縁であるがゆえに，グローバル化の先端でもあるという逆説をみてとることができる。

本章で扱った事例では，グローバルといってもフィジーにおける移民の末裔がかつての祖国との関係を回復するという二国間の関係が中心で，この関係を

超えた——例えば世界的なマイノリティの状況と相互の影響のありようなど——との相関を示唆しているわけではない。ただし，フィジーのヴァヌアツ集落の人々の間でも，2013年に150周年を迎えたオーストラリアにおけるメラネシア系移民の動向——ことにかつての交易の中心地であったクイーンズランド州[14]のそれ——など，他国においてかつての同胞がどのように処遇されているのかには興味を抱いている人が多い。実際に，遠くの親族の一部が，オーストラリアに移民として渡ったことを記憶しており，彼らの状況について関心を抱いている人々もいた。海外においてメラネシア系移民の末裔に経済的な保障がなされたという噂を聞きつけ，自分たちにもというわけである。

　さらには，彼らの生活している集落が，基本的には混血の坩堝の土地であることにも注目しておく必要がある。彼らにとって他民族との共存は，日常生活の営みの一部である。より正確にいうと，親戚関係のなかはもとより，彼ら自身のなかにすでに他民族性は埋め込まれている。問われれば彼らはヴァヌアツ系と名乗るであろうが，それは彼らの中に見出せる複合的な関係性の一部にすぎない。筆者は，それゆえに彼らが平和共存に向いている，とナイーブに主張したいのではない。世界各地で起きてきたジェノサイドが例証しているのは，むしろ他者と密接に関わり，自己のなかにそうした他者性を複合的に含んでいるとしても悲惨な出来事が起こりうるという端的な事実である。オセアニアも例外ではない。トンガの暴動において被害者となった中国人は，トンガのなかの外国人のなかでもっともトンガ人と関与していた人々であった［Moala 2009: 58］。

　かつて人類学的研究からキャリアをはじめ晩年は社会思想家的な仕事を残したエペリ・ハウオファ（Epeli Hau'ofa）は，フィジーの首都スヴァはすでに非常に多様性に富んでいるため，どのような排外主義も受け入れる余地はないだろうと口にしていたが［e.g. Madraiwiwi 2009］，ここで試みたのはそうした錯綜し

---

14) オーストラリアのクイーンズランド州におけるサトウキビ栽培のプランテーションは，19世紀の労働交易の拠点としてあった。メラネシア系も数多く移民していた。筆者の聞き書きでもフィジーに来る前に，クイーンズランド州で働いていたという祖先の移動歴を語る人もいた。オセアニア大国における移民については，科学研究費補助金基盤研究（C）「トランスナショナルな社会運動と政治参加の人類学：オセアニア大国の移民を事例に」（研究課題番号：25370959）によって情報を得た。

た民族間関係を思想的に昇華して語るのではなく，民族誌的に精緻に読み解くことであった。ヴァヌアツ系の事例にみられる，さまざまな多様性にさらされながらもそれを受け入れつつ新たな境地を切り開こうとする生活の実践は，辺縁からみた今日のオセアニアの世界の一端を提示しているであろう。フィジーのヴァツアツ系のもつ人間関係に潜在的に孕まれた可能性が，個人の偶発的な関係性にも依存しつつ，グローバル化の中で発現したように，今後彼らの多様な個人的ネットワークの網の目の中から，どのような関係性が前景化するのか，また，国際的，国内的，個人的な層の重なり合いのなかで，どのような事態が展開していくのか今後も緻密に読み解いていく必要がある。

【引用文献】

Fiji Melanesian Community Development Association (1995). *Fiji Melanesian community development association submission to constitution review commission 1995.*

Gillion, K. L. (1962). *Fiji's Indian migrants: A History to the end of indenture in 1920.* Melbourne: Oxford University Press.

Halapua, W. (2001). *Living on the fringe: Melanesians in Fiji.* Suva: University of the South Pacific.

Keesing, R. M. (1989). Creating the past: Custom and identity in the contemporary Pacific. *The Contemporary Pacific* 1(1-2): 19-42.

Kuva, A. (1971). *The Solomons community in Fiji.* Suva: South Pacific Social Sciences Association.

Laqere, W. (1987). Malekula settlement, Suva. In L. Mason, & P. Hereniko (eds.), *In search of a home.* Suva: Institute of Pacific Studies of the University of the South Pacific.

Madraiwiwi, J. (2009). Epeli Hau'ofa: Muse, mediator and mentor. *Fiji Times* January 19.

Marcellin, A. (n.d.). *3rd Melanesian arts & cultural festival report, 28 September-11 October 2006, Vanuatu Delegation.*

Ministry of Multi-Ethnic Affairs (2003). Poverty in Indo-Fijian and minority communities of Fiji. *The National Advisory Council Cabinet Sub-Committee Report on Poverty, 2002.* Suva: Government of Fiji.

Moala, K. (2009). *In search of the friendly islands.* Kealakekua: Pasifika Foundation Press.

Naidu, V. (2013). *Fiji: The challenges and opportunities of diversity.* London: Minority

Rights Group International.
Narotzky, S., & Besnier, N. (2014). Crisis, value, and hope: Rethinking the economy. *Current Anthropology* 55(suppl. 9): S4-S16.
Pakoasongi, R. (n.d.). *Leadership and development in the Melanesian settlement of New Town.*
Prasad, S., Dakuvula, J., & Snell, D. (2001). *Economic development, democracy and ethnic conflict in the Fiji Islands.* London: Minority Rights Group International.
Siegel, J. (1985). Origins of Pacific Islands labourers in Fiji. *The Journal of Pacific History* 20(1): 42-54.
Wara, A. (2011a). Melanesians on the margins. *Mai Life* February: 33-35.
Wara, A. (2011b). The unforgotten. *Mai Life* May: 38-41.
井上紘一（1994）．「民族」石川栄吉・大林太良・佐々木高明・梅棹忠夫・蒲生正男・祖父江孝男［編］『文化人類学辞典』弘文堂．pp.749-751.
小柏葉子（2016）．「太平洋諸島フォーラム諸国によるフィジーへの介入―地域安全保障協力をめぐる動態」丹羽典生［編］『〈紛争〉の比較民族誌―グローバル化におけるオセアニアの暴力・民族対立・政治的混乱』春風社．pp.317-358.
丹羽典生（2004）．「フィジー諸島共和国におけるソロモン諸島民の現在―ヴィティレヴ島西部S集落の事例から」『社会人類学年報』30: 161-173.
丹羽典生（2005）．「フィジー―フィジー人とインド人の共存」綾部恒雄［監修］前川啓治・棚橋　訓［編］『講座世界の先住民族―ファースト・ピープルズの現在　9　オセアニア』明石書店．pp.269-282.
丹羽典生（2010）．「フィジー―多民族国家のかなで」立川武蔵・安田喜憲［監修］片山一道・熊谷圭知［編］『朝倉世界地理講座　大地と人間　第15巻　オセアニア』朝倉書店．pp.290-301.
丹羽典生（2011）．「婚姻実践を通じた土地所有権・用益権の獲得―フィジー諸島共和国ヴィティレヴ島西部のソロモン諸島民集落の事例を中心に」『国立民族学博物館研究報告』35(4): 545-581.
丹羽典生（2013）．「フィジーにおけるクーデタの連鎖」丹羽典生・石森大知［編］『現代オセアニアの〈紛争〉―脱植民地期以降のフィールドから』昭和堂．pp.123-149.
吉岡政徳（1998）．『メラネシアの位階階梯社会―北部ラガにおける親族・交換・リーダーシップ』風響社

第2章
「その他」の人々の行き交う土地

フィジー首都近郊に生成する「パシフィック人」の共存

風間計博

1 はじめに

　マイノリティと主流社会の共生という主題に関して，本章では，オセアニア島嶼部からフィジーに来た「不可視 (invisible) の移民」に焦点をあてる。フィジーの都市部で目につくインド系の人々ではなく，寡少性に加えて社会的に存在が希薄であるマイナー・マイノリティと呼びうる人々である。主流社会の陰に隠れた，多様な系譜を引く人々の置かれた状況を紹介しながら，オセアニア島嶼部らしい柔軟な共存のあり方を提示する。

　移民は，主流社会を構成する場合もあるが，逆にマイノリティになる場合もあり，先住民もまた同様である。ここで，①主流社会を構成する移民とマイノリティ先住民，②主流社会を構成する先住民とマイノリティ移民という交叉状況について，大まかに整理してみる。

　まず，①は，ヨーロッパ人の入植者が先住民を排除した「植民タイプ」の植民地［清水 1998: 30-31］が独立した国家の場合である。ヨーロッパ人移民が支配的であるカナダやオーストラリアでは，多文化主義の論理によって，先住民は，後続の非ヨーロッパ系移民とともにマイノリティとされる。しかし元来，移民と先住民は，明確に切り分けられるべきである［清水 2008］。マイノリティ先住民は，国家と対等な立場に立つネイションとして自立する権利を有する。対してマイノリティ移民は，強制移住させられた人々は別にしても，自らの意志で移住してきたのであり，主流社会に同化すべき新たな国民とされる。

　「植民タイプ」国家の場合，マイノリティ先住民は，寡少性や抑圧された歴史

経験,根深い社会的差別によって周辺的位置に置かれている。しかし,先住民は本来,先住性を根拠とした正当性をもって,優位な政治的位置に立つはずである。にもかかわらず,多文化主義によって先住民が移民と同等のマイノリティとして扱われるならば,先住民の優位性は隠蔽されることになる。

一方,「植民タイプ」国家のマイノリティ移民は,先着のヨーロッパ系移民からなる主流社会への同化を強制されてきた。ヨーロッパ系主流社会による国家支配は,疑う余地のない前提とみなされてきたためである。先住民をさしおいたヨーロッパ系移民による支配は,先住性を鑑みれば論理的に正当化できない。しかし,こうした矛盾は省みられていない。

対照的な事例として,②ヨーロッパ人により間接統治された「搾取タイプ」の植民地がある［清水 1998］。太平洋熱帯域の植民地では,ヨーロッパ系移民は,プランテーション経営者等,少数に留まっていた。やがて,これらの「搾取タイプ」の植民地が新興国家として独立すると,先住系の人々が主流社会を形成することになった。本章の舞台であるフィジーは,他のオセアニア島嶼国と同様,その類型に含まれる。

オセアニア島嶼の新興国家において,一般的に,在地の人々からみた純然たる他者とは,植民地主義の支配者たるヨーロッパ人であった[1]。一方,植民地期から今日に至るまで,オセアニアの主島には,ヨーロッパ系植民者のほかに,アジアや近隣島嶼部から多様な人々が移住してきた。都市やプランテーションでは,移民と先住系住民の間や移民たちの間で通婚関係が形成された。通婚による混淆の過程において,ヨーロッパ系対先住系という二分法に回収されない,多様で複合的な住民が形成された。なかでも,近隣のオセアニア島嶼部から来た移民は,文化的・形質的類似性から,現地住民への同化が比較的容易に進行してきた。

さて,先述①のヨーロッパ系移民が支配する国家において,抑圧されてきた

---

[1] 20世紀末からのオセアニア人類学の動向を見ると,西欧的ヘゲモニーへの対抗という文脈で伝統文化が着目された。対照的に,伝統文化は西欧と在地との歴史的相互作用の産物であるという主張もなされた。これらの議論を素地として,伝統文化の変化が,現代のグローバル化の文脈で論じられてきた［Hermann 2011; Otto & Pedersen 2005; Lockwood 2004］。

マイノリティ先住民が権利を主張するにあたり，先住性は正当性の根拠となる。一方，先住の人々が主流社会を構成する②の新興国家において，先住性の論理により，移民の排斥や同化の強制が正当性化される可能性がある。移民排斥の主張は，新興国のみならず現代世界の各地で見られ，過激な移民排斥が叫ばれてきた。先住性は，先住民マイノリティの権利を正当化する強力な根拠になると同時に，別の文脈で，移民マイノリティ排斥の道具と化す。

先住性の主張は，動産や不動産の先取者にこそ，正当な所有権が与えられるという原理的規準に基づく。先取が所有の正当化を根拠づけることは，確かに普遍的性質を帯びる。ただし，先住民と移民，所有者と非所有者の境界線を明確化し，自他の分断を自明とする論理は，近代的な思考の特徴的な一側面を示している。近代的論理による境界性の確定と内部の均質性への希求は，排他的な閉域形成を促進することに帰結する。

先住民からなる主流社会における，移民の排除や強制的同化の問題を考えるにあたり，西欧近代的な思考を斜めにずらす方策を探究する必要がある。オセアニア島嶼部の文脈で考えるならば，土地は生命を維持する食料獲得の根源であるばかりでなく［山本 2012］，人間が社会的に生きるうえでも必須である。「土地なし」は，親族の不在を意味し，人間の社会的な存在基盤の欠如を意味する。

ただし，オセアニア島嶼部では，養子縁組や贈与・協働・同居・共食等による，獲得的な帰属の可能性が，常に担保されている。元来，ある島に土地を保有せずとも，継続的な関係の構築により土着の人間に「なる」可能性が残されている。逆に，血縁関係が明らかであっても，親族との関わりを断てばつながりを喪失して土地権を失う。この柔軟性は，自他の集合的区分の曖昧化を導くことになる。移住してきた他者は，系譜的差異の記憶を保ちつつ，排除されずに共存する可能性が担保されている。

さて，近隣のオセアニア島嶼部からフィジーに渡航した移民の子孫は，先住フィジー系住民よりも社会的に劣位に置かれている。同時に，西欧系やアジア系といった，明確な他者とは異なり，先住系との類似性を帯びた「似て非なる他者」である。人々は，通婚等を通じて複合的な帰属を示す。島嶼部からの移民のもつ微細な複合性や差異は，脱植民地期における国民統合の文脈において，矮小化もしくは無視されてきた。

西欧とフィジーという境界づけられた二分法や，両者の相互依存に議論が回収されることにより，人類学においても，近隣の島嶼部から来た移民マイノリティは，ほぼ不可視化されてきた。本章では，元来「土地なし」であったキリバス系移民の子孫が土地を購入して集住する，フィジーの都市近郊のある地区を対象とする。その地区の人々には，多様な「混血」が見られる。エスニックな境界が曖昧な「混血」は，不明瞭な位置づけのまま，土地に根差した正当性から乖離し，等閑視されて議論から疎外されるしかなかった。

「混血」の移民を扱う本章の議論では，国家や領土といった閉域と外部との境界を往来する特異な人々が生成される可能性を示唆することになる。これは，理念的次元における，ラポートのいうコスモポリタニズムに通じる［Rapport 2012］。ただし，この議論には，西欧近代的なリベラリズムが色濃く看取される［風間 2016］。一方，本章では，コスモポリタン的でありながらも，オセアニア島嶼部の特異性を保ち，属性の可変性・柔軟性・曖昧さを含む「パシフィック人」としか名づけようのない人物像を提示する。

2 「その他」の人々

本章は，フィジーにおいて，分類の狭間に埋もれた人々に仄かな光を当てる試みである。フィジーのセンサスをみても，オセアニア島嶼部から来た移民マイノリティの存在が，明瞭に浮かび上がることは決してない。センサスとは，国家が主流社会を中心にして，人間集団をいかに分類してカテゴリー化するか，時代の国家意思を明確に示す指標である［青柳 2004］。人種であれエスニシティであれ，名づけられたカテゴリーは，善くも悪くも国家に認知され，集団や個人として対象化される。

一方，公的にカテゴリー化されず，無名で不可視の人々は，社会の周辺部に押し留められる。日常的な次元では圧倒的な主流社会の人々に取り囲まれ，それへの順応を余儀なくされる。しかしながら，完全に同化して差異の痕跡が消滅でもしない限り，微細な差異は世代を超えて再生産される。スティグマを刻まれた者たちは，社会の周辺部に留まり続けるしかない。そうした人々が，いかに主流社会のなかで自己を定位し，いかなる集団的自己を生成しているのか。

また、人々が生きる場は、どのような特徴をもつのか。本章では、以下、こうした諸点を論じる。

フィジーにおけるセンサス分類では、先住系（i Taukei）とインド系（Indian）が主たる二つの構成要素である。先住系には、圧倒的多数のフィジー系（Fijian）と、ポリネシア・アウトライアーのロトゥマ島に出自をたどるロトゥマ系（Rotuman）が含まれる[2]。統計資料によってはさらに、外来のヨーロッパ系（European, Part-European）および中国系（Chinese）が明示される[3]。しかしながら、いずれにも分類されず、名指されることさえない「その他」に一括される人々がいる。ソロモン人（Ni Solomoni）、ツヴァル人（Tuvaluan）、バナバ人（Banaban）またはランビ島民（Rabi Islanders）、キリバス人（I-Kiribati）等、オセアニア島嶼部から多様な事由により移住してきた人々の子孫である。

19世紀のフィジーでは、綿花栽培およびコプラ生産の労働力需要が高まっていた。19世紀初頭から半ばまで、ブラックバーディング（詐欺や誘拐による強制的な労働力徴用）により、ソロモン諸島、ヴァヌアツ、キリバス等から低賃金の労働者がフィジーにやってきた。1874年、フィジーがイギリスに併合されると、3年間の契約労働者として雇用されるようになった。ただし、実際には政府の統制は効かず、誘拐による徴用や虐待が続いていた。

同時期、植民地政府により砂糖産業が重点化され、サトウキビ栽培と砂糖精製工場の労働力が必要となり、インド人労働者が導入された。コスト面でオセアニア島嶼部の労働者との差が縮小したことにより、扱いやすいインド人の導入が本格化した［Parnaby 1956］。工場等におけるインド人労働者の扱いはきわめて酷く、オセアニア島嶼民のプランテーション労働者のほうがましだった。インド人導入は、1916年まで続いた［橋本 2005］。先住フィジー系住民の人口が一時期減少したこともあり、結果として20世紀後半、インド系住民の人口は、先住フィジー系を凌駕するようになった。

オセアニア島嶼部から来た労働者の多くは本国に帰還し、あるいは帰国が

---

2) ポリネシア・アウトライアーとは、いわゆるポリネシア三角形の飛び地である。ポリネシア人が住むメラネシアやミクロネシアの島々を指示する。
3) 中国人は、インド人の到来に先立ち、19世紀半ばにイギリス人とともにフィジーに来た。綿花等のプランテーション労働者や、レヴカやスヴァの都市商工業者として定着した。

かなわずに病気等で死亡したが，フィジーに残留した労働者もいた。その子孫は今日，いわばマイナー・マイノリティと表現できる「その他」の人々である。多くが土地をもたず，社会経済的下層に留められている［Kumar et al. 2006; 第1章参照］。人々は，かつてヨーロッパ人の経営していたココヤシ・プランテーションの近辺や，都市近郊のリース地やフリーホールド地に居住してきた。村落部に代々の土地を保有する先住フィジー系住民や，都市で商業に従事するインド系住民からすれば，人数も少なく不可視化された存在である。

　本章では，フィジーの首都スヴァ近郊に位置するキリバス系住民の集住地，ヴェイサリ（Veisari）地区を主に取り上げる[4]。スヴァに隣接するラミ（Lami）の西方に位置するフリーホールド地である。ヴェイサリ住民をキリバス系と表現するが，正確にいえば，実際の出自は多様である。通婚関係によって混淆的な様相を呈しており，個別のエスニックなカテゴリーとして一義的には名づけ難い。またヴェイサリは，生まれ育った者にとっては故郷であるが，同時に，トランスナショナルに移動する人々の通過点であり続けている。

3　スヴァ在住のキリバス系住民

　スヴァの街中を歩いていると，時折，キリバス人と思われる一団に遭遇する。キリバス人は，たいてい一人ではなく，複数人が連れ立って歩いている。相貌のみならず，キリバス語で交わされる会話からも，すぐに判別できる。姿が見えなくても，とくに女性のこぶしのきいた独特な発声を聞けばすぐにわかる。また女性の場合，シブタ（*tibuta*）と呼ばれる首回りにスモークの入った袖なしシャツを着て，ピアスをしていれば間違いない。また，キリバス本国から来た男性は，たいてい短パンを履いているとの指摘を聞いたことがある。典型的には，男女ともに，フィジー系に比べてやや背が低く，丸みがかった顔と体躯をしている。

---

[4]　私が初めて1か月にわたってスヴァに滞在したのは，2003年7月〜8月にかけてであった。その後，スヴァに行くたびに，断続的にヴェイサリ地区を訪問してきた（2003年，2004年，2005年，2011年，2014年）。本章では，主に初期訪問時（2003〜2004年）の調査資料を中心に提示し，新しい断片的情報を適宜付加して記述する。

フィジーで遭遇するキリバス語話者について，本章では総称としてキリバス系の人々（住民）と表現する。人々が一堂に会する行事は，年一度，7月に開催されるキリバス独立記念式典である。集住地区や大学等のグループに分かれて，踊りや合唱の対抗戦が行われる。

●スヴァのキリバス独立記念式典

2003年7月24日，スヴァ中心部の海岸に面した公園において，子連れのキリバス人夫妻に出会った。ともにキリバスのアベママ島とタビテウエア・ノースの出自という。妻はキリバス電信電話会社に勤務しており，経済学士を取得するために，同年11月までの約3年間，南太平洋大学に留学中であった。会社が留学の費用負担をしており，給料も出ている。ドイツ商船乗組員だった夫もスヴァに来ており，子どもの世話をしていた。家族は市街中心部からほど近い集合住宅の三階に，他のキリバス人とルーム・シェアして住んでいた。同居人と月額350フィジー・ドルの家賃を折半しているとのことだった[5]。

夫妻によれば，7月26日に大学近くの体育館でキリバス独立記念式典が開催されるという。この年，南太平洋スポーツ大会（South Pacific Games）がスヴァで行われたため，例年より式典の開催日が遅くなった。当日の朝，私は，夫妻らとともにタクシーで会場に乗りつけた。10時開会との話だったが，実際に始まったのは11時半頃であった。

体育館の正面舞台には貴賓席が設けられており，派手な彩色の風船で飾り付けられていた。来客として，在スヴァのキリバス高等弁務官と第一秘書，フィジーの国会議員らが壇上に座っていた。舞台下にキーボードと一般客用の椅子が並べられ，外国人である私もそこに案内された。女性たちによる客への花輪贈呈後，式典が始まった。この年の参加グループは四つあり（後述），順に合唱や踊りを披露していくことになる。

13時頃，踊りが一巡終わった後，昼食休憩の時間となる。私を含む客たちは，別室に用意されたテーブルに行き，セルフサービス形式で食事をとる。ポピュラー歌手のバタ・テイナマシ（Bata Teinamati）らが，キーボードの伴奏で歌を

---

5) 1フィジー・ドルは40〜50円台を推移してきた。2016年3月時点で58円であった。

披露する。

　13時40分頃，踊りが再開される。キリバス・ダンスではあるが，キリバスの村落とは異なり，手拍子のみならずときにギターの伴奏があり，カラフルな糸を編み込んだパンダナス葉の腰巻を着用している。壇上の貴賓席では，嗜好飲料のカヴァが振舞われている。延々と踊りのローテーションが続く。

　16時半に談話があり，ツイストが始まる。私のところにも太った中年女性からの招待があり，羞恥心を殺してしぶしぶ体育館の中央に出ていく。17時20分に談話と手拍子，神への祈りの後，解散となる。参加者はざっと見て，総勢200人から300人だった。なお，場所が体育館であること，食事内容やカヴァの提供，踊り手の衣装は異なるが，キリバス本国の集会所で開催される饗宴の形式にほぼ則っていた。

　この年，式典に参加したグループは，①スヴァ連合（Suva Combined），②南太平洋大学（USP: University of the South Pacific），③ナシヌ地区（Nasinu），④ヴェイサリ地区（Veisari）であった。通常の年には，これら四つのほか，バナバ人のメソディスト教徒グループ，通称ケテテマネ（Ketetemane）が参加することもあるという[6]。①は，スヴァに滞在する小集団の連合体であり，フィジー技術専門校（FIT: Fiji Institute of Technology），医学校（FSM: Fiji School of Medicine）[7]，南太平洋大学学生の家族等からなる。②はキリバス本国から留学してきた南太平洋大学学生である。①と②は，スヴァの一時滞在者を含む。一方，③と④は，それぞれスヴァ郊外の地区名であり，フィジーに代々居住するオールド・カマーを中心としたキリバス人（フィジー国籍保持者）が構成する。ただし，親族の短期滞在者も含まれる。それぞれに世話役がおり，独立記念式典を主催している。

---

6) この年，メソディスト教会全国カンファレンス準備のため，ケテテマネは参加を見送ったという。ケテテマネには，バナバ人牧師夫妻が住み込み，基本的にキリバス語で礼拝が行われる。なお，英文の編著［Shennan & Tekenimatang 2005］もあるバナバ人年配女性マキンは，独立記念式典はキリバス人のものであり，バナバ人には関係ないと語っていた。しかし，キリバス政府との政治的対立にもかかわらず，通常バナバ人が式典に参加することは，とりたてて問題とは考えられてない。
7) 技術専門学校や医学校は統合されて，フィジー国立大学となっている。

表2-1 スヴァに居住・滞在するキリバス系住民の三分類

a) キリバス生まれのキリバス人

　キリバス国籍を有し，スヴァに数日から数年間滞在し，キリバスに帰国する予定の者である。南太平洋大学等の留学生，キリバス政府からの派遣者，研修や会議による一時滞在者が含まれる。人々が足を運ぶ拠点として，在スヴァのキリバス高等弁務官事務所がある。

b) バナバ人

　故郷のバナバ島（現キリバス領）は，リン鉱石を産出し，イギリスのギルバート・エリス諸島植民地経済を支えていた。第二次大戦後，リン鉱石採掘の阻害になるため，バナバ人は，キリバスからフィジーのランビ島に強制移住させられた。現在のバナバ人は，主にランビ島生まれであり，フィジー国籍を保持している。バナバ人はキリバス語を母語とし，キリバス人との通婚関係も濃く，文化的・形質的にみて，両者を明瞭に区分することは困難である［風間 2014］。

　現在，第一次移住地であるランビ島を離れ，就学・就業のためにスヴァに居住するバナバ人が，市街中心部から郊外まで分散居住している。拠点として，ランビ議会（Rabi Council of Leaders）のスヴァ事務所（通称バナバ・ハウス），バナバ人運営のメソディスト教会（ケテテマネ），議会が経営するカヴァ飲み店（Rabi Kava）がある。

c) オールド・カマーのキリバス人

　フィジー生まれ，フィジー国籍を有する，いわばキリバス系フィジー人と表現できる人々である。ブラックバーディング等により，ココヤシ・プランテーションに労働者として徴用された人々や家族の子孫である[8]。多くがバナバ人の到着以前にフィジーに移住しており，現在第三～五世代になっている。

　オールド・カマーの多くは，スヴァ郊外に宗派ごとに集住するという。メソディスト教徒はスヴァ西方にあるヴェイサリ地区，カトリック教徒はスヴァ中心部から北に11キロメートルほど離れた，ナウソリ近くのナシヌ地区に集住している。また，タマヴア（Tamavua）高地を越えた急斜面のタリルア（Tarirua）地区に，私はカトリック教徒集住地を確認した（図2-1・図2-2）。訪問時には（2016年3月），教会集会所の建設中だった。

　他に，安息日再臨派（SDA：Seventh Day Adventist）の数家族が，サヴタレレ（Savutalele）に住むという情報もある。ナンボロ（Naboro）のリース地にも，オールド・カマーが住む[9]。スヴァ市場のカヴァ売り場で会ったナンボロの男性によれば，キリバス系11世帯が地区に住み，ヴェイサリに次いで多いという（2003年8月）。なお，ナンボロの土地は，99年間のリースであり，購入したヴェイサリやナシヌとは異なるとのことだった。

8) 1820年代～1875年までの間，ブラックバーディングによりキリバス人（推計1,560人）がフィジーに連れてこられた。その後1895年まで，3年間の契約労働者が来訪するようになった（推計1,830人）。契約終了後，結婚等の理由で短期契約によりフィジーに留まる者がいた。またキリバス南部では，1870年代～1890年代にかけて厳しい旱魃に襲われ，各地で内戦が勃発し，難民化した人々が海外に流出した。キリバス人労働者は，女性や子どもを随伴した家族での移住が目立った。女性の割合は，ヴァヌアツ人8%，ソロモン人3%に比して，キリバス人は41%と圧倒的に高かった［Itintaake 2012］。

9) キリバス系住民の居住地として，ザンギリ（Caqiri），ナンボロ，ヴェイサリがあげられる［Itintaake 2012］。ナシヌとザンギリ，ナンボロとサヴタレレは，それぞれ同一地区を指示するようである。

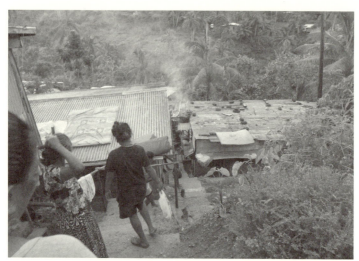

図 2-1　タマヴア高地の急斜面にあるキリバス系カトリック教徒の集住地（2016 年 3 月）

図 2-2　集会所におけるキリバス系カトリック教徒の献金集会（2016 年 3 月）

　独立記念式典に参加して初めて，私は，フィジーには多様なキリバス系の人々がいることに気付かされた。ここで，スヴァに居住・滞在するキリバス系住民について，便宜上，表 2-1 の通り三分類することが可能である。

4 オールド・カマーのヴェイサリ地区住民

　私が初めてヴェイサリ地区の居住者に会ったのは，在スヴァのキリバス高等弁務官事務所である。事務所で掃除婦として働く中年女性ボラウ（Br）が，ヴェイサリ住人であった[10]。フィジー離島ラウ諸島出身の夫が迎えに来たとき，彼女と短い会話を交わした。あなたはバナバ人かという私の問いかけに，そうではない，古くからいるキリバス人だと言う。しかし，自分は正しいキリバス語は話せないと付け加えていた。

　もう一人のヴェイサリ住人に出会ったのは，スヴァ市場のカヴァ売り場だった。2002年からカヴァを売っているという，ランビ島出身バナバ人女性キエブ（Kb）である。兄がランビ島ウマ（Uma）村でカヴァを作り，周囲から買付けてスヴァに送ってくる。それを市場で売っている。キエブの夫イタカ（IK）は，オールド・カマーのキリバス人であり，ヴェイサリに土地をもつ。彼は，高等弁務官事務所の掃除婦ボラウのオイであり，当時ラミのセメント工場で働いていた。キエブによれば，ランビの土は肥沃なためカヴァも育つが，ヴェイサリは赤土で栽培に向いていない。雨が多い斜面に住むため，雨季は寒いという。出会った人々を頼って，スヴァ中心部からサヴタレレ行きのバスで20分ほど（2003年当時の運賃70フィジー・セント）にあるヴェイサリ集落を訪問した（8月9日）。ヴェイサリと呼ばれる地区は，かなり広いという。本章の対象とするキリバス系住民の居住地は，第一地区（Number Dua）と呼ばれる。いわゆるセトゥルメントであり[11]，2000年代前半，電気は引かれていなかった。ヴェイサリは，海岸から離れていないクイーンズ・ロード沿い，マングローブの広がる低湿地帯にある。道路から内陸に入った平地は狭く，すぐに急な傾斜地になっている。ランド・マークであるメソディスト教会から奥の傾斜地にかけて，小さな家々が軒を連ねている。教会の礼拝は，三言語（キリバス語，フィジー語，ツヴァル語）で行われている。

---

10) 人名をアルファベット2字で示す場合，大文字・小文字は女性，大文字のみは男性を示す。
11) セトゥルメントとは，都市近郊のフリーホールド地やリース地等に拓かれた新たな居住地を指示する。

66　第I部　移動する人間と「混血」

2003年時点で把握したヴェイサリ第一地区のオールド・カマーの系譜を図2-3に示す。

先述のボラウ（Br ⑭：番号は図に対応）は、キリバス系オールド・カマーであり、キリバス高等弁務官事務所の掃除婦として働いていた。1953年1月スヴァ生まれであり、フィジー国籍を保持している。フィジー語・英語・キリバス語話者であるが、キリバス語は得意ではないという。キリバスに行ったことはない。私に会った当初、「生活を見せるのは恥ずかしい」と語っていた。

2011年時点では、高等弁務官事務所の掃除婦を退職していた。キリバス人秘書官が意地悪であり、うまくいかなかったために辞めたという。その頃、ヴェイサリ集落の入り口付近にある、柑橘類の果樹園に面した、高床丸太造りの新しい家屋を借りていた。さらに、2014年8月には、ヴェイサリに隣接するラウ諸島出身者の集落に移っていた。夫ネマニ（NM）が、その村の出身者である。

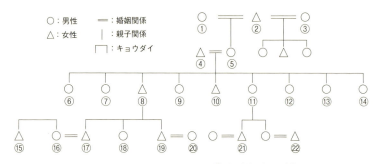

①：③と姉妹。キリバスのオノトア島出身。
②：ヨーロッパ人。サヴサヴの土地購入（19世紀中葉？）。
③：①の死後②と結婚。
④：TU、タビテウエア出身。単身フィジーに来た。
⑤：Ar、6人キョウダイ。6人は③とそりがあわずナセセへ。
⑥：EI、ナウソリ近辺に住む。夫は中国人。
⑦：Or、故人。夫は中国人。
⑧：UE、故人。妻はランビ島に来たオノトア島出身者。
⑨：Me、故人。夫はランビ島に来たノノウス島出身者。
⑩：RT、故人。妻は、ベルー島とランビ島出身（バナバ人？）。ランビ在住。
⑪：Mt、1943年生。夫は中国人。ヴェイサリ在住。
⑫：Ly、夫はロトゥマ出身。ヴェイサリ在住。
⑬：Cr、夫はロトゥマ出身。
⑭：Br、1953年生。夫NMはラウ出身のフィジー人。
⑮：ランビ島ウマ村在住バナバ人。⑯にカヴァを送る（2005年、タラワへ）。
⑯：Kb、ランビ島出身。スヴァ市場でカヴァ店経営。
⑰：IK、セメント工場勤務。6人兄弟4人姉妹の5番目（図では省略）。
⑱：AI、警官（2005年時点、在バクダッド。2014年時点、在スヴァ）。
⑲：TN、故人。
⑳：Ak、フィジー人。バナバ人に養取される。ランビ島育ち（2014年時点、在ツヴァル）。
㉑：FO、妻はHa、ヴェイサリ在住。
㉒：JF、ヴェイサリ在住。

・⑥～⑪まではサヴサヴ生まれ。⑫⑬は、片言の日本語を知っていた（船員相手のサービス業？）。

図2-3　ヴェイサリ在住キリバス人（オールド・カマー）の系譜（2003年時点）

ラウ諸島出身の夫ネマニは，2003 年時に出会った頃から無職であった。伝統財のマッコウクジラ鯨歯（tabua）に付けるヤシ縄等，簡単な手工芸品を作っては，現金を得ていた。かつて（1980～1990年代），ナウルのメネン・ホテルで在庫管理者（stock controller）として働いていた。彼は，ナウル語を理解できるという。ナウルに長く住んでいた子どもは，ナウル語を話せるとのことだった。子どもは全部で四人いる。

第一子（長女）は，フィジー人と結婚し，ナウルに住んでいる。夫はオーストラリアの会社で運転手をしている。第二子（長男）は，ナウル人女性と結婚し，同じく運転手をしている。第三子（二男）は，フィジー政府の奨学金を得て南太平洋大学に通っていた[12]。彼は，後に銀行に勤務していた。第四子（三男）は，2003 年当時，中高等学校四年生であった。後に，技術専門学校を卒業したが，定職に就かなかった。2011 年には，キリバス高等弁務官のスヴァ公邸において，夜間警備員として雇用されていた。

ボラウはしばしば，バナバ人への不満を口にしていた。ランビ島の人（バナバ人）は，キリバス人と違うというが，どこが違うのか。彼らはキリバス人である。違うという主張は，（リン鉱石の）金の問題だ。私たちと何も違いはないのに，区別しようとする。ただ，ランビ島の人は，キリバスにも容易に行ける。しかし私たち（オールド・カマーのキリバス人）は，簡単には行けない。（「血」が）混ざっていて貧しく，恥ずかしい。キオア島民（ツヴァル系住民）やメラネシア系住民（Melanesian）と同じ境遇だと語っていた[13]。

ヴェイサリで会った色白の年配女性マシタ（Mt ⑪）は，相貌は似ていないが，ボラウの姉である。1943 年，ヴァヌア・レヴ島のサヴサヴ（Savusavu）で

---

[12] 先住フィジー人に優位な奨学金制度であり，父親が先住系の場合には容易に取得できるが，通常バナバ人には難しいという。

[13] ヴァヌア・レヴ島沖合，ランビ島に近いキオア島には，ツヴァル系住民が多く住む。強制移住させられたバナバ人は，リン鉱石資金によってランビ島を購入しており，イギリス植民地期の法により居住権が認められている。対して，キオア島のツヴァル系住民は，自発的な移民であり法的な権利保障はない。また，メラネシア系とは，ブラックバーディング等による移住者の子孫であり，ソロモン諸島系（Ni Solomoni）やヴァヌアツ系住民である［丹羽 2004：第 1 章参照］。メラネシア系もリース地に住む「土地なし」である。

生まれた。最も楽に話せるのは英語である。フィジー語・キリバス語も話せるが，正しくないという。子ども（娘？）はツヴァル人と結婚した。次の船が来たら，子どもはツヴァルに行く予定である（2003 年）。

　ヴェイサリでの日常の食事は，作物があまりできない土地なので，米と缶詰（*taman*）である。マシタ自身は，ガムやタバコを少し売って小銭を稼ぐ（small business）。家には，テレビ・オーディオ・ビデオのセットが置いてあった。しかし，当時はまだ電気が引かれていなかったため，自家発電機を利用していた。彼女は，すでに年配者が亡くなっており，詳しくは知らないというが，家族の来歴について概略を語ってくれた。

● 4-1　父がキリバスからフィジーに来た経緯

　父タウレレイ（TU ④）は，タビテウエア出身のキリバス人である。彼は，キリバスにおいてイギリス人医師の下で薬を作っていた。この医師に気に入られ，船でイギリスに行くことになり，まずフィジーに来た。20 世紀初頭と考えられる。そのとき，スヴァのナセセ（Nasese）に滞在していたキリバス人女性アラタ（Ar ⑤）と出会い[14]，結婚することになった。父は色黒だったので，色白の母（ヨーロッパ人の父［②］をもつ）に惹かれたのだ。イギリス人医師に懇願（*bubuti*）して，渡英せずにフィジーに留まることになった。しかし実は，母アラタには婚約者がいた。タウレレイはサヴサヴに行き，アラタの父の許しを乞うた。何とか結婚したものの，結局，妻の父との関係は良くないままであった。

　その後一家は，しばらくサヴサヴに住んでいた。そこで何人もの子どもが生まれた。その一人がマシタである。しかし，男兄弟は二人だけだったので，コプラ作り（*oro ben*）はたいへんだった。詳しい説明はなかったが，ヨーロッパ人が経営していたココヤシ・プランテーションで生活していたと推測できる。

　母の姉妹は，金持ちの中国人と結婚した。当時のフィジー人は，ブッシュ

---

[14] オセアニア島嶼部からの契約労働者導入が 1895 年に終了した後，労働者は植民地政府の主導によりナセセの保護施設に集められ，当初，食料も支給されていた。しかし政府は，斡旋業者や植民者による労働力導入時の輸送費支払いが滞りがちだったため，帰国事業に積極的ではなかった。推定 300 人ものキリバス人がフィジーに残った［Itintaake 2012］。アラタ（⑤）らは，19 世紀後半に来た契約労働者の家族，もしくは子孫と推測できる。

生活しているような人々だった。今でこそ、土地をもつフィジー人は豊かだが、昔は違った。ここで、マシタは「ブッシュ」という語を使い、当時のニュアンスを醸し出していた。

● 4-2 ヴェイサリの土地

スヴァは天然の良港であり、イギリス西太平洋植民地の中心地として繁栄していた。第二次世界大戦の前、一家は（？）、スヴァ近郊のナセセに来たという。戦時中、ナセセに滞在していた。大戦後、カトリック信徒のキリバス人は、ナシヌのフリーホールド地を共同で購入した。一方、プロテスタント信徒は、ヴェイサリのフリーホールド地を購入した。そのため、ヴェイサリにはツヴァル人が多いのだという。当初、5エーカー（約2万平方メートル）の広い土地を父親ら11人が共同購入した[15]。しかし、ヴェイサリに残ったのは結局、わずか二家族のみである。この土地は親族（utu）のものであり、分割しない。もう一つは、ツヴァル人の家族である。

現在住んでいる場所は、父方の土地である。ヴェイサリは、雨が多く湿っぽい。木製の家屋だとすぐに腐ってしまう。そのため、金があったらコンクリート製の家屋に建て替えたいと考えている。一方、サヴサヴには母方の土地があり、親族が住んでいるという。

5 ヴェイサリを行き交う人々

ここで、ヴェイサリに滞在するキリバス語話者であるオールド・カマー、バナバ人婚入者、海外からの一時訪問者を紹介し、錯綜した相互関係を示す。

先述したキエブ（⑯）は、ランビ島出身のバナバ人女性である。2002年からスヴァ市場二階で、父親の名を冠した店（Tane Kava Dealer）の看板を掲げて商売を行っていた。ランビ島に住む兄から送られたカヴァの粉末や乾燥根を販売

---

[15] ヴェイサリは、プランテーション労働者末裔の住むザンギリやナンボロと異なり、1930年代中葉に購入された私的渡航者の移住地であり、キリバスのアロラエ島出身者が住むという［Itintaake 2012: 26］。しかし私の聞く限り、アロラエ島出身者は、見当たらなかった。

していた。洗面器1杯2フィジー・ドルで飲むこともでき，バナバ人らが立ち寄り，たむろする場を提供していた。

売り上げが大きかったのは，キリバスやツヴァルへの輸出であった。キリバスでは，フィジーに比べて驚くほど高値で売られており[16]，輸送費を考えても儲けがあった。ただし，ランビ島からカヴァが入荷してこないと商売にならない。売り場1ブース当たり週47フィジー・ドルの出店料がかかり，赤字になることもあった。2005年，兄がランビ島からキリバスへ移住したことを機に，市場の店を畳んだ。彼女はその後，2009年から2013年まで，ランビ議会の経営するランビ・カヴァの店員として雇用されていた。

また，キエブの夫イタカ(⑰)は，1965年生まれ，オールド・カマーのキリバス人子孫である。彼は，フィジー語も堪能であるが，キリバス語話者としても不自由しない[17]。ラミのセメント工場に勤務していたが，仕事がきつく2011年に転職した。2014年時点，港湾でコンテナのチェックや仕分けをしていた。彼はマシタやボラウのオイであり，移住第三世代である。母方を辿った場合，第四世代より下ると考えられる。

イタカには自分を含め，6人の兄弟，4人の姉妹がいたが，うち4人が既に死亡した（2014年）。彼は五番目の子どもだった。父(⑧)はナセセで生まれた。オジがバナバ島のリン鉱で働いていたため父も出稼ぎに行った。キリバスのオノトア島出身の母は，バナバ島で生まれ育ち，現地で父と出会い結婚した。父は1970年代（イタカが小学2年生の時）にフィジーで亡くなり，母親も2000年に亡くなった。

イタカのメイ（Tb）は，ランビ島ブオカニカイ（Buokanikai）村出身のバナバ人である。その夫（AL）は，キエブのイトコ（ai-mane）に当たる。彼は，バナバ人ではなく，キリバス・ツヴァル・フィジー人の血を引き，ヴェイサリで生まれ育った。現在，無職であるが1980年代に中国のマグロ延縄漁船で五年間働いていた。当時，3～4か月間航海に出てスヴァに戻ることを繰り返していた。

---

[16] 2014年，キエブによれば，フィジーでは1キログラム当たり40フィジー・ドルに対し，キリバスでは80～100豪ドルだという。為替レートを考えると，3～4倍になる。

[17] キリバス出身者によれば，ヴェイサリ育ちの人々は，キリバス語を話すことができても，フィジー語の抑揚が強いという。

第2章 「その他」の人々の行き交う土地　71

　アコシ（Ak⑳）は先住フィジー系女性であるが，バナバ人に養取されてランビ島で育った。そのため，外見に似合わず，キリバス語話者である。夫（⑲）はイタカの兄弟であるが，既に亡くなっている。アコシは，2003年のキリバス独立記念式典では，ヴェイサリ代表の一人として踊りを披露し，ふざけて男性を追い回すなどして周囲を笑わせていた。ランビ島に住んでいたとき，バナバ人舞踊団（Banaban Dancing Group）に所属していた。三年間バナバ島に滞在した経験をもつ。2014年にツヴァルのフナフチに渡り，親族（マシタの娘？）のところでベビーシッターをしている。

　ヴェイサリ地区には，ほかにもランビ島からの婚入女性がいる。アグネスは，ランビ島出身のバナバ人であり，夫はヴェイサリのツヴァル人である。私がランビ島で寄宿していた年配女性の長男の妻は，アグネスの妹である。2002年，バナバ人の母親が死ぬ間際，妹はランビ島からヴェイサリに来て数か月間滞在していた。

　ほかにも，バナバ人の一時滞在者の名前を聞いた。スコットランド人の血を引くノエルは，2003年時点，牧師としてスヴァのバナバ人メソディスト教会に住んでいた（2009年時点で故人）。父は，クリア島の出身のキリバス人である。若い頃，父と一緒にヴェイサリに住んだことがある。なお，歌手として独立記念式典に参加し，キリバス高等弁務官事務所の警備員をしていたバタ（2013年死亡）は，かつてノエルの娘（故人）をめとっていた。

　国境を超えた滞在者もいる。タマナ島出身であり，キリバスの官庁（Ministry of Public Works）で働いていた男性は，2005年，スヴァで開催された研修に参加していた[18]。彼がかつて南太平洋大学に通っていたとき，ヴェイサリに住んでいた。大学までのバスの乗り換えがたいへんだったと語っていた。

　2014年8月には，ツヴァルから来た30代未婚男性が，親族であるイタカの家に逗留していた。母親はキリバスのオノトア島出身，父親はツヴァルのヌクフェタウ島出身という。彼は，キリバス語を流暢に話す。ツヴァルを離れて親族の元を訪ね歩いている。5月から9月までフィジー，その後キリバスを訪問

---

18) 彼の親族であるスヴァ在住（2005年時点）のキリバス人男性Gは，フィジー技術専門校を卒業した。南太平洋大を卒業したGの妻は，ランビ島出身のバナバ人である。G夫妻は，一時期ランビ島に住んだ後，2013年にタラワに戻った。

72　第Ⅰ部　移動する人間と「混血」

図2-4　ヴェイサリの家屋におけるカヴァ飲み（2005年7月）

し，ツヴァルに戻るとのことだった。

　私は，ヴェイサリのイタカとキエブ夫妻の家屋を訪問するとき，毎回，カヴァを土産に持って行く。カヴァ飲みの際には，私が名前を把握していない人々が集まってくる（図2-4）。一応キリバス語が共通語であるが，必ずしも全員に理解されるわけではない。英語やフィジー語が混じった会話が交わされていた。中国系男性や，養子というインド系の若者がいることもあった。ヴェイサリは，フィジー国内のみならず，トランスナショナルなネットワークの一拠点となっており，オセアニア島嶼のコスモポリタン的な場を形成している。

6　ネットワークの結節点としてのフリーホールド地

● 6-1　多様な婚姻対象と「パシフィック人」の形成

　ここで，キリバス人オールド・カマーを軸として，通婚関係により形成されてきたヴェイサリ住民の婚姻対象についてまとめてみる。

　かつて，初めてヴェイサリに住み着いたタビテウエア出身男性タウレレイ（④）は，キリバスにいたイギリス人医師とフィジーに来た。妻（⑤）の父（②）

は，ヨーロッパ人である．妻の母（①）とオバ（③）がフィジーに来た経緯は詳らかではない．ただし，19世紀にサヴサヴのココヤシ・プランテーションに居住していたならば，本人たちもしくは上の世代が，労働の契約によってキリバスからフィジーに渡航したと推測できる．

ここで，系譜図（図2-3）を参照しながらオールド・カマーの婚姻対象についてみると，マシタ（⑪）や姉妹（⑥⑨⑪）の配偶者のうち，中国人の夫が三人いる．マシタの言葉によれば，かつて「ブッシュ」で生活するフィジー人よりも，商売をしていた中国人男性を夫として選好した．また，姉妹（⑨）の夫は，ランビ島に来たキリバス人である．別の姉妹の夫二人はロトゥマ系であり（⑫⑬），ボラウ（⑭）の夫はラウ諸島出身のフィジー人である．兄弟二人（⑧⑩）の妻は，ランビ島に住んでいたバナバ人とキリバス人である．

中国人とバナバ人を除く姉妹の夫は，いわゆる先住フィジー人（i Taukei）であっても，いわゆるフィジー系（Fiji-Fijian）ではなく，ロトゥマ人やトンガに近いラウ諸島出身者である点は興味深い．彼らの風貌は，典型的なフィジー系よりも，やや肌の色が薄く恰幅がよい．いずれもフィジーの主島ヴィチ・レヴ（Viti Levu）に土地をもたない，遠方の離島から来た国内移民である．フィジー主島に土地をもたないという点のみに着目すれば，海外からの移民と同じ境遇である．

しかし，ラウ諸島出身者やロトゥマ人の夫との間にできた子どもは，センサス上，先住フィジー人に区分され，例えば，フィジー政府の奨学金を取得するのに優位な立場にある．マシタによれば，かつて現金獲得へのアクセスには中国等からの移民が優位だったが，今日，土地所有者のフィジー人が主流社会を構成し，政治経済的優位に立っている．

対照的に，兄弟二人の妻であるバナバ人は，居住が法的に保障されたランビ島の出身者であるが，先住フィジー人とはみなされない．ただし，オールド・カマーのキリバス人にとって，バナバ人との間に言語・文化的にも形質的にも違いはなく，配偶者として選好しやすいと考えられる（⑧⑨⑩）．

ツヴァル人との婚姻もみられる（マシタ［⑪］の子どもやアグネス）．アコシ（⑳）がツヴァルへ行き，逆にイタカの親族男性のツヴァル人がヴェイサリに一時滞在するなど，国境を超えたツヴァルとの交流が続いている．さらに，ボラ

ウの夫がかつてナウルで働き，子どもがナウルに在住している点も興味深い。

ヴェイサリのキリバス系オールド・カマーが配偶者を選別するとき，あえて主流のフィジー系を回避しているのか，逆に忌避されているのかは定かではない。私が聞いた限り，フィジー主島内の村落出身者とヴェイサリ住民との通婚関係は，見出せなかった。いずれにせよ，主流社会からはずれた人々の間で，錯綜した婚姻関係を結ぶ傾向を読み取ることができる。

離島や外国出身者のみならず，都市への移住や滞在において，「土地なし」の人々は一般に，現金収入のある親族世帯に居候することになる。センサス上「その他」に分類される，バナバ人を含むキリバス系の人々がスヴァに来た場合，親族の住むヴェイサリは，重要な滞在場所である。フリーホールド地は購入されており，スヴァに来たキリバス系の人々にとって，安定した「止まり木」としての役割をもつ。「その他」，あるいは主流のフィジー系フィジー人からはずれた人々が，肩を寄せ合うように共住する場所である。

ヴェイサリには，キリバス系オールド・カマーを主軸として，バナバ人，中国系，ツヴァル系，ロトゥマ系，ラウ諸島出身者，フィジー系やインド系の養子等の多様な人々が，錯綜した親族関係，婚姻や養子縁組関係を通じて来訪し，共同生活している。偏りはあるものの，エスニシティの坩堝であり，主として非フィジー系移民の子孫が共住している。

逆に，ヴェイサリを基点にして放射状に血縁をたどると，移民を送り出した複数の島々に連なっていく。主流社会からみた「よそ者」たちは，多様な配偶者を選好し，ますます混淆していく。ヴェイサリは，中部太平洋におけるトランスナショナルなネットワークの結節点として，外に開かれた多様なチャネルをもつ活きた場である。

フィジーの都市ラウトカやサヴサヴはもとより，バナバ人の住むランビ島，ツヴァル人の住むキオア島，ロトゥマ，ラウ諸島，国境を越えて，キリバス，ツヴァル，ナウル，さらには中国にまで至るネットワークが張り巡らされている。ヴェイサリは，移民にとって安定した拠点であると同時に，移動者からみれば一時的な通過点である。

ヴェイサリでは，歴史的経緯のなかで多様な人々が混淆した，他に名づけようのない「パシフィック人」が形成されている。住民のほとんどがフィジー国

籍を有しながらも，主流社会に対して周縁部に留められている点を見落とすべきではない。

● 6-2　都市中間層の「パシフィック人」

　ヴェイサリ住民の特徴を浮かび上がらせるために，比較対照として高学歴の都市中間層に着目する。エリート知識人のなかに，似て非なる「パシフィック人」が形成されている事例を参照しておく。

　2003年，フィジーに渡航する前，私は茨城県北部において，フィジー人の父，バナバ人の母をもつ大学院留学生パウロに会った。彼は幼少期，ランビ島に住んだ経験をもつ。しかし，キリバス語はほとんど話せず，フィジー語と英語話者であった。彼は日本の国立大学で博士号を取得してフィジーに帰国し，ランビ島議会の議長を務めた。メールで何度かやりとりをしたが，熱心なバナバ人ナショナリストであった［風間 2012］。

　2003年7月29日，スヴァ滞在時，パウロの弟ジェイと南太平洋大学前のマクドナルドで待ち合わせた。彼は，大学の数学教員であり，兄よりも前に日本に留学し，関西の国立大学で博士号を取得している[19]。ジェイは兄とは異なり，ランビ島で長く過ごしており，フィジー語と英語，キリバス語に堪能である。その日の夕方，大学内にあるバーに連れて行かれた。そこでビールを飲みながら，インド系教員らと談笑した。

　8月3日，彼の息子の誕生日 (*te reke ni bong*) に招待された。大学敷地のはずれにある，ニュージーランド人パイロットの元住居という立派な家屋を訪問した。そこで，ジェイの母親であるバナバ人年配女性（1940年バナバ島生まれ）の他，父方のフィジー系男性，二番目の妻であるトンガ人女性と親族，インド系の大学職員等が集まり，地炉を使った料理を伴うパーティが開かれた。ジェイのトンガ人妻は，南太平洋大学に留学していた元学生である。子どもは，英語以外話さなかった。ジェイは，いずれ父母の言語（キリバス語，フィジー語，トンガ語）を教えなければならないと語っていた。

---

[19] あるバナバ人男性は自分と対比して，パウロらの父親は先住フィジー人のため，政府奨学金を取って大学進学や海外留学ができたのだと妬ましそうに語った（註12参照）。

ジェイによれば，兄は，幼少時からヴァヌア・レヴ（Vanua Levu）島の父の出身村に連れて行かれ，フィジーの慣習を学んだ。一方，弟のジェイは，兄に比べて外見が典型的なフィジー人らしく見えず，かつて友人にからかわれたといい，ランビ島出身という意識が強いという。彼は，キリバスの南太平洋大学分校に出張して講義する機会がある。

南太平洋大学の周囲に偏在する状況は，フィジーのなかでも特異なトランスナショナルな空間であり，まさに「パシフィック人」が形成される場であろう。トンガから移住したエペリ・ハウオファも，大学の知識人であった。太平洋の島々は海で隔てられているのでなくつながっているという，彼の詩的な随筆は広く影響を与えた［Hau'ofa 1993］。この思考は，旧植民地司令部のあったスヴァに作られた，太平洋各地からエリートが集まる大学という特異な知的環境において醸成された。

バナバ人の血を引く K. テアイワは，ディアスポラとしての悲哀を厭世的に滲ませている。彼女は，ハワイ大学修士課程を経て，オーストラリア国立大学で博士論文を執筆するにあたり，イギリス・リン鉱石委員会の写真資料を得るために，メルボルンの国立公文書館に赴いた。さらに，ヴィデオ・カメラを携えて，ランビ島やバナバ島等，自らの出自を辿る複数地点のフィールドワーク（multi-sited fieldwork）を実施した［Teaiwa 2004, 2015］。

出自の地の一つであるタビテウエアにおいて，彼女は，キリバス人年配男性たちと面談した。しかし，調査は思うように進まなかった。なぜ独身なのか，なぜ親にキリバス語を教えられなかったのか等を問われ，ひどく困惑した。彼女は，相貌に似合わずキリバス語が話せなかった。キリバスの一般的基準からすると，未婚にしては高齢であった。ネイティヴ人類学者による自社会調査（homework）を行うはずが，故郷の価値観を共有できない自身の喪失感を痛感するだけだった[20]。さらに彼女は，バナバ人のナショナリズムの主張にも共感できず，寄る辺ないディアスポラ性に救済を求める［Teaiwa 2005］。

ハウオファもテアイワも都市中間層のディアスポラ知識人として，現実の

---

[20] テアイワには，姉妹の研究者がいる。私はランビ島において，テアイワ姉妹について尋ねてみたが，一部の親族が認知しているだけだった。首都で育ったため「ランビの言葉（キリバス語）」を話せないと言われていた。

人々の生活世界を超越した，詩的世界を空想しているようにみえる。こうした「パシフィック人」のあり方は，イギリスの文化研究を支えてきたカリブ海出身ディアスポラ知識人を彷彿とさせる。知識層の「パシフィック人」は，コスモポリタンとして生きることが可能である。

　ヴェイサリと比較してみると，固定的なエスニック・カテゴリーに留められない「パシフィック人」は，二極化して形成されている。都市中間層とは対照的に，ヴェイサリの「パシフィック人」は，主流社会に同化して出自を忘却しない限り，差異を維持し続けながら生活の糧を得ていくしかない。自己主張のための固定的なエスニシティを形成することなく，主流社会の片隅で，個々の多様な属性とネットワークを利用して生きていくのである。

　両極にある「パシフィック人」の中間領域に，無標の主流社会を措定することが可能である。そこには，国民の大半を占めるフィジー系住民がいる。フィジー系住民は，国内で無標化され，対外的には，土着性と伝統文化の正統性を強調する。一方，フィジー系と対抗的に可視化されたマイノリティとして，圧倒的な人口のインド系住民がいる。

　また，先述のパウロや年配女性マキン（註6参照）のように，バナバ人ナショナリズムを唱道する都市中間層もいる。彼らは，協力者の外国人活動家と連携し，キリバス政府に対峙してナショナリズムを主張してきた。また，経済援助を求めて，欧米やオーストラリア，フィジー政府への働きかけを行うこともある。こうした自己主張するマイノリティは，いずれもエスニックな自己カテゴリーやアイデンティティを固定化し，伝統文化の本質主義的な固有性に基づいて差異に固執することになる。

7　おわりに

　キリバス系オールド・カマーは，ことさら集団的な自己主張をすることなく，都市郊外で日常生活を続けている。最後に，①ランビ島のバナバ人，②都市エリート中間層の「パシフィック人」と，ヴェイサリを拠点として生きる普通の人々を比較して稿を閉じたい。

　実はバナバ人は，本質主義的な主張とは裏腹に，キリバス人オールド・カ

マー同様，多様に混淆してきた［風間 2014］。あらゆるバナバ人はキリバス人の「血」を有し，またツヴァル人，マーシャル諸島人，フィジー人，中国人，日本人，ヨーロッパ人等との「混血」である。しかし，特異な歴史経験から，とくにキリバス人との排他的差異によって自己規定している。バナバ人はナショナリズムを醸成し，バナバ島とランビ島を二つの故郷とみなし，集団的自己とエスニックな固有性を主張している。かつて存在していたというバナバ人の「伝統文化」が喪失したことを嘆き，失われた固有性を希求する。

対して，キリバス人オールド・カマーにとって，帰還を強く望む理念的故郷はない。集団的自己を形作る歴史の集合的記憶もない。また，キリバス人としての自己認識をもつものの，人によって曖昧であり，必ずしもそれが強いわけではない。むしろ，言語・文化的忘却から，十全たるキリバス人と自己認識できない場合がある。オールド・カマーには，本国のキリバス人という真正モデルがあり，エスニシティの不十分さを自認するしかない。

つぎに，都市中間層の「パシフィック人」は，きわめて個人化し，高度に越境的でありうる。知識人であるテアイワにせよ，ジェイにせよ，社会経済的な自律性をもち，フィジー国内であれ海外であれ，自らの生活を維持しうる専門職エリートである。

対照的に，ヴェイサリの人々は，そうした可能性をほとんどもたない。フリーホールド地を拠点として，親族ネットワークを頼りに，都市の賃労者として，あるいは小商売を行って現金を得る程度である。ときに，海外の親族を頼って出かけることもある。しかし，仮に越境したにせよ，現金収入を得る親族に依存するか末端の雇用にしがみつくしかない。

ヴェイサリ住民のエスニックな自己は，系譜に沿って拡散している。センサスにおいて，不明瞭な「その他」に分類され，先住系主流社会の狭間で声高な主張をすることもない。自他の境界線は錯綜し，自己は多様に分割している。ときに親族のネットワークに沿って移住し，状況に応じて自己を変形させながら，主流社会の狭間で不可視の存在として密かに生き続ける。

錯綜する複数の境界線にまたがって生活する「その他」の人々は，明確なカテゴリーとして自らを定位しない。ナショナリズムにみられる，敵対する対立項を作ることもない。人々は，多様な系譜を完全に忘却することなく保持し，

状況に応じて利用する。ある種の「いい加減さ」と融通無碍な対応により、オセアニア島嶼の各地に分散した土地と結びついている。こうしたネットワークと振る舞いにこそ、ヴェイサリ住民のオセアニア島嶼部らしい「共存」の様態を見出せるだろう。

現代世界を見渡せば、他者との分断や悲劇的なまでの排斥が、各地で頻繁に見られる。他方、超越的なコスモポリタンになり得ない、ヴェイサリに密かに息づく「パシフィック人」の生き方において、排他性を無化する可能性が見出せる点を指摘しておきたい。

【引用文献】

Hau'ofa, E. (1993). Our sea of islands. In E. Wadell, V. Singh, & E. Hau'ofa (eds.), *A new Oceania: Re-discovering our sea of islands*. Suva: University of the South Pacific.

Hermann, E. (2011). Engaging with interactions: Traditions as context-bound articulations. In E. Hermann (ed.), *Changing contexts, shifting meanings: Transactions of cultural traditions in Oceania*. Honolulu: University of Hawai'i Press, pp.1-19.

Itintaake Etuati (2012). *The I-Kiribati indenture to Fiji, 1876-1895*. M. A. Thesis. Suva: University of the South Pacific.

Kumar, S., Terbea, T. V., Nomae D., & Manepora'a, A. (2006). Poverty and deprivation amongst ethnic minorities in Fiji: The cases of Ni Solomoni and Rabi Islanders. *Fijian Studies* 4(1): 125-142.

Lockwood, V. S. (ed.) (2004). *Globalization and culture change in the Pacific Islands*. Upper Saddle River, N.J.: Pearson Prentice Hall.

Otto, T., & Pedersen, P. (eds.) (2005). *Tradition and agency: Tracing cultural continuity and invention*. Arhus: Arhus University Press.

Parnaby, O. W. (1956). The regulation of indentured labour to Fiji, 1864-1888. *Journal of the Polynesian Society* 65(1): 55-65.

Rapport, N. (2012). *Anyone: The cosmopolitan subject of anthropology*. Berghahn Books.

Shennan, J., & Tekenimatang, M. C. (eds.) (2005). *One & a half Pacific Islands: Stories the Banaban people tell of themselves*. Wellington: Victoria University Press.

Teaiwa, K. M. (2004). Multi-sited methodologies: "Homework" in Australia, Fiji, and Kiribati. In L. Hume, & J. Mulcock (eds.), *Anthropologists in the Field: Cases in participant observation*. New York: Columbia University Press, pp.216-233.

Teaiwa, K. M. (2005). Our sea of phosphate: The diasporas of Ocean Island. In G. Harvey, & C. D. Thompson Jr. (eds.), *Indigenous diaspora and dislocations*. Hants: Ashgate, pp.169-191.

Teaiwa, K. M. (2015). *Consuming Ocean Island. Stories of people and phosphate from Banaba*. Bloomington and Indianapolis: Indiana University Press.

青柳真智子［編］（2004）.『国勢調査の文化人類学――人種・民族分類の比較研究』古今書院

風間計博（2012）.「ディアスポラ的公共圏の生成――バナバ人ナショナリズムを超えて」柄木田康之・須藤健一［編］『オセアニアと公共圏――フィールドワークからみた重層性』昭和堂, pp.151-169.

風間計博（2014）.「バナバ人とは誰か――強制移住の記憶と怒りの集合的表出」『コンタクトゾーン』5: 59-79.

風間計博（2016）.「序　現代世界における人類学的共生の探究――コスモポリタニズムと在地の実践論理」『文化人類学』81 (3): 450-465.

清水昭俊（1998）.「序　周辺民族と世界の構造」清水昭俊［編］『周辺民族の現在』世界思想社, pp.15-63.

清水昭俊（2008）.「先住民の権利と国家および国民の条件」『文化人類学』73(3): 363-379.

丹羽典生（2004）.「フィジー諸島共和国におけるソロモン諸島民の現在――ヴィティレヴ島西部S集落の事例から」『社会人類学年報』30: 161-173.

橋本和也（2005）.『ディアスポラと先住民――民主主義・多文化主義・ナショナリズム』世界思想社

山本真鳥（2012）.「オセアニア世界の植民地化と土地制度」小谷汪之・山本真鳥・藤田進『土地と人間――現代土地問題への歴史的接近』有志社, pp.115-213.

第3章
ニュージーランド・マオリの「混血」をめぐる言説と実態

深山直子

1 はじめに

　ある民族が別の民族が生きる空間を侵略し支配するという植民地化という過程において，異民族間における「混血」の進展は，速度や程度に差があれども，ほぼ必ず伴われる現象だといえよう。しかしながら植民地化が，しばしば実際にそうであるように，マジョリティによるマイノリティの同化と従属化という二つの方向性を内包している場合，「混血」はそれらの矛盾を代弁する両義的な現象として受け止められる。具体的にいえば「混血」は，同化の過程においては，マジョリティによるマイノリティの取り込みの成果として積極的に位置づけられる反面，従属化の過程においては，その前提となるマジョリティによるマイノリティの差異化と把握に対する攪乱として消極的に位置づけられるというわけである。換言するならば，マジョリティがマイノリティを，「混ぜ薄め，染め上げて」自己に取り込むことであると同時に，「定めて，測り数えて」他者化することを阻害することでもあるのだ。そしていうまでもなく前者と後者双方に共通する前提として，民族あるいは「人種」の根拠を生物学的特徴，象徴的には「血」に求める人種主義的思考が存在しており，「血」が「混ざる」「薄まる」「濃くなる」ことと民族あるいは「人種」としての真正性や強度を直接につなげる考え方が指摘できる。

　さて，第二次世界大戦後，人種主義への批判が展開し，追って先住民運動においてマイノリティである先住民自身による自己決定の尊重が叫ばれるようになって以降，国内・国際政治の脈絡においても，あるいは文化人類学的研究に

おいても,「混血」,特に先住民の「混血」を積極的に論じることは避けられてきたように思う。その一方で,例えばアメリカでは現代でも,先住民であるインディアン諸民族やハワイのポリネシア系ハワイ人にとって,「血の割合」は民族の成員権あるいは公共住宅へのアクセスなどといった点で,大きな意味をもつ。他方アオテアロア・ニュージーランド (*Aotearoa* New Zealand[1], 以下ニュージーランド) では,後に詳述するが今や政治や法の脈絡で「血の割合」が意味をもつことは少なく,基本的に「混血」は私的な領域でのみ語られる主題となっているといっても過言ではない。

以上を踏まえた上で本章では,ニュージーランド・マオリを事例として挙げ,まずかれらと他民族との「混血」の歴史を概観する。次に,政府によって19世紀末にマオリに対しても導入されるようになった国勢調査を手がかりに,「混血」マオリの位置づけの変遷を,ニュージーランド社会やマオリ政策の変容との関連性に留意しながら確認する。さらにそのような流れを踏まえたうえで,現代のマオリ社会,そして政治や研究の脈絡において,マオリというエスニシティがどのように語られるか,その特徴を指摘する。最終節では,オークランド大都市圏郊外の若者に対するインタビュー調査の結果に基づき,日常生活において生きられるマオリ・アイデンティティや「混血」の実態を捉える。同時にかれらに看取できる新しい「マオリ」観に,「混血」の進展から自動的には導き出されることのない,異民族の共生の可能性を指摘する。

2 マオリの「混血」の概史

先行研究によれば,マオリと非マオリの間における「通婚」[2]は,コンタクト初期まで遡るという。マオリ——むろん当時はかれらの自称として「マオリ」という民族名もなければ集合的な意識もなかったが——の女性が,ヨーロッパ

---

1) 現在は国名をこのように公用語であるマオリ語と英語の二言語で併記することが一般的である。
2)「結婚」「通婚」の意味は,民族によって異なるのみならず,時代によって変化してきているし,また例えば公的な場面と私的な場面でもずれが生じる。さらに研究者によっても定義は異なるだろう。この点の検討については,今後の課題としたい。

からやってきた船員の男性と「一時的結婚」の関係を結ぶケースが数多くみられた。1790年代以降には，船員をやめてマオリと生活を共にすることを選択した，「パーケハー・マオリ（Pākehā Māori）」，すなわちヨーロッパ人あるいはヨーロッパ系住民を意味するパーケハー（Pākehā）のマオリが現れるようになる［Bentley 1999］。かれらはマオリ・コミュニティにおいて庇護を得る代わりに，マオリとヨーロッパ人を仲介する役目を負った。マオリにとっては，部族集団間の「通婚」に比して，ヨーロッパ人との「通婚」は，土地や子どもを相手方の集団に取られるというリスクが低いということに，利点があった［Te Ara online: Wanhalla］。とはいえ，マオリとヨーロッパ系住民の「通婚」の結果，「混血」の子の誕生が増えていくのは，1830，40年以降だったという［Meredith 2000: 3］。

1823年には，宣教師のもとで初めて「公式」に，マオリ女性とデンマーク人が結婚を果たした。当時は必ずしもそういった異民族間の「通婚」が歓迎されたわけではなかったが，次第に，宣教師の間でマオリはヨーロッパ人との「結婚」によって文明化する，という後に植民地行政官に継承されていく見解が創りだされていったと考えられる。他方，ヨーロッパ人においては，マオリ女性との結婚は土地を利用するために有効な手段とみなされるようにもなった。

1840年にワイタンギ条約[3]が締結されて，イギリスの植民地化政策が本格化するようになった。この結果，女性を含むヨーロッパ系入植者が徐々に増え，ヨーロッパ系男性が以前のマオリ女性の元を去って，ヨーロッパ系女性と結婚する事例もみられるようになったという［Te Ara online: Wanhalla; Wanhalla 2013］。

ヨーロッパ系入植者の人口が急増していく一方で，19世紀末になると，中国人は主に金鉱採掘，インド人男性は森林伐採のために移住するようになった。また，北島北部ではカウリ・ゴム[4]採掘のために，現クロアチア共和国内のダ

---

3) イギリス先導のもと，1840年にイギリス女王とマオリ諸首長の間で締結された。条約には英語版とマオリ語版があり，双方の解釈には現在に至るまでさまざまな意見がある。英語版によれば，第一条は全首長からイギリス女王への主権移譲，第二条は女王によるマオリのあらゆる資産や権利の保障，第三条は女王によるマオリ保護とマオリへのイギリス国民の地位付与が謳われた。
4) ナンヨウスギ科のカウリマツの樹脂が地中で石化したもので，塗料の原料になる。

ルメシア地方出身者が，移住するようになった。かれらはそのほとんどが男性だったために，マオリ女性と「結婚」することも多く，結果的に「混血」のパターンは多様化していった［Te Ara online: Wanhalla; Wanhalla 2013］。

さて，この島にヨーロッパ人が到来する前，マオリ人口は自然増加の状態にあったと指摘されているが，コンタクト期以降19世紀を通じて，新たに持ち込まれた伝染病などを要因に減少していくことになった。その数は1840年時点ではおよそ7万から9万人だったと推測されているが，1858年時点では約6万人，1896年には4万2千人にまで落ち込んだといわれる。このような状況下，劣位にある「人種」は優位にある「人種」に取って代わられることを正当化する社会進化論に根差した植民地主義のもとで，マオリは「死にゆく人種」と位置づけられるようになった。ところが20世紀に入ると，植民地化により劣悪とならざるを得なかった生活の改善が進み，徐々に人口も回復するようになった［Pool 1991; Te Ara online: Pool & Kukutai］。

第二次世界大戦終了後，さらに死亡率の低下と出生率の上昇が進んだ結果，マオリ人口の増加傾向が加速するようになった。また，都市化が進むに従い都市移入するマオリが急増するようになった。都市という新たな空間で，主にヨーロッパ系住民と接触する機会が増えたために，「混血」マオリもまた急増することになった［Te Ara online: Wanhalla; Wanhalla 2013］。さらに1960年代，70年代には太平洋島嶼国からの移民，1980年代，90年代にはアジア諸国からの移民が増加した結果，「混血」のパターンはいっそう多様化した［Callister et al 2007: 11-12］。

3 国勢調査における「混血」マオリの可視化

● 3-1 同化政策と「混血生殖」の推進

以上みてきたように，マオリと他民族との「通婚」と「混血」の歴史はおよそ2世紀にもわたる。ニュージーランドという国家が形成されていくに従い，「混血」マオリはどのように位置づけられ，またそれがどのように変化していったのだろうか。この点について，政府による国勢調査，なかでも人口統計調査（センサス）を主たる手がかりにしたい。

ニュージーランドにおいて初めて国勢調査が行われたのは，1851年のことである。しかしながら調査対象にマオリは含まれていなかった［Statistics New Zealand Home Page（以下「SNZHP」）: Introduction to the Census］。その後，特定の地域についてマオリ国勢調査が試みられることはあったが，全国規模で行われたのは，1874年になってからである［Riddell 2000: 84; Cormack 2010: 12］。1881年からは5年ごとに調査が行われるように定まった［SNZHP: Introduction to the Census］。

 国勢調査が開始した19世紀半ばから20世紀半ばまでという時代において，政府のマオリ政策の目的はフレラスとエリオット曰く，「最大限人道的に，マオリ社会の文化的基盤を段階的に除去し，政府の支配を確立すること」であり，つまりがマオリをパーケハー社会に同化させることであった［Fleras & Elliott 1992: 181-182］。

 1906年に，一般の国勢調査とは別個に行われた「原住民国勢調査（Census of Natives）」では，「部族の成員としてなおも暮らすマオリ」と「ヨーロッパ系住民のコミュニティにおいて個別の家族として暮らすマオリ」という区別を導入した［SNZHP: Introduction to the Census］。そして後者については，マオリの「血」が半分より多い場合には「生活様式」に関係なくマオリとしたが，半分以下の場合にはヨーロッパ系住民として数えたという［Cormack 2010: 12］。ここには，「混血」マオリを，「生活様式」と「血の割合」という二つの条件が揃えばヨーロッパ系住民とみなす見解が見て取れる。

 1916年の調査では，「人種」を尋ねる項目で，マオリに関しては「マオリ」「ハーフカースト・マオリ」などと答えるように指示があった。つまり，「血の割合」という基準を採用したことが明らかである［SNZHP: Definitions and Questionnaires (2001)］。ただし「混血」マオリは，調査官の判断に委ねられてマオリあるいはヨーロッパ系住民のいずれかに分類されていたとの指摘もある［Riddell 2000: 84］。

 1926年の調査では，マオリ国勢調査が別個に行われるようになり，「人種」を尋ねる項目で，「純血」ならば「マオリ」と答え，そうでない場合には「ハーフカースト・マオリ」「スリークウォーターズ・マオリ」などと答えるように指示があった。その上で「混血」マオリは，マオリの血が半分以上ならばマオリ，

ヨーロッパ系住民の血が半分以上ならばヨーロッパ系住民と分類されるようになった。つまり，「生活様式」という基準を退けて「血の分数」を唯一の基準とすることをしたといえよう［Cormack 2010: 13］。

さて，この時代に「人種」と「混血」がどのように捉えられていたか，象徴的であるとしてしばしば引き合いに出される資料がある。当時，増加しつつあった中国系・インド系住民の農場において，マオリ女性が働くことを問題視し，1929 年に設置された調査委員会が提出した報告書である。そこでは，次のような指摘がある。

> マオリや中国人，あるいはヒンドゥといった低いタイプの人種が，みさかいなく混ざり合うことによって，混淆的な人種が産まれ，その結果，マオリ人種の家族あるいは民族の生活のみならず，この国の国家としての生活もまた，悪影響を受けるに違いにない。混淆的な人種の吸収を達成するということは，問題含みなのだ。［Cormack 2010: 13; Te Ara online: Wanhalla］

ここには，生物学的な「人種」という観点から，マオリや中国系・インド系を劣位に位置づけるのみならず，それらの「混血」に対する恐怖にも似た蔑視が明らかである。

その一方で，コンタクト期以来，マオリの同化が国是とされるなかで，政府はマオリとヨーロッパ系住民の「通婚」と「混血生殖（miscegenation）」の進展は「人種」間統合の達成であると捉え，それを推進した。結果的に，1936 年の国勢調査報告書においては，「混血生殖の広がりは，かなり早い速度で進んでいる。数世代の内に，ヨーロッパ系住民とマオリは，非常に高い程度まで混ざり合うことは明らかなように思われる」と指摘している［Te Ara online: Wanhalla］。ただし一般社会においては，そのような「通婚」と「混血生殖」対する偏見は強く，つまり「相矛盾した，同化に対する関心と混血生殖に対する憂慮」が一貫して見て取れる［Cormack 2010: 13］。

● 3-2　統合政策と都市化による「混血」の進展

20 世紀後半になると，国際社会においてマイノリティの権利に注目が集ま

るようになり，ニュージーランドにも影響を及ぼした。その結果，政府のマオリ政策は，「一つの大きな枠組みのなかで多様性を包括することを軸とした統合という新しい原則」の下で統合政策へと変わった［Fleras & Elliott 1992: 182-183］。後に，この統合政策は実質的に先行の同化政策と重なる部分が多かったと批判されているが，1970年代末まで継続したと捉えられる。

さて，1945年の国勢調査において「人種」を尋ねる項目は，「混血」マオリの場合にはマオリ以外の「他の人種の部分的出自」についても尋ねるようになり，また「マオリとヨーロッパ系住民の血をもつならば」，「1/2マオリ」「1/2超えるマオリ（over 1/2 Maori）」「1/2未満マオリ（under 1/2 Maori）」のように答えるように，指示があった［Callister et al. 2007: 303］。

1858年以来，マオリ国勢調査は別箇に行われていたが，1951年になって，一般の国勢調査と統合された。変わらず「人種」を尋ねる項目が含まれていたが，1956年に「人種」は「出自（descent）」という表現に変わった。その後さらに，「起源（origin）」「民族的起源（ethnic origin）」と変転しながらも，1981年までそのような分数を用いて「血の割合」を尋ねる項目は継続した［SNZHP: Definitions and Questionnaires 2001］。

ちなみにメッチェは，オークランド地方において1956年時点で，マオリの子の13%がヨーロッパ系の親をもち，1961年にはそれが15%に上昇したと指摘した［Metge 1976; Callister et al. 2007］。他方ハーレは，やはりオークランドでは1960年時点で，マオリの42%がヨーロッパ系住民と結婚し，ヨーロッパ系住民の3.6%がマオリと結婚しているとし，同時にマオリ女性とヨーロッパ系男性の組み合わせに偏っていることを指摘した［Harré 1968; Callister et al. 2007］。

● 3-3 「混血」マオリからマルチ・エスニック・マオリへ

1960年代末から1970年代にかけて，政府による統合政策が継続することに抵抗して，マオリが社会的示威を目的とした運動を組織的に展開するようになり，いわゆるマオリ・アクティヴィズムが高揚した［深山 2012: 73-80］。これを受けて，政府のマオリ政策も大きく転換し，「マオリ文化の表現が，政府の解決するべき問題としてではなく，地域に基づいたプロジェクトをより効果的にする資本として励行され」るようになり，いわゆる二文化主義（biculturalism）に

向けて大きく舵を切った［Fleras & Elliott 1992: 184］。

　マオリ自身によるアイデンティティの定義や文化の復興・創造が叫ばれる中で，多様化・複雑化する「結婚」と「混血」の実態を前に，「人種」という概念に基づいて「血の割合」によってマオリを「測る」ことは不可能，無意味，あるいは差別的であるとして批判する声が大きくなったと考えられる。この結果，国勢調査もまた1986年に大きく変化した。「民族的起源」を問う項目において，回答者はそれを示す選択肢から，単数もしくは複数答えるという形に変わり，「血の割合」を尋ねる文言は消えた。換言すれば，それまでは「1/2マオリ」などと位置づけられた者たちが，そのような差異化をされることなく，「ひとりのマオリ」として数えられるようになったともいえよう。

　続く1991年の調査ではさらに，「民族的起源」が「民族（ethnic group）」への帰属を問う項目に変わり，並行して「マオリの「祖先の存在」(Māori ancestry)」の有無を尋ねるようになった。「マオリの「祖先の存在」」が有だった場合には続いて，マオリ固有の社会組織であるイウィ（iwi「部族」）[5]を尋ねる項目が加わった。この変化について統計局は以下のように説明する。

　　人種的出自ではなく自己同定もしくは文化的つながりに基づいたエスニシティに関する質問は，この時点より含まれるようになった。民族は自己同定の過程を経て決定される。それは，「祖先の存在」または民族的起源を定義する際に使用される生物学的根拠とは対照的に，社会・文化的根拠に基づくものである。［SNZHP: Introduction to the Census］

　こうして，「マオリという民族に帰属する人口」とは別個に，「マオリの「祖先の存在」を有する人口」をも調査するようになったわけである。前者だけですまなかった直接の理由は，後者の数が国会におけるマオリ議員定数を算出するための根拠であったからだという［Kukutai 2004: 93］。つまり，マオリを「マオリ

---

[5] マオリ社会は，基本的には出自に基づく分節的社会構造を発達させてきた。社会構造を構成する部族集団は一般的に，小さいものから順に，ファーナウ（whānau　拡大家族），ハプー（hapū　準部族），イウィ（iwi　部族），ワカ（waka　船団氏族）の4種類と捉えられている。

の「祖先の存在」を有するひと」とする定義は，既存の法で採用されているために，調査せざるをえない数となっていたのである。他方，各イウィ人口が調査されるようになったことは，1980年代後半以降の先住民運動の展開のしかたに大いに関わっている。すなわち，マオリと政府の間で植民地主義的収奪に関する和解に向けた交渉が進むなかで，その活動の単位としてイウィが前景化した。そのため，国勢調査でイウィ別の人口を明らかにすることは，マオリ社会からの要請でもあったという[Kukutai 2004: 93]。

ちなみに直近の2013年の調査では，「マオリの「祖先の存在」」の有無という質問について，表現が「マオリの系譜をひいているか（Are you descended from a Māori?）」に変わった程度で，基本的に1991年に確立した項目をそのまま踏襲している（図3-1）。

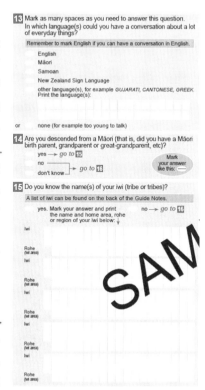

図3-1　2013年実施国勢調査におけるマオリ・エスニシティに関連する質問項目（『人口及び居住に関するニュージーランド国勢調査』・個人用・英語版からの抜粋〈http://unstats.un.org/unsd/demographic/sources/census/quest/NZL2013enIn.pdf（2016年11月21日最終確認）〉）

4　現代におけるマオリ・アイデンティティを巡る言説

ここで，国勢調査において1991年に社会・文化的根拠に基づく民族への帰属という考え方が公式に導入されたにもかかわらず，一方で「祖先の存在」という基準もまた採用されたことについて，もう少し掘り下げて考えたい。というのも，政治的・法的な必要性があったにせよ，前節の引用から明らかなように統計局自らがそれは生物学的根拠に基づくと理解しており，つまり従来の国勢調査にみられた「血」と多分に重複する表現だと捉えられるからである[6]。

この点について,ククタイは次のように論じる[Kukutai 2004: 91]。

> 「祖先の存在」(ancestry)はファカパパ(*whakapapa*「系譜」)に最も似た概念であり,ファカパパは慣習的にマオリであるということのあらゆる主張の根拠となってきた。スティーヴンソンが論じるように,文化的集団の成員になるためには規則が必要とされるが,マオリにとってそれはマオリの祖先(an ancestor)があることだ[Stevenson 2004]。よって「祖先の存在」はしばしばアイデンティティの客観的な基準として扱われ,また成員を限定する機能を発揮する。「祖先の存在」を想起する過程に,主観的な要素があったとしてもである。[Kukutai 2004: 91]

つまり,マオリを測り数える条件として,ファカパパあるいは「祖先の存在」という基準を持ち出すことは,マオリ自身の主張と合致しているというのである。実際,1960年代末から1970年代にかけてのマオリ・アクティヴィズムの高揚以降,マオリの有識者を中心にマオリ・アイデンティティについて盛んに論じられるなかで,ファカパパは,「伝統的」文化の知識・実践,自己同定に並んで標準的な基準とされてきている[深山2012: 223-225]。

ここで重要なのは現代という脈絡では,マオリであるか否かという点について,ファカパパの有無こそが重要で,その「程度」はさほど問題にならないように見受けられることだ。グロバーとルソーの論文に登場するマオリの言葉を借りれば,たったひとりでもマオリの祖先がいれば,「……マオリの血が入ってさえいれば,マオリ」とされ,「同様の——もしくは拮抗する——ファカパパが非マオリである片方の親から継承されていることは事実として前景化しようとも,それは必ずしもマオリであることの妨げにはならない」のである[Glover & Rousseau 2007: 123]。

すなわち,現代マオリ社会で浸透したファカパパを有するものがマオリであ

---

6) マオリの「血」はもたないことが明らかでも,マオリの「祖先の存在」かつ/またはマオリのファカパパが認められる可能性がある存在として,ファンガイ(*whangai*「養子」「養取する」)が挙げられる。きわめて興味深い主題だが,本章では議論の混乱を招くのでファンガイには言及しない。今後の課題としたい。

る，あるいは一滴でもマオリの「血」さえあれば，「血の割合」に左右されずマオリである，という考え方は，国勢調査で「マオリの「祖先の存在」を有する人口」が調査されるようになったことによって，補強されたと考えられよう。つまり血の有無という基準はかつての政府による人種主義的な「血の割合」という基準の残滓として安易に批判するべきではなく，現代のマオリ自らによるマオリ・アイデンティティの定義に合致するものだと解釈できるのである。

ところで，ニュージーランド社会全体を視野に入れた場合，一滴の「血」さえあればマオリであるという考え方に対して異論がないわけではない。今もって「混血」の進展とマオリ・アイデンティティの強化を，相矛盾する動向として捉える住民は少なからずいる。そのような言説の代表として，2004年の政治家によるオレワ演説（Orewa Speech）を挙げることができよう。

当時，マオリ社会と政府の間で，前浜及び海底を巡る権利の問題を巡って議論が過熱していた［cf. 深山 2012］。これを受けて 2004 年 1 月 27 日に，二大政党の一つである国民党党首ブラッシュ（Don Brash）が「国家なるもの（Nationhood）」と題する年頭演説——実施された場所の地名から，通称オレワ演説——を行い，エスニシティの違いに基づいた政治を批判した。この演説のなかでブラッシュは，マオリとパーケハーの間の長年にわたる「通婚」により，「純血」のマオリはおらず，今やマルチ・エスニックなアイデンティティが当たり前になっていると明言した上で，「我々が目の当たりにしているのは，マルチ・エスニックな遺産をもつニュージーランドの人々——ニュージーランド人という独自の南海の人種——の登場であり，我々はますます，多様な祖先を有するようになるだろう」と主張した（National Party Home Page: Orewa Speech - Nationhood）。この言説から，「人種」のメルティング・ポット化が進んだ結果，マオリの「血」とエスニシティはいずれも希薄化しており，よってマオリという個人や集団もまた弱体化しつつあるという理解を導くことは容易だ。当然，オレワ演説に対してはマオリ社会のみならず当時与党の座にあった労働党からも批判の声が上がった。だが，その一方で主流社会から支持する声も大きく，かつての同化主義を彷彿とさせるこのような考え方の根強さを印象づけた。

他方，21 世紀に入ってから，ニュージーランドがマルチ・エスニックな国であることを前提に，マオリと他民族の関係性を統計データに基づいて，「結婚」やエ

スニシティの継承を切り口に考察する研究が再び増加しているようにみえる。

いくつか紹介すると，例えばマオリと他民族の間の「通婚」研究者として最も業績の多いカリスターは，「マオリという民族（ethnic group）に帰属する人口」の内でパートナーを有する者の半分は，マオリという民族に帰属しないパートナーを有していると指摘した。そして，その傾向はマオリとそれ以外のエスニシティを有する者の間，さらには高い学歴を有する者の間に多いと論じた［Callister 2004; Callister et al. 2007］。

あるいは，ディッドハムは，1996 年の国勢調査データから，マオリのエスニシティを有する者を含むパートナーシップの内，66％はマオリと非マオリの間であると指摘し，その数値は太平洋島嶼系住民のエスニシティの場合（42％），アジア系住民のエスニシティの場合（32％）に比べて，高いとした［Didham 2004］。

他方，ククタイは，1996 年の国勢調査データとワイカト大学の調査データに基づき，親が子をどのようなエスニシティに分類するかを分析した。そして，マオリと非マオリのカップルは，子のマオリ・エスニシティを強調する傾向が強く，マオリ・エスニシティ単独とされた子の 1/3 弱は，非マオリの父または母を持つことを指摘した。そして，異民族間の「通婚」の増加によって，エスニシティの境界線が曖昧になるという議論を批判した［Kukutai 2001］。ハワードとディッドハムもまた，親は子がマオリを含む多様な背景をもつ場合に，マオリ・エスニシティ単独に分類する傾向があり，とりわけ母がマオリ・エスニシティ単独を主張する場合にはその傾向が強いと指摘した［Howard & Didham 2005］。

こういった近年の先行研究は，「結婚」や民族の定義やエスニシティという概念の取り扱い方という点でずれがあるため，比較が難しい。しかしながら総合すると，マオリ・エスニシティとその他のエスニシティの間で「通婚」がなおも進みつつも，それによって次世代のマオリ・エスニシティが希薄化するわけではない，ということを実証的に主張していると捉えられ，オレワ演説のような言説に対する有効な批判になっていることは間違いないだろう。ククタイ及びハワードとディッドハムの研究は，エスニシティの次世代への継承に焦点が絞られていたが，実際に国勢調査の結果においても，2001 年から 2013 年にかけて，「マオリの「祖先の存在」を有する人口」に占める「マオリという民族に

表 3-1　2 種類のマオリの人口
(各年国勢調査から筆者作成．http://www.stats.govt.nz/Census/2013-census.aspx ほか)

年 データ項目	1991	1996	2001	2006	2013
A：マオリの「祖先の存在」を有する人口（人）	511,278	579,714	604,110	643,980	668,724
B：マオリという民族（ethnic group）に帰属する人口（人）	該当データなし	523,371	526,281	565,329	598,605
B／A（％）	該当データなし	90.1	87.1	87.8	89.5

帰属する人口」の割合は，微増してきていることが確認できる（表 3-1）。

　その一方で，統計データに基づく量的調査という限界から，これらの先行研究からマオリ個々人の姿をみることは難しい。また，マルチ・エスニックな背景をもつ住民の存在を前提にしつつも，結局は特定のエスニシティに還元して分析する傾向が強く，潜在もしくは顕在するマルチ・エスニシティの様相がよくわからない。そのような欠点をわずかばかりでも補うべく，次節では筆者のフィールドワークにおけるインタビューデータをみていきたい。

5　フィールドワークから考えるマオリ・アイデンティティ

● 5-1　マルチ・エスニックな背景

　オークランド大都市圏の南部郊外のパパクラ（Papakura）と呼ばれる地域で，2006 年と 2014 年の調査中にそれぞれ複数回にわたって，マオリの若者を対象に，フォーカス・グループ・インタビューを実施した。対象者は 2006 年時には 14 歳から 20 歳までの 9 人，2014 年時には 14 歳から 22 歳までの 8 人，その内 1 名は，両年共の参加だったので，合計 16 人であった。なお，2006 年のインタビュー結果については，別稿でも既に論じている［深山 2012: 223-240］。

　データ使用の許可を得るための合意形成に至る段階で，マオリの若者を対象にしたマオリ・アイデンティティに関する調査の一環であると断っていたため，当然のように 16 人はマオリであるという意識を強く有する若者だった。しかし

同時に，ほぼ全員が前世代には非マオリがいることを認識しており，さらにその内の多くは，「父がパーケハーである」とか，「祖母がトンガ人・サモア人[7]である」といったように，前世代の誰がどんなマオリ以外のエスニシティを有するかについて，具体的な知識をもっていた。これらの若者は，マルチ・エスニックな背景をもつマオリだったわけである。

さて全16人の内，自らマルチ・エスニックなアイデンティティを主張するのは，7人であった。例えば，15歳の女子学生Bと16歳の男子学生Pは，次のように述べた。なお，以下でインタビューを抜粋して挿入する際に，〈 〉内はインタビューを行った年月日を示し，アルファベットは若者マオリ，筆は筆者，アは筆者と同世代のマオリ・アシスタントを指す。付記する年齢と身分はインタビュー当時のものである。また，[ ] 内は筆者による加筆である。

〈2006年11月5日〉
B　うーん，私は自分自身はいろいろな民族（nationalities）だとアイデンディファイする，一つだけじゃなくて，マオリ，ヨーロッパ人，サモア人，という風に。
[…中略…]
ア　ではあなたのお父さんはマオリなのね。
B　うん，それでお母さんはサモア人でヨーロッパ人なの。
ア　サモア系家族ともよく一緒に過ごす？
B　おじいちゃんが亡くなって以来，あんまり。1, 2年前にはサモアに行って，それはすごくよかったけどね。
ア　ヨーロッパ系家族はどう？　かれらが元々どこから来たのかとか，知っている？
B　ううん，いつもはサモア人の方だけだから……。

---

[7] かれらが "Tongan Samoan", "Māori Scottish" などと表現するのにならい，このように併記する。

〈2006年10月28日〉
P　僕は自分をマオリ・トンガ人だとアイデンティファイする。
〔…中略…〕
筆　あなたはトンガ人というよりかは，マオリだってことね。
P　〔うなづく〕
ア　どうしてそう思うの？
P　おじいちゃんがおばあちゃんの方に来て，そっちと過ごすようになったからかなあ。
ア　おじいちゃんは，あなたにトンガのことに関心もつようにって？
P　ううん。でもおじいちゃんがいつかトンガ語の話し方を教えてくれた時，僕は忙しくってさ……。

　Bは，共に暮らす母が「サモア人でヨーロッパ人」であった。Pも，トンガ人の祖父と住まいが近く，頻繁に会う関係にあった。マオリの若者が潜在的にマルチ・エスニシティを有している場合，基本的には，その源となる非マオリのエスニシティを有する前世代と近い関係性にあると，それが顕在化すると考えられる。とはいえ，かれらのもつ非マオリ・エスニシティは，マオリ・アイデンティティをなんら阻害したり希薄化させたりするものではないようである。
　その一方で，潜在的にマルチ・エスニックな背景をもっていても，マオリ・アイデンティティだけを主張する者もいた。17歳の男子学生Uと22歳の男子学生Xは，次のように語った。

〈2014年8月14日〉
U　ぼくの場合，お母さんとお父さんがぼくはマオリ・インド人だという。だけど，ぼくは自分が100％マオリだと捉えている。ぼくはマオリで他のは気にしない，100％だからね。
筆　インド人の祖先はいるのね？
U　はい，います。父を通じて1/8インド人なんだけど，でもぼくは自分を100％マオリだとみせる。だからひとにあうと，自分らしく，ぼくはマオリだって言って，どこそこの出身で……っていう感じでいう。自分の

表現，服の選択とか，ある種のマオリとしてステレオタイプ的だね，どんな格好してどうしゃべるか，とか，自分の表現のしかたみたいのだね。それがある種の自己アイデンティフィケーションのしかた。
ア　なぜインド人よりもマオリとの関係性が強いの？
U　えーと，なぜなら……イトコ，第一イトコとか，インド人みんなに尊敬の念は持っている。だって自分自身もインド人だからね。でも，付き合うのはマオリの方だし，あんまりインド人の方は付き合いがない，だってあんまりインド人側についてよく知らないしね。

〈2014年8月25日〉
X　ひとがどのナショナリティ，どのエスニシティに属するのか，と聞くときに，ぼくはいつも「ぼくはマオリだ」という。実は部分的に［クック諸島のラロトンガ島の］ラロトンガ人ではあるけれどね。
〔…中略…〕
X　父さんの母さんが，純粋なラロトンガ人。でも父さんはおじいちゃんの2番目の奥さんに育てられた，それから3番目にもね。〔…中略…〕おばあちゃんは既に亡くなったけど，あまり会わなかった，だって彼女のライフスタイルが違ったから。彼女は暴力的でアル中とかだったから。いい時もあったんだよ，でも父さんはラロトンガ側に僕らをあまり連れて行かなかったんだ。だから，ラロトンガ人になるという意味では，あまり影響を及ぼさなかった。〔…中略…〕学校の友だちみんなは，21歳の誕生日までラロトンガ人だってことは知らなかった。鍵［鍵のモチーフの壁飾りのこと。盛大に行う21歳の誕生日のプレゼントの典型］があって，それにウミガメ［太平洋島嶼を象徴する生物］がついていてさ，〔…中略…〕「なんでウミガメついてるの？」ってなってね，「ぼくはラロトンガ人だもん」，て。そしたらみんなが「うそ！かれは違う，ただのマオリ」ってね［笑う］。〔…中略…〕ぼくは実際には以前は，ひとにきかれてマオリだと答えて……ラロトンガ人だっていうことが恥ずかしかったんだ。
ア　なぜ？
X　だって，ぼくは，みんなの捉え方と同じで，「忌々しいココナッツ（bloody

> coconuts)」って思っていたから。それに、〔…中略…〕彼女〔ラロトンガ人の祖母のこと〕は（優しい声で）「孫よ、こっちへいらっしゃい」「モコ（moko 孫）よ、こっちへおいで」っていう感じではなかったからね。

　U、Xは、かれらの前世代はかれらに複数のエスニシティを認め、本人たち自身そのことはよくわかっているにもかかわらず、マオリ・アイデンティティのみを主張した。その直接の要因ははやり、非マオリのエスニシティを有している前世代との関係性が遠いことにあるだろう。加えて、彼らが生きてきた80年代後半以降は、おそらく先住民マオリとしての地位と権利の確立の影響を受けて、若者の間でマオリ・アイデンティティが肯定的・積極的に捉えられていることも見逃せない。この点について30代半ばのアシスタントが、自分たちが若かった時にはマオリであることは「かっこいい」などと思いにくく、世代の差を感じることを私に時に吐露していた。

　Xのラロトンガ人というエスニシティに対する「恥ずかしい」という気持ちは興味深い。「ココナッツ」という太平洋島嶼系住民に対する蔑称に代表されるように、マオリ社会内では対ヨーロッパ系住民のみならず、他の移民に対しても偏見やステレオタイプが存在し、背景には当然自分たちこそ先住民だというある種の優越感が存在する。そのことが、好きになれない祖母のイメージに重ねられ、自分のアイデンティティの選択に影響を及ぼしたと推測できる。また、Uがステレオタイプ化されたマオリを意識的にふるまうという発言も示唆的だ。特定のエスニシティに特徴的な言動・所作・格好などは、意識的に語るのみならず選び操作する対象となっているようである。

● 5-2　外見の差異

　さて次に、マオリの若者の間において、「血の割合」がもつ意味を考えたい。先に、国勢調査、さらにマオリ社会において、マオリを「測る」ための指標として、ファカパパの有無ひいては「血」の有無が挙げられると述べた。他方、「血の割合」とマオリ・エスニシティの相関関係が否定される傾向にあることを指摘した。だからといって、個人の日常生活において、「血の割合」が何も意味をもたないと捉えるのは短絡的であろう。特に、「血の割合」の差異が外見の差異として現

れる場合には，それは個人に何らかの影響を及ぼすだろうことは想像に易い。

ここで，AとEという女子2人を対象としたインタビューの内容に注目したい。2014年のインタビュー時，Aは22歳，高級美容院で美容師として働き，Eは19歳で失業中であった。2人は母が姉妹関係にある，イトコである。ただし2人の母は，異父キョウダイであった。A，Eそしてその家族の話によると，Aの母の父はマオリ・スコットランド人であるのに対し，Eの母の父はマオリであった。さらに，Aの母がパーケハーとの間にAをもうけたのに対し，Eの母はマオリとの間にEをもうけた。かれらがマオリとするそれらの人物が「純血」のマオリを意味するというわけではないだろうが，確かにその話と一致して，肌や髪，目の色，顔のつくりと言った外見において，Aにはいわゆる典型的とされるパーケハーの特徴，Eにはポリネシア系の特徴が強く見て取れる。つまり端的にいって，AとEは似ても似つかない外見をしている。

とはいえ，生物学的父に関して，Aは知らない，そしてEもまた年に数回程度しか会わないというなかで，2人は母，母方のオバ，母方の祖母に育てられてきており，短い例外期間を除いて共にパパクラの母方祖母の家において暮らしてきた。よって家庭，親族関係，ローカル・コミュニティ，そして高校までの学校教育などから成る，生育環境には重なる部分が非常に大きい。またこの家族は，オークランド南部の数多くのマオリがそうであるように，第二次世界大戦以降に祖父母の代で北島北部の部族領域から都市移入して現在に至っているが，そのような母方の「故郷」やそこに暮らす親族との関係性，儀礼集会場マラエでの活動への参与，あるいはマオリ文化に関する知識・経験といった点に関しても，たいへん似通っている。彼女たちがお互いを「シスター」と呼ぶとき，そこには単なるイトコを超えて，姉妹にこの上なく近い関係があることを示唆しているのである。よって，筆者は当初二人のマオリ・アイデンティティについて，その強度や質にさほど差はないと考えていた。

Aは自分のエスニシティに関して，次のように述べた。

〈2014年8月25日〉
A　私はただマオリだ、っていう、私はみるからに違うんだけどね。でもね、祖父はみんな白人だよ、くらいは言えるけど、そのくらいまでしか会話

第3章　ニュージーランド・マオリの「混血」をめぐる言説と実態　99

は深まらないし。
筆　100％マオリなのね？
A　うん，確かに血とか科学うんぬんでは違うけれどね。
筆　イギリスとかスコットランドとか行ってきた後でも？
A　[そのようなエスニシティは] ない。会ったことがないからね。

　Aは学生時代に，同じマオリ・スコットランド人の父をもつ母とおばと共に，生物学的祖父の父，すなわち生物学的曽祖父の出身地であるスコットランドに旅行へ出かけている。そんな経験をもってしてもなお，Aは先のUやXと同様に，常にマオリ・エスニシティだけを主張する。換言するならば，Aは，外見こそパーケハーのようであれ，Eと同じように同じくらいマオリであるという。ところが，そのような2人の意識とはうらはらに，外見の差異は日常生活において異なる経験をもたらす。

〈2014年8月25日〉
E　[外見から判断されて] 周りにいる人たちは，話しかける前には私をインド人だと間違うの。「インドのどこから来たの？」「だれがニュージーランドに連れてきたの？」ってね。「いいえ，私はマオリで，ニュージーランドで生まれ育った」っていう会話は，よくあること。
[…中略…]
筆　見た目で判断されることに対して，不快に感じる？
E　ううん。だって，実際に私はインド人みたいに見えるもの。
筆　あなたは，A？　しょっちゅう周りの人はあなたをパーケハーだと受け取るでしょ。
A　うん，[冗談めかして] 家族の中にもそういう人がいる。
筆　不快に思う？
A　まあね，まあ，失礼だけどね。[…中略…] カイコヘ [「故郷」近くの地名] で，[当時母方オジが所属していたマオリ団体である] マオリ・ワーデンの [ロゴが大きく書かれている] ワゴン車から降りたら，通りがかりの人が「[マオリの車からマオリではなくて] 白人の女の子が降りてきたぞ！」っ

> て驚かれて。〔…中略…〕それから，［別のマオリ親族である］IとEとお店に行くと，［万引きなどを取り締まる警備員に］私だけはカバンのチェックとか，されないわけ。

　Eは，「混血」が進んだ現代のマオリの平均的な外見よりも，ポリネシア系の特徴が目立つこともあって，インド人に間違われることがあるという点は興味深い。Aも少し触れているが，別の機会にEはそのマオリらしい外見により，差別的に扱われることが多いと話していた。

　他方，Aはもっと頻繁にパーケハーと受け取られるようだ。そのことに対して，もはや慣れてしまい，苛立ちを覚えることはさほどないようである。それどころか，公的空間ではしばしば「パーケハーである」ことの方が「マオリである」ことよりも有利に働くことについて，Aは意識している。彼女は職場である高級美容院での自分について，次のように語った。

> 〈2014年8月25日〉
> ア　あなたたちも，［部分的を意味する］パートなんとかとか，ハーフ，クオーター，みたいに，アイデンティファイして言うことある？
> A　誰に対して話しているかによる。例えば，［Aが働く高級美容院の］顧客に話すときは，そういう風に言うこともある。じゃないと，あのひとたちはわかんないから。私がマオリだ，といっても，私は明らかにそうみえないから，理解しないわけ。［他の］マオリと一緒にいるときには，「私はマオリ」といって，ああ，そうか，という風になるけれどね。

　別の機会に彼女は，美容院での顧客にはパーケハーの富裕層が多いため，自分がパーケハーらしい外見をもっているからこそ，その美容室で働けると話した。その時会話の場にいたEは，Aは場面によっては意図的に「パーケハーっぽく」しゃべったり，ふるまったりすることがあると揶揄している。

　ところで，そんなAのマオリ・エスニシティと，潜在的なスコットランド人としてのエスニシティの双方を公的に明示するのは，彼女の名前である。Aは名前を他者に告げた時の他者の違和感について，E，Xも交えながら次のよう

に語った。

〈2014年8月25日〉
A お店に行って，ポイントカードを作るときに，名前を聞かれて，ファースト・ネームのアラピナ［マオリ語名・仮名］と言うと，怪訝な顔でスペルを聞かれたり，紙に書いてと言われたりすることはよくある。でもラスト・ネームがマックミラン［スコットランド系英語名・仮名］だというと，さらにおかしな感じになる。
E 見た目が白いのに，［ファースト・ネームの］名前が超マオリ的だもんね。
X ほかの［英語］名前もってないの，とかも聞かれたりするよね。アジア人みたいにね。
A ［メンバーだとディスカウントが受けられるという状況において］以前，お店のひとが自分の名前を間違って登録していたらしく，調べても出てこなかったの。その時は，もうひとつの名前は，ヘザー・マックミラン［姓名ともに英語名・ともに仮名，実在する母方オバの氏名］なんです，っていって，ディスカウント受けちゃった［笑う］）。

　先ほどXの事例で，マオリ社会内における他民族観が，Xのアイデンティティに影響を及ぼすことを指摘した。Aは，主流社会さらにマオリ社会におけるマオリの外見に関する通念からずれる外見をもつがゆえに，マオリ・アイデンティティはぶれないものの，通念とずれないマオリたちとは異なる細かな経験を積み重ねている。
　国勢調査のような公的な場面でも生物学的根拠に基づく「人種」ではなく，社会・文化的根拠に基づくエスニシティという概念が採用され，かつマオリ社会においてファカパパや「血」が有ることが，その「程度」とは無関係に重要視されるようになるなかで，「混血」マオリは十全なマオリとみなされるようになってきた。しかしながら，「混血」による「血の割合」の差異，とりわけその結果としての外見の差異は，ヨーロッパ系住民に限らずマオリにおいても人種主義的な民族観が根強いなかで，確かに日常生活に影響を及ぼしている。ただし，若者マオリはただ受け身の存在ではなく，それらを能動的に操作したり利

用したりすることもまた事実なのである。

● 5-3 ファカパパ不在の「マオリ」

さて，若者は全員，マオリの「血の割合」はともかく，マオリの「血」が有るということは自覚していた。ところがその一方で，筆者が別稿でも指摘したように，かれらは「血」とは無縁の「マオリ」に言及することが一度ならずともあった［深山 2012: 223-240］。それは，2014年のインタビューでは既出の20歳の失業中の女子 E，学生の15歳女子 F，そして E の弟で建設業に就く19歳男子 Y によって，次のように語られている。

〈2014年8月13日〉
ア　なにがあなたをマオリにしているの？
〔…中略…〕
E　お父さんもお母さんもマオリだから私もマオリ。
ア　だれがマオリになれるの？
E　だれでも。
〔…中略…〕
ア　あなたの友人が，もしマオリ語を話せて［儀礼・集会場である］マラエではどう振る舞ったらいいかを知っていたら，マオリになれる？
E　そうじゃないかな，だってかれらはそういうふうにアイデンティファイするしね。
F　［直前のアシスタントの発言に対して］かれらの文化じゃなかったとしても，って意味？
筆　私みたいに。
E　そう。
F　あなたはマオリだと思う。
〔…中略…〕
筆　マオリのファカパパは持っているけど，マオリのことは何も知らないひとたちは？
E　それでもマオリ。

第3章　ニュージーランド・マオリの「混血」をめぐる言説と実態　103

> F　かれらはマオリ。
> 〔…中略…〕
> ア　マオリであるためには，2つの方法がある。
> E　うん，マオリに生まれるか，マオリになるか，どちらか。

〈2014年8月14日〉

> Y　〔以前〕オークランド大学に行った時，トンガ人の女の子がいて，名前は△△っていうんだけど，彼女はマオリ語が流暢で，〔マラエでの邂逅の儀礼〕ポーフィリ（pōwhiri）が始まると，〔歌唱〕ワイアタ（waiata）だの〔儀礼的掛け声〕カランガ（karanga）だのをやっていた。彼女のうしろにはマオリが座っていてね，かれらは何も知らなくて，彼女はかれらに恥ずかしい思いをさせたよ。〔…中略…〕彼女はポーフィリの大半を仕切ってね，でもトンガ人だった。〔…中略…〕彼女はマオリだと思うよ，でもトンガ人でもある。トンガ側のこともすべてよく知っていて，言語なんかも上手だし。

　ここには，ファカパパを条件とした「生まれ」のマオリ・エスニシティのみならず，マオリらしいふるまいや知識を条件とした獲得される「マオリ」性に関する語りが確認できる。マオリの若者は，自分たちを前者に位置づけたうえで，それにあてはまらない他者でも「マオリである／になる」可能性を明言するのである。

　筆者は別稿では，都市の若者マオリは「「伝統的」マオリ・アイデンティティにたとえ周辺化されたとしても，「マオリである」さらには「マオリになる」ことが可能であるべく，オルタナティヴなマオリ・モデルと手段を確保している」と論じた〔深山 2012: 238〕。しかし上記の語りでは，「マオリである／になる」とされる主体は，日本人である筆者やトンガ系住民であり，一般的には明らかにマオリではないとされる存在である。つまり自他ともに認めるマオリである自分たちとは一線を画し，マオリの「血」をもたず，マオリとしての自己同定さえないであろう他者に対して，「マオリ」性を認め，「マオリ」として包括することについて語っているのである。

6 おわりに

　本章を振り返るならばマオリは，長い歴史において「混血」が繰り返されていくなかで，国勢調査に象徴されるように，国家という枠組みでは基本的に「血」，そして「血の割合」という基準によって測られてきたといえる。しかしながら，1980年代以降，自己同定という基準が重要視されるようになり，「混血」マオリが「血の割合」によらずマオリとして数えられるようになった。ただしその一方で，「血」の有無という基準はなくならなかった。一見エスニシティを巡る議論が後退したかのようにもみえたが，それはむしろ現代マオリ社会におけるファカパパの強調と相互補完的な関係性にあった。こうしてファカパパあるいは「血」がわずかでもあるならば十全なマオリであるという考え方が普及していったと考えられる。

　もちろん，みてきたように，他方で「血の割合」にこだわってそれを批判する人種主義的言説はなおも根強く，さらにそれらを批判する立場からの研究も行われている。しかしながらこういったマオリの「測り方」をめぐる議論はいずれにせよ，しばしば現実を生きるマオリから乖離する傾向にあることもまた事実だ。それを修正するべく，都市のマオリの若者の実態に目を向けると確かに「混血」の進展の結果，マルチ・エスニックな背景をもつことが確認できたが，それは必ずしも当事者のアイデンティティに影響するわけではなく，同時にマオリ・アイデンティティを阻害しないことが明らかとなった。一方で，かといって「混血」の帰結を過小評価するべきではないことに注意を払う必要がある。ファカパパあるいは「血」を有し同じようにマオリであると自己同定する者たちの間でも，潜在的・顕在的なマルチ・エスニシティの様相や，「血の割合」の差異が日常生活の微細な部分で影響を及ぼしていることが指摘できた。

　また，彼らの語りからは，「血」が有ることや自己同定とは，無縁な「マオリ」が存在する可能性が示された。この「マオリ」は，近代欧米文化のもとで人種主義的な観点から測られてきたマオリとも，現代マオリ社会の中心で支持されているマオリとも，本質的に異なる。ここで想起されるのはむしろ，本章では十分に論じられなかったが，本来のオセアニアのアイデンティティは「絶え間なくデモンストレートされるものであり，それは態度と振る舞いの問題」

であり，生得的に個人に固着するようなものではないといった議論であろう［Linnekin & Poyer 1990: 8］。

　「混血」が進んだからといって自動的に，共生という概念が前提とするエスニックな差異がなくなりハイブリッドな社会が形成されるわけでも，エスニックな差異が架橋されて相互間の尊重と交流に基づく「よりよき」共生社会が形成されるわけでもない。だが，「混血」が進んだ都市の若者マオリに看取できる，「血」という基準を放棄し，集団としての安定性を顧みない，包括的で柔軟な「マオリ」の想定には，新たな共生の可能性が感じられるといえよう。

【引用文献】

Bentley, T. (1999). *Pakeha Maori: The extraordinary story of the Europeans who lived as Maori in early New Zealand*. Auckland: Penguin.
Callister, P. (2004). Māori/ non-Māori ethnic intermarriage. *New Zealand Population Review* 29(2): 89-105.
Callister, P., Didham, R., & Potter, D. (2007). *Ethnic intermarriage in New Zealand*. Official Statistics Research Series, Vol. 1.
Cormack, D. (2010). *The practice and politics of counting: Ethnicity data in official statistics in Aotearoa/New Zealand*. Wellington: Te Rāpū Rangahau Hauora a Eru Pāmare.
Didham. R. (2004). *Fertility of New Zealand women by ethnicity*. Wellington: Statistics New Zealand.
Fleras, A., & Elliott, J. L. (1992). *The nation within: Aboriginal-state relations in Canada, the United States and New Zealand*. Toronto: Oxford University Press.
Glover, M., & Rousseau, B. (2007). 'Your child is your whakapapa': Maori considerations of assisted human reproduction and relatedness. *SITES: New Series* 4(2): 117-136.
Harré, J. (1968). Maori-Pakeha intermarriage. In E. Schwimmer (ed.), *The Maori people in the nineteen-sixties: A Symposium*. Auckland: Longman Paul, pp.118-131.
Howard, S., & Didham, R. (2005). *Ethnic intermarriage and ethnic transference among the Maori population: Implication for the measurement and definition of ethnicity*. Working Paper, Wellington: Statistics New Zealand.
Kukutai, T. (2001). *Māori identity and "political arithmetick": The dynamics of reporting ethnicity* (Unpublished master's thesis, Waikato University).
Kukutai, T. (2004). The problem of defining and ethnic group for public policy: Who is Māori and why does it matter?. *Social Policy Journal of New Zealand*, 23, December: 86-108.

Linnekin, J., & Poyer, L. (eds.) (1990). *Cultural identity and ethnicity in the Pacific.* Honolulu: University of Hawai'i Press.

Meredith, P. (2000). A Half-caste on the Half-caste in the cultural politics of New Zealand. Waikato University School of Māori Studies. Retrieved May 31, 2015, from 〈http://lianz.waikato.ac.nz/PAPERS/paul/Paul%20Meredith%20Mana%20Verlag%20Paper.pdf（2016 年 12 月 26 日最終確認）〉

Metge, J. (1976). *The Maori of New Zealand: Rautahi.* London: Routledge and Kegan Paul.

Pool, I. (1991). *Te iwi Māori: A New Zealand population, past, present and projected.* Tāmaki-makaurau: Auckland University Press.

Riddell, K. (2000). 'Improving' the Maori: Counting the ideology if intermarriage. *New Zealand Journal of History* 34(1): 80-97.

Stevenson, B. (2004). Towards a better measure of cultural identity. *He Pukenga Korero* 8(1): 37–46.

Wanhalla, A. (2013). *Matters of the heart: A history of interracial marriage in New Zealand.* Auckland: Auckland University Press.

深山直子（2012）.『現代マオリと「先住民の運動」――土地・海・都市そして環境』風響社

【参考ウェブサイト】

New Zealand National Party　Orewa Speech: Nationhood〈https://www.national.org.nz/news/news/speeches/detail/2004/03/26/orewa-speech---nationhood（2016 年 5 月 31 日最終確認）〉

Statistics New Zealand　Definitions and Questionnaires (2001): Reference Reports〈http://www2.stats.govt.nz/domino/external/pasfull/pasfull.nsf/2b48bfd772142a814c2567ed0009410f/4c2567ef00247c6acc256b290004d48a（2016 年 5 月 31 日最終確認）〉

Statistics New Zealand　Introduction to the Census〈http://www.stats.govt.nz/Census/about-2006-census/introduction-to-the-census/history-of-the-census-in-nz.aspx（2016 年 12 月 26 日最終確認）〉

Te Ara: The Encyclopedia of New Zealand　Wanhalla, A. 'Intermarriage', Te Ara-the Encyclopedia of New Zealand, updated 9-Nov-12〈http://www.teara.govt.nz/en/intermarriage（2016 年 12 月 26 日最終確認）〉

Te Ara: The Encyclopedia of New Zealand　Pool, I. & Kukutai, T, 'Taupori Māori–Māori population change', Te Ara-the Encyclopedia of New Zealand, updated 9-Oct-14〈http://www.TeAra.govt.nz/en/taupori-maori-maori-population-change（2016 年 12 月 26 日最終確認）〉

第4章
ヤップ離島社会の共生戦略における
アイデンティティとネットワーク

柄木田康之

1 はじめに

　本章は，ミクロネシア連邦ヤップ州の貨幣経済化や民主化の過程で，ヤップ離島が本島との共生のために採った複数の戦略の存在を報告する。戦略の一つはヤップ本島に対抗して覚醒された離島の民族的アイデンティティであり，もう一方はヤップ本島との旧来の交易ネットワークの流用である。

　ミクロネシア連邦ヤップ州のヤップ島と周辺離島の関係はサウェイと呼ばれる伝統的交易ネットワークに基づく階層関係によって特徴づけられる。さらに米国統治期の1960年代以降，離島代表の議会への参加，公的教育・医療の拡大，離島出身公務員の増大などによって，周辺離島は信託統治区ヤップ行政区，そしてミクロネシア連邦ヤップ州に編入されていった。

　国家建設とそれに伴う公共部門の貨幣経済化を通じて，離島の国家への編入は強化される一方，本島離島間の格差は広がった。政府を通した資源・サービスは，ヤップ本島の中心である州都コロニアを通じて分配され，周辺離島の人々はアクセスに不利な立場に置かれたからである。この過程で，ヤップ州の周辺離島はサウェイ交易関係に基づく地位よりも，本島に対立する離島としての地位が強調された。

　ヤップ本島と離島の交易システムは，個別的な島嶼や村落を結ぶ交易ネットワークの束であり，本島と離島は二元的カテゴリーとして対比されない。カテゴリーとしての離島は「離島民（Outer Islanders）」という行政的カテゴリーの適用，「海の人（reimetaw）」というエリート層の離島アイデンティティの自覚

によって生じたものである。しかし交易ネットワーク関係も今日の離島出身者の生存戦略に流用されている。

近年の現金による離島コミュニティ用地の獲得活動，医療・貨幣経済化された離島出身者の葬送儀礼において，離島アイデンティティに基づき貨幣が集積される一方，その必要性を打ち消すため交易パートナーとの関係が流用されている。パリーとブロック［1989］は，貨幣経済と非貨幣経済の接触は，必ずしも両者の対立を導くのではなく，非貨幣経済が従来の交換慣行を貨幣と接合することで，貨幣経済に適応すると主張するが，離島アイデンティティに基づく貨幣の集積と交易パートナーとの関係の流用は，貨幣経済に対する離島アイデンティティに基づく対抗と交易パートナー関係の読み替えによる適応と理解することができる。

2 サウェイ交易ネットワーク，公共貨幣経済，二元的州政府

ヤップ州の離島と外世界との関係は植民地化から生じたものではない。西カロリン諸島のヤップ島ガギル地区とその東方に位置する離島間には，伝統的にも，広範な交易ネットワークが存在していた。ヤップ本島の伝統的政治勢力の一つをなすガギル地区は，今日のチューク州西部離島から，オレアイ環礁をへて，ファイス島・ウルシー環礁を通り，最終的にはヤップ島にいたる交易の頂点に立っていた。植民地化以前から初期の日本統治時代まで，東部離島の島々は定期的に船団を組み航海をし，ヤップ本島のガギル地区を訪れ，腰布，ヤシ・ロープなどのさまざまな貢物を交易パートナーに与えた。これに対しガギル側は離島では手に入らないさまざまな物資を与えた。この交易はサウェイと呼ばれるが，交易パートナー自体も同一の名称，つまりサウェイと呼ばれている。ヤップ本島とその周辺離島社会は，このサウェイ交易ネットワークの地理的広がりと交易パートナー間の非対称な関係によって，さまざまな議論を呼びながらも，「ヤップ帝国」として知られている（図4-1）。

交易ネットワークを基礎づける関係は，ヤップ本島のガギル地区の屋敷地[1]

[1) 屋敷地は父子間で土地が相続される親族集団である。

第4章　ヤップ離島社会の共生戦略におけるアイデンティティとネットワーク　　*109*

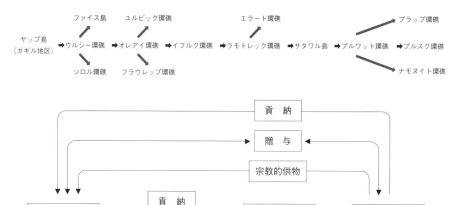

図 4-1　サウェイ交易の概念図（出典：Lessa［1950a, 1950b］より筆者作成）

が離島のウルシー環礁・ファイス島の屋敷地を支配し、さらにウルシー・ファイスの屋敷地がオレアイ以東の離島の村を支配するという三層からなる関係である（図4-1・表4-1）。ヤップ本島の屋敷地と離島の屋敷地の関係は、ヤップ側の見方では、その間で土地が相続される「父子」の関係に類比される。したがってヤップ側は自らが離島の土地の究極的統制権を有するとみなし、これが離島からヤップ側への貢物によって表現されるという。貢物が贈られない時、ヤップ本島は離島に台風を向ける呪術を用いたとみなされていた。反対に離島がガギル地区にもたらす女性の腰布などの貢物は、今日でも、ヤップ本島内の政治的同盟関係にそって交換される重要な貴重品である。この意味で、ガギル地区にとっての離島との関係は、ヤップ本島の政治的ライバルに対抗する上で、きわめて重要な社会的資源なのだ［Alkire 1981］。今日サウェイ交易ネットワークは、オレアイ環礁がグローバル化の波に巻き込まれる中で、変容されつつも再生産されつづけている。

　今日のミクロネシア連邦は信託統治期の米国のミクロネシア政策とその後の自由連合の締結を無視して理解することはできない。1960年代に始まる教育と医療を中心とした公的雇用の拡大は州都への人口集中を加速した[2]。また

表 4-1 ヤップ島ガギル地区屋敷地，ウルシー環礁・ファイス島，およびオレアイ環礁東部離島の交易パートナー関係（出典：牛島［1987］から筆者作成）

ヤップ本島屋敷地	ウルシー環礁・ファイス島屋敷地（環礁内島名）	オレアイ環礁東部離島／離島地区
スーグ・ヨワル	該当なし	プルスク環礁
	ファシリス	プルワット環礁，プラップ環礁[3]
ペビナウ イポ	ヌムルイ（モグモグ島）ファルメイ（モグモグ島）	ラモトレック環礁，サタワル島 エラート環礁
トボグイ	ムローシュ（マガヤン島）	オレアイ環礁シリヤップ島，タガイラップ島，フララップ島イファン地区
リエレブ	イプル（ファイス島）	イフルク環礁フララップ島ルガラップ地区，オレアイ環礁オタガイ島ブゴル地区，オレアイ環礁フラリス島
ガラーイ	ルボガット（ファサライ島）	イフルク環礁ファラティック地区，ラオイ地区，フララップ島イファン地区 オレアイ環礁ラーユ島
マリアン	ファシリス（モグモグ島）	オレアイ環礁オタガイ島タボガップ地区，ニゲペラム地区
ロウ	ボガトラブラブ（ロシャップ島）	オレアイ環礁フララップ島ルグリフェリュー地区
ドウムリゴツ	ファルホワル（フララップ島）	オレアイ環礁フララップ島ルリペリグ地区
マラール		オレアイ環礁マリアン島，パリアウ島
ガラアウ	マイヨール（ソーレン島）	
オワル		ファラウラップ環礁，ウエストファーユ環礁

---

2) 発端は1960年代初頭の出来事である。当時のケネディー政権は1961年の国連総会で国連ミクロネシア視察団から非難をあびる。視察団はミクロネシアの経済成長，民族自決，国民的アイデンティティ形成の欠如の点でケネディー政権を批判したのである。この批判を受けハーヴァード大学ソロモン教授によるミクロネシア調査が行われ，1963年『ソロモン・レポート』が作成される。『ソロモン・レポート』はミクロネシアの米国安全保障上の必要性を指摘し，教育公衆衛生制度の改善，農業部門での経済成長を促進する社会資本の拡充を通して，ミクロネシアの人々が住民投票によって米国帰属を選択するようにしむける政策を提言した。1965年以降，内務省のミクロネシア関連予算は幾何級数的に拡大し，ミクロネシアでは政府雇用が「基幹産業」であると揶揄されるほど雇用が増大した。

3) 牛島［1987］によるとファシリス屋敷地，プルワット環礁，プルスク環礁の関係はサウェイとは分類されない交易関係である。

自由連合の締結は，ミクロネシア連邦市民の米国での継続的居住への道を開き，ミクロネシアの都市を飛び越した，グアム，ハワイや米国本土の都市への国際移動を可能にしている。離島，州都，グアム，ハワイ，米国本土という地域間システムの理解が，今日のミクロネシア社会の理解には不可欠である。

公共部門の雇用，特に教育関連職の拡大は，ミクロネシア内に多量の高卒者を生みだした。さらに1972年以降，米国奨学金制度がミクロネシアにも適用され，多くのミクロネシアの高卒者が米国での高等教育の機会をえた。1960年代以降，政府の要職をミクロネシア人に委譲する政策が振興し，ミクロネシアの貨幣経済部門では，海外援助に基づく肥大化した公的雇用に，小規模な民間サービス部門がぶらさがる構造が成立したのである［Peoples 1985］。さらに公的雇用は当時の行政区の中心に集中し，行政区の中心となる港町には人口が集中した[4]。

1986年の米国との自由連合の締結は，ミクロネシア連邦市民に，米国で継続的に居住し労働する権利を与えた。他方で1980年代後半のグアム経済の拡大がミクロネシア連邦市民にグアムでの雇用機会を提供した。このためミクロネシア諸国からグアムへの人口移動が急激に増大した。1990年の米国のセンサスによれば，ミクロネシア連邦からグアムへの移住者は年々倍増している［Rubinstein & Levin 1992］。1985年に89人であったミクロネシア連邦出身者は1990年には推定で約2,000人にまで拡大した。ミクロネシア連邦の人口は1988年で推定100,360人とされるので，約2％のミクロネシア連邦市民がグアムに滞在していたのである。グアムへの移住者は，1960～1970年代に始まる州都への移住者とは大きく異なる社会的特徴をもつ。自由連合以前のミクロネシア各州の州都において公務員として雇用された移住者とは対照的に，グアムへの移住者はサービス業・建設業等に従事する非熟練労働者を中心とするから

---

[4] 行政区中心への人口集中は1970年代後半に一度沈静化する。これは，1978年にミクロネシアが自治政府に移行し，それ以降米国の援助が増加しなかったためである。自治政府の中・高等教育経験者の雇用にかげりがみえたのである。このような変化を示すように，1982年にポーンペイ・チューク・コシャエ・パラオにおいて高校卒業者数が減少し，1985年にはグアムや米国の大学よりパラオやミクロネシア連邦内のコミュニティ・カレッジを目指す学生が増加した［Hezel & Levin 1990］。

である。自由連合締結以降，教育爆発期に州都に集中した人口移動とは異なる波が，ミクロネシア連邦各州からグアムに向かったのである。

ヤップ州の貨幣経済部門でも，1960年代からの肥大化した公的雇用に，小規模な民間サービス部門がぶらさがる構造が成立している。このような貨幣経済は地元の土地，労働力，生産物の商品化については強い影響を与えなかったが，福祉サービス，商品流通，交通・通信手段をヤップ州の州都コロニアに集中させた。州都への公的雇用の集中は，州都コロニア対コロニア以外の地域という今日的な格差を生み出している。そして州都の発達はヤップ本島と離島の関係の焦点を交易パートナーが居住する北部のガギル地区から中東部の州都コロニアに移行させたのである（図4-2）。

今日ヤップ州ではヤップ本島と離島の間の序列が新たな形で生み出されている。例えば，ヤップ州の知事と副知事候補者は一組となって選挙戦を争うが，これまでヤップ出身者が知事候補者，離島出身者が副知事候補者であり，決してその逆ではなかった。ミクロネシア連邦のなかで本島と離島に州立高校をもつ州はヤップ州のみであるが，一つの州に二つの公立高校が設けられるにあたってはヤップ本島と離島間の文化差，階層差が決定的な影響を与えた。ヤッ

図4-2　ヤップ本島ガギル地区と州都コロニア（筆者作成）

プ本島と離島の序列は形を変え再生産され，離島にとってヤップ島は厄介ではあるが，関係を維持しつづけねばならない地域でありつづけている。州都の発達は，伝統的に存在したヤップ島と離島間の階層関係を変革する一方，同時に伝統的序列が再生産されるという，二つの側面をもっている。

3 民主化と首長会議の形成[5]

　ヤップ州憲法はヤップ州政府において，本島・離島と，二つの伝統的首長会議を規定している。本島の首長会議はピルン会議（Council of Pilung）と離島の首長会議はタモル会議（Council of Tamol）と呼ばれる。州憲法によれば両会議は伝統的首長層から伝統的方法で選ばれたメンバーによって構成され，伝統に関する州議会の議決に対し拒否権をもつ。ヤップ本島の首長会議が月2回州都の本島首長会議事務所で開催されるのに対し，離島の首長会議は交通手段の制約から年2回の会議をヤップ本島の離島民コミュニティにある事務所で開催する。この機会は離島の首長から交易パートナーの首長への貢納が行われる重要な機会で，本島と離島の首長会議の関係が階層的関係を再生産する契機となっている。しかし会議自体では，伝統が議論されることはほとんどない。離島首長会議は州政府の離島出身の各部局代表が首長達に離島に関する政府プロジェクトを説明する形式で進められ，現在首長会議の決定のほとんどは離島出身の公務員の意見に依存しているのである。しかし首長達は離島選出の連邦議会議員，州議会議員，州知事候補者の選定を通じて政府への影響力を保持している。

　この首長会議に関して興味深いのは，両者がともに米国統治期に民主化政策の一環として導入された制度であるということである。第二次世界大戦直後の海軍による軍政では，南洋庁によって任命された村長・総村長が行政的に利用されていた。しかし1947年に海軍政府は地区（municipality）と地区長（magistrate）の制度を導入し，1951年の民生移行期までにヤップ本島ではドイツ統治期に導入された10の地区，離島では島の地理的区分に基づく18の地区が導入され，各地区は地区長を長とする制度が導入された。ヤップ本島の首長

---

[5] 本節の詳細は柄木田［2000］を参照のこと。

たちは，地区と地区長の導入を，伝統的首長層に属さない南洋庁によって任命された総村長を排除する機会として利用し，彼らを地区長から排除した。地区長となった首長達は州都コロニアで米国人行政官と定期的な会合をもち，これがヤップ島地区長会議（Yap Island Council of Magistrates）となった [Bird 1994]。

この新伝統主義的体制は長続きしなかった。1959年には行政からの圧力で，地区長会議はヤップ島議会（Yap Islands Congress）を創設し，行政権と立法権が区分された。文化人類学者リンゲンフェルターはうまく機能していた地区長会議が三権分立的制度へ移行させられたのは，アメリカ人行政官の地域社会の無理解にあると述べているが [Lingenfelter 1975]，地区長会議の制度自体は，そもそも導入された制度であった。

現在のヤップ州議会の枠組みは，1968年に離島の代表が島議会に加わることで成立する。初代議長の記憶では，この前後に離島の首長会議の前身である離島首長会議（Outer Island Chief Council: OICC）が発足したという。当時の主たる議題は，離島高校（Outer Island High School）の設立，島議会への離島代表の参加であった。

ところで離島首長会議の成員は，ヤップ島地区長会議とは異なり，選挙ではなく伝統的首長であることを成員権の基準とした。これは離島の首長たちの意志であったと伝えられている。しかしヤップ本島と異なり伝統的首長による会議が認められたのは，海軍の残した行政の枠組みであることも事実である。1947年1月10日のマリアナ司令官のメモでは離島社会では首長を地区長とすることが賢明な選択であると述べられている [Bird 1994]。

ヤップ本島のヤップ島地区長会議の成員が選挙によって選ばれ，離島の離島首長会議が伝統的首長の継承法に選ばれる事態が解消されるのは，ヤップ州憲法に先立つヤップ憲章においてである。ヤップ憲章6条1節ではピルン会議（本島首長会議）とタモル会議（離島首長会議）が創設され，会議は伝統と習慣に関する立法，司法，行政機能を行使することが規定されている。2節と3節では両会議がそれぞれヤップ本島，また離島の伝統的指導者から選ばれることを規定している。3条17節は，両会議がヤップ管区議会の伝統と習慣に関する議決に対する拒否権をもつことを規定しているのである。

これらの規定はミクロネシア連邦議会の前身であるミクロネシア会議で，民

主主義的ではないと問題視された。しかしミクロネシア会議議長にあてた地区長会議の文書は「現在大部分が伝統的首長からなり，州政府のなかで伝統的役割を担うよう期待されているヤップ島地区長会議を存続させるより，このような会議をピルン会議に置き換えることが我々の伝統にそっている」と主張し伝統的首長会議の創設を求めている。首長会議の規定は，修正を受けながらも，ヤップ州憲法に引き継がれている。

現在ヤップ州の二つの首長会議はヤップ州政府の特徴とみなされ，二つの首長会議は伝統的階層関係を再生産しているとみなされている。しかし首長会議は伝統的首長制が民主主義的政体にそのまま組み込まれたものではない。二つの伝統的首長会議は，第二次世界大戦後の政体において「伝統」と「民主主義」のもつれ合いを通して創造された制度である。

4 公務員の離島アイデンティティ

ヤップ州憲法では離島首長会議は伝統的指導者による伝統に関する会議であると規定されるが，会議の内実は離島出身の政府部局代表者が政府のプロジェクトを首長たち説明することが中心で，伝統が議論されることはまれである。このような政府プロジェクトの内容の検討，あるいは政府プロジェクトに対する首長たちの意思決定を助けているのは公的教育を受けた公務員や商店員からなる離島出身のエリート層である。1980年代中頃以降，彼らは，離島出身者に関連する事柄，また離島全般に関連する事項全般に関する情報を交換し検討する任意団体を作り，自らをパンガル・レメタウ・オーガナイゼーション（Pangar Reimetaw Organization: PRO）と名乗った。

ヤップ州の離島出身者は一般に，英語で「離島民（Outer Islanders）」，あるいはより丁寧な言い方で「近隣諸島民（Neighboring Islanders）」と呼ばれる。近隣諸島民とは，「離島民」がもつ離島を外部とする排外的ニュアンスを避け，近隣諸島としヤップ島により統合しようとする用語法である。近隣諸島民はヤップ本島出身のヤップ州初代知事によって1980年代から提唱されたが，今日でも離島民という呼称がより頻繁に聞かれる。

現地語ではレメタウ（*reimetaw*）という語があるが，やはりよく耳にするの

は離島民で，レメタウは頻繁には用いられない。人々は自らの出身島嶼の人々をヤラメタル・ファリユエイ (yarametal faliuwei：私の島の人)，ヤラメタル・ワァリュワシ (yarametal faliuwashi：私たちの島の人) と呼ぶ。特定の島嶼出身者，例えばオレアイ環礁の出身者であればレウェレヤ (reweleya：オレアイ環礁出身者) と呼ばれる[6]。ところが離島出身者全体を示す時には，離島民という用語が用いられるのである。

レメタウは肯定的な意味と否定的な意味の双方をもつ語である。この語が離島出身者の総称として頻繁に用いられないのは，レメタウがもつ否定的なニュアンスのためであると思われる。レメタウとは人を表す接頭辞「レ-(re-)」と外洋を表す「メタウ (metau)」から成り，本来は海の人々を意味する。ところが海の人々という語義は土地との関係を否定するニュアンスがある。離島出身者にとって，屋敷地や島など，土地と関係をもつことは非常に重要なことであり，土地との関係を否定されることは，人格を否定されることに等しい。とくに自分の島で他島出身者を「レメタウ (海の人)」と呼ぶことは，あなたはこの島に土地がない，海からやってきた人であるというニュアンスがあるという。これは出て行けということに等しい。「レメタウ (海の人)」の否定的ニュアンスが離島のヤップ本島の間の序列に起因するか否かは離島出身者の間では意見が分かれたが，ヤップ本島にいる離島出身者はまさに「レメタウ (海の人)」の地位を占めている。

一方，「メタウ (外洋)」はヤップ島とチューク環礁の間の東西に広がる広範な海域を意味し，この海で結ばれた島嶼群を表すばかりでなく，海洋に生きるために必要とされる航海術をはじめとする，航海者の知識，技術，勇気と関連するという。この意味での「メタウ (外洋)」はヤップ州の東部離島の人々とチューク州の西部離島出身者を意味する。

この肯定的意味での「レメタウ (海の人)」がヤップ本島に居住する離島出身のエリート層からなる任意集団パンガル・レメタウ・オーガナイゼーション (PRO) の名称に用いられた。PROの「パンガル (pangar)」は「すべて」を意味

---

[6] re- は人々を表す接頭辞，weleya はオレアイ環礁の現地名であり，オレアイ環礁出身者となる。

し,「レメタウ(reimetaw)」は「海の人」,つまり離島の人々を意味するという。活動の初期にはこの任意団体には名称がなく,単に「男の集まり(タル マール：tal mwale)と呼ばれていた。1980年代の前半からヤップ州政府に勤務する離島出身者は非公式な会合を開いていた。中心となったのは当時の教育局の副局長と近隣諸島担当官で,彼らは離島に関する開発計画の情報交換を行った。

　1987年にヤップ州の新政権が発足すると,離島出身の副知事は,州外で働いていた離島出身者をヤップ州政府職員として呼び戻した。そして離島出身の公務員を中心にヤップ本島に居住する離島出身者の生活改善のための活動が拡大し,議長,副議長,書記などの役職が設けられ,PROという名前が定められた。名前が定められるにあたって,「レメタウ(海の人)」のもつ否定的なニュアンスは問題とならなかった。なかには「レメタウ(海の人)」の否定的ニュアンスを認めない成員もいれば,土地のない海の人々という事実を受け入れ,我々は海の人々であること強調する成員もいた。いずれにしても強調されたことは「レメタウ(海の人)」が,個別の島嶼や人々に地位にかかわらず,離島出身者全体を意味することである。PROの成員の中心は離島出身のヤップ州政府の副知事を始めとする各部局の管理職的職員,ヤップ州選出の連邦議会議員,離島の四つの選挙区を代表とする州議会議員であった。しかし成員権が職位によって制限されることはなく,離島出身者であれば誰でも成員となれた。離島出身者であれば誰でも参加できることがグループの名に「すべて(pangar)」がある理由である。

　PROの活動で最も重視されたのが1か月から3か月程の間隔で不定期に開催された集会である。書記が開催のメモをファックスや電話で州政府部局,各議会の事務所に回し,会議自体も州政府の事務所や連邦議会議員事務所で開催された。この集会の目的はヤップ州政府の各部局,連邦議会,州議会に勤務する離島出身の代表がそれぞれの部局で行われている事項を,その場に集まった離島出身者に説明することであったという。このようにして政府部局ごとの情報が部局を超えて離島出身者間で共有され,政府のサービスが離島に提供されるようにする方法が議論された。

　PROの集会の議題は政府部局の活動の情報交換と離島首長会議から諮問された問題であった。1995年に行われた第二回離島首長会議から例をあげると,

午前と午後の丸一日の時間をとって PRO のメンバーと首長たちの意見交換が行われた。この意見交換では，PRO は，課題として与えられていた諸課題の進捗状況を，離島首長会議に報告している。主な報告は，離島沿岸保全計画や PRO が中心となって作成した近隣諸島開発公社（Neighbor Islands Development Authority Corporation）の設置計画の進捗状況，また政府プロジェクトで使用される砂利の価格を定めることの問題点である。

離島首長会議は離島選出の副知事候補，州議会議員候補，また連邦議会議員候補の選出に強い影響力をもっていた。同様に，PRO は候補者を離島首長会議に推薦することで，候補者選出に大きな力をもっていた。両者の共生関係が離島の選挙を支配していたといえよう。1987 年のヤップ州選出 4 年任期議員の特別選挙では PRO は離島首長会議から候補者を 3 人推薦するよう諮問された。PRO は 3 人の候補者を首長会議に推薦し，第一位の候補者の辞退後，第二位の候補者が離島首長会議に呼ばれ，候補者は全力を尽くすことを首長の前で誓ったという。

PRO は 2006 年の調査時点も存続していた。しかし 1990 年代に比べて活動は低調となっている。これは PRO を支持した初代離島首長会議議長や元副知事の死去，主要な成員の州都コロニア外への転出によって，活動を支える成員が変わっていったためであるという。PRO の活動は，停滞してからも，副知事，離島選出州議会議員を中心に再活性化が図られ，また離島選出連邦議会議員の提唱で G6（Group of Six）と呼ばれる副知事，離島選出連邦議会議員，4 名の離島選出州議会議員という 6 名の政治家のグループが作られ，PRO の目的であった離島振興策が図られている。

サウェイとして知られるヤップ本島と離島の交易システムは，個別的な島嶼や村落を結ぶ交易ネットワークの束であり，カテゴリーとしてヤップ本島と離島を対比するものではなかった。ところが信託統治期や，自由連合による独立期を通じて，離島や「レメタウ（海の人）」をより自覚的に意識する動きが生じた。離島の首長の審議会である離島首長会議，タモル会議は，本島と対比される離島の伝統的首長会議である一方，離島出身のエリート層は離島の一体性を強調し，自らを PRO と名乗った。

これらの離島カテゴリーの成立には，内堀［1989］の民族の「名づけ」と「名

乗り」をめぐる議論が参考になる。内堀はごく小規模な日常生活に基礎をおく対面的共同社会と全体社会（国家）の中間に位置づけられる中間カテゴリーとして民族を捉える。複数の中間カテゴリーが区別されねばならない時，第三者による特定の中間カテゴリーへの「名づけ」が必要となる。「名」とは民族のラベルであり，中間カテゴリーとして物質的基盤をもたない「民族」の最も効果的な物質代替物になるという。しかし，「名」は，「名乗り」という実践がない限り社会的交通の場ではその物質代替性をもちえない。「名乗り」が実践され，「名」が固定化される結果，「名」の擬似物質性が「名」によって自己を表わす共同社会に実体の装いを授け，他とは異なった「我」の超時間性を与えることになるという。筆者はヤップ本島のガギル地区の屋敷地と交易ネットワークによって個別関係を維持してきたヤップ州離島が離島，近隣諸島，「レメタウ（海の人々）」として一括される過程に，内堀のいう中間カテゴリーの名付けと名乗りの実践が観察されると考える。また交易ネットワークの連鎖からなるサウェイ関係がヤップ本島に対立する離島に変換する過程は，清水［1992］のいう自己の関わる換喩的関係の提喩的関係への変換とみなすことができよう。

　しかし複数の個別的交易ネットワークの束からなる関係はヤップ本島と離島という二元的なカテゴリーにすべて変換されてしまったわけではない。以下では離島首長会議と離島出身公務員が主導する，ヤップ本島における離島コミュニティ用地獲得活動と，海外移民を背景とする離島出身者の新たな葬送慣行を報告する。ヤップ島における土地獲得運動においても，新たな葬送慣行においても，個々の離島を中心とする現金の集積が行われる一方，現金の集積を避けるために，交易パートナーとの関係が再活性化される現状が観察される。貨幣経済は政府の公共部門に浸透する一方，離島出身者は島嶼アイデンティティに基づく貨幣の集積，交易パートナー関係の流用によって，現金の不足に対応しているのである。

5　ヤップ本島におけるコミュニティ用地獲得戦略[7]

　離島出身者の居住地は2004年の台風スダルによって破壊され利用不能になるまで，マドリッチ[8]と呼ばれる海岸部の離島コミュニティであった。1960

年代以降，コロニアに滞在・居住する離島の人々は急増したため，マドリッチは政府開発プログラムを通じて整備拡張されてきた［Alkire 1993］。ところがこの開発プロジェクトの一つが問題を引き起こし，離島首長会議の課題となった。1989年に行われたマドリッチ埋め立てプロジェクトは，旧来のマドリッチの北側周辺の土地を埋立て，居住区を拡張した。埋め立てられた海岸部の土地は10年間政府へリースされた。この新たな土地には，離島出身者の住居に加え，離島出身の伝統的首長の評議会である離島首長会議の事務所が置かれた。しかしこのマドリッチ拡張計画は，離島出身者にとっては予想外の展開をみせる。リース契約の終了時に，地権者がヤップ州政府との契約更新を拒み，埋立地の居住者に直接賃料を請求したからである。

マドリッチ埋立地の問題は1998年後半から，離島首長会議の検討課題となった。最初に，離島首長会議は，ヤップ州政府の司法長官に助言を求め，司法長官は伝統的交易関係にあるガギル地区の首長を通じて埋立地の地権者と交渉するよう助言した。司法長官は離島とガギル地区の関係を考慮していたわけである。しかし，地権者は，ガギル地区の首長を通じての交渉を拒否し，離島首長会議との直接交渉を望んだ。これは地権者がガギル地区の権威を認めていないということではない。むしろ首長の権威を背景とした交渉は地権者の選択を限定してしまうからである。離島首長会議も直接交渉を選択し，そして州政府ではなく，離島首長会議とマドリッチ埋立地の地権者の間で10年に渡るリース契約が結ばれた。

リース料の支払いに当たっては，離島の島ごとに公務員など賃金労働者による現金の寄進が集められた。このような現金の集積はハテイェ・セラピー (*gateiye selapiy* : 現金を集める) と呼ばれる。オレアイ環礁では東側環礁のフララップ島とタガイラップ島が共同で現金を集積した。当面の支払い金額は両者

---

7) 本節の詳細は柄木田［2002］を参照のこと。
8) マドリッチはもともとスペインの交易基地の跡地である。戦後の一時期にカトリック教会が離島の人々の滞在地として利用できなくなり，ヤップ島を恐れた離島の人々が，病気になっても医療サービスを受けに来ない事態が増加した。当時ウルシー環礁に滞在していたイエズス会の司教が，この事態を憂慮し，元々スペインの交易基地だった土地を，離島の人々の短期滞在地とするよう尽力した。その結果，土地が教会から離島の人々に贈られ，マドリッチの基盤となった。

で500ドルだったという。公務員はヤップ在住・オレアイ在住にかかわらず一人12ドル寄付することとなったが，強制力のない寄付であったため，不足した38ドルを，オレアイ出身の連邦議会議員が支払った。彼の寄付はハテイ（gateiy : 集積）とはみなされずファン（faang : 贈与）とみなされた。離島首長会議はコミュニティ用地確保のために，伝統的交易関係を利用せず，離島出身者の島嶼アイデンティティを喚起し，現金を集積したのである。

同様の出来事は今日のヤップ本島における離島の中心的コミュニティ，ガルゲイの土地買収過程においても観察できる。ガルゲイは，トミル地区の44.28エーカーにもおよぶ土地で，マドリッチの埋め立て地より百倍近く大きな土地である。同時に，離島出身者が貨幣による支払いで直接購入を試みたという点が際立った特徴となっている。

ガルゲイの土地は本来離島出身者に売却されるべき土地ではなかった。離島によるガルゲイの購入計画は，トミル地区の地権者が，両親のための住居の建築を建設会社に依頼したことに端を発している。しかし建物の完成時，費用を支払えなかった地権者は，替わりにガルゲイの土地による支払いを提案した。しかし建設会社はこの提案を拒否した。このため地権者はガルゲイを売却して建築費用を捻出せざるをえなくなり，離島出身者への土地売却の可能性を探った。

当時ヤップ州の離島のうちオレアイ環礁とサタワル島に島共有の資金があることが知られていた。オレアイ環礁は1980年代末に数年間大型観光船のツアーを受け入れており，入島料の基金があった。サタワル島は，1990年代に入って，タンカー座礁事故に遭い，その賠償金が証券会社を通じて運用されていた。このため二つの島嶼にガルゲイ売却がもちかけられた。オレアイ出身者による共同購入案はオレアイ環礁の母社会では認められなかった。

こうしているうちに，オレアイ環礁，サタワル島だけではなく，離島首長会議が介入し，離島全体，つまり離島首長会議自体でガルゲイの土地を入手する案が浮上した。離島首長会議がガルゲイ入手に介入したのは，ヤップにおける離島出身者の恒常的な居住地不足の問題，またマドリッチ埋立地のリース延長拒否問題に加え，近年話題となるようになった地球温暖化と海面上昇による離島の自然災害への対応が大きな要因となった。また，政府が保有・提供する土

地はローンの担保とはならないこと，あるいは立ち退きを求められる可能性があることをマドリッチ・リース問題で経験し，離島出身者によるヤップ本島での単純不動産権の必要性がより切実に感じられていたのである。

　ガルケイ購入費用は，建設会社がガルケイの土地管財人の負債に利子を求めているため，年毎に増えるので，1999年3月から4月の定例会議の機会に離島首長会議はガルケイの購入を決定し，手付金を支払った。ガルケイ購入の総額は250,000ドル，このうち110,000ドルが手付金として支払われ，残りの140,000ドルは10年間に分割して支払われることとなった。この手付金は，先に述べたオレアイ環礁の観光船の入船料基金と，サタワル島のタンカー座礁事故の賠償金から支払われた。2000年度の支払いは15,000ドルであったが，この支払いには，政府からタモル会議の各首長に首長の島嶼のために配分されている資金が流用された。この後の分割払いは破綻し，離島首長会議は，州政府と連邦政府に援助を要請した。連邦政府は，前例のないことではあるが，ヤップ州離島の人々による排他的利用のためにガルケイの土地の購入を認める法案を，ヤップ州への無償援助として，通過させた［Rubinstein 2001］。

　ガルケイの土地獲得では，単純不動産権の現金による獲得というテーマが，直接的に現れてきている。そして，最終的に連邦政府に依存せざるをえなかったものの，土地購入において離島の島嶼アイデンティティに基づく貨幣の集積が行われた。

　しかしガルケイの土地購入には，離島の一つ，ファイス島は参加しなかった。ファイス島が，他の離島と異なり本島の土地を必要としていないということではない。そうではなく，ファイス島は伝統的な交易関係を通じて，ガギル地区の土地を利用することを選択したのである（図4-3・図4-4）。このためファイス島は個々の島嶼に現金の集積を求める計画には参加しなかった。ファイス島が獲得した土地はヤップ北部ガギル地区のルー（*Ruu'*）と呼ばれる土地であり，血なまぐさい歴史伝承のため数世代に渡って利用されていなかった土地だという。また，ファイス島の人々はこの土地をすでに利用しているのだが，ガルケイの土地とは異なり，委譲に測量，契約書等の法的手続きが取られていない［Rubinstein 2001］。

　この後，ファイス島の交易関係を通じた土地の利用と同じように，イフルク

第4章　ヤップ離島社会の共生戦略におけるアイデンティティとネットワーク　　*123*

図 4-3　交易パートナから与えられたコミュニティ用地

図 4-4　交易パートナから食物を得る離島出身者

環礁はガギル地区のマーキ（*Maak*）村の土地の一部を，交易関係者を通じて利用している。離島出身者のコミュニティ用地の獲得においては，島嶼アイデンティティに基づく貨幣の集積の同時に，伝統的交易関係に基づく土地の獲得というテーマが現れてくるのである。

6 葬儀における公務員アソシエーションと交易パートナー

　1986年の米国との自由連合協定以降，ミクロネシア連邦市民は米国にビザ無しで移民することが可能になった。この結果，ミクロネシア連邦首都を擁するポーンペイ島，ヤップ本島ばかりでなく，米国グアム島，ハワイ州，米国本土にも多くのヤップ州離島出身者も移民することとなった。自由連合協定締結から20年以上を経て，グアム島，ハワイ州には一定の離島出身者コミュニティが存在する。

　近年の在外ヤップ州離島出身者にとっての問題は，出身島嶼外で死亡した同郷者の葬儀である。離島で人が亡くなった場合，死者の村の各世帯，および近隣の島嶼から女性の伝統的衣装である腰布が死者の世帯に贈与される。翌日には死者は贈られた数多くの腰布に包まれ，棺に入れられ島内の墓地に埋葬される。

　死者が島外への移民であった場合，はるかに複雑な葬送慣行が生み出されている。死者は先ずヤップ本島に送り返され，現在は民営化された霊安室に保管される。そして遺体は，1, 2か月に一度離島を巡回する連絡船によって，故郷に送り返される。遺体が送り返される直前には「遺体を見る（Viewing Body）」と呼ばれる仮葬儀が行われ，ヤップ本島に住む離島出身者は死者に別れを告げる。この時，死者には，出身島嶼での場合と同じように，腰布が贈与され，遺体は，布に包まれ，棺に入れられ，送り返される。そのため，移民の場合には，霊安室の費用，棺の運送費等の現金が必須となる。もともと移民ではない場合でも，重篤な患者であればヤップ本島の病院で治療を受け，フィリピン，ハワイなどの外部の医療機関に搬送される。そこで亡くなった場合，この死者は，移民と同様の手順を経て，ヤップ本島・出身島嶼に送り返される。

　死の医療化と貨幣経済化は，親族と同郷者に莫大な経済的負担を強いている。この負担のためヤップ本島在住のオレアイ環礁出身者は葬儀のための基金を創設した。2010年にはオレアイ出身の給与所得者は葬儀毎に10ドルを寄付することとなった。しかし寄付の収集が難しかったため，2011年には新しいプランが計画された。給与所得者は給料日ごとに1ドル寄付しておくというものである。しかしこれらの寄付では葬儀をまかなうことはできず，現実には葬儀ごとに個別の寄付が検討される。これらの寄付は，死者の屋敷地に食物を贈与する

エマム (emam) という贈与と同等のものだと解釈される。このエマムとは別に，人はトゥグトゥグ (tugtugu) と呼ばれる死者を包む腰布を贈るのである。

2011年に生じた葬儀の事例をみてみよう。7月の初旬オレアイ出身の男性の年長者がヤップ記念病院に入院した。患者は癌であり，グアム経由でフィリピンの病院に搬送された。グアムに滞在していた息子が患者に付き添った。患者はフィリピンで亡くなり，遺体はヤップ本島に送り返され霊安室に安置された。

患者が亡くなった時，給与所得者の寄付を決める最初の集会が開かれた。各々の給与所得者は30ドルを寄付することとなった。実際の寄付の総額は2,060ドルとなり，さらにグアムのオレアイ出身者のアソシエーションからの寄付650ドルが送られた。しかし寄付だけでは費用のすべてを支払うことができず，残額はオレアイ環礁の若者が保持していた基金から一時的に借りることとなった。そして病院への出費の残金を議論するための第二回目の集会が8月21日に開かれた（図4-5）。集会では，給与所得のある親族が新たに一人40ドルずつ寄付することで，オレアイ環礁の若者の基金から借り入れた現金（2,632ドル）を返却することが合意された。借入れの額は1999年のミクロネシア連邦一人当たりGDPを超える金額である。

図4-5　医療葬送費用のための集会

日本統治ならびに初期の米国統治期において，ヤップ本島で他界した離島出身者はガギル地区に埋葬され，ガギル地区には離島出身者のための埋葬地の跡がある。離島出身者が死者の遺体を送り返すようになったのは，1970年代にヤップで働いていた米国人行政官の遺体を送り返すために，霊安室の施設とエンバーミングの技術がヤップ本島で利用できるようになってからであるといわれる。

今日では移民を故郷に送り返す複雑な葬送慣行が生まれ，親族と同郷者に莫大な経済的負担を強いている。このため交易パートナーとの関係が，今日の移民の葬送で再び利用されることがある。2009年9月にオレアイ環礁出身の年長の男性がパラオ島で他界した。この事例では，関係者は死者をオレアイ環礁に送り返すのではなく，ガギル地区の離島出身者のための埋葬地に埋葬することを選択した。これはこの時期に離島連絡船の航海の見込みがなく，関係者が霊安室利用の費用を支払うことができないと判断されたからである。人々は関係者による現金の集積ではなく，交易パートナー関係の流用を選択したのである。

前節ではコミュニティ用地の獲得のための現金集積とは対立するサウェイ関係者からの土地の獲得を紹介した。同様に，サウェイ関係者の用意する埋葬地への回帰は，島嶼アイデンティティに基づく葬儀費用の集積と対照的な選択なのである。

7 むすび

本章はヤップ州離島出身者の民族意識の覚醒を貨幣経済と政府サービスの州都への集中に対する対抗運動として報告した。「サウェイ」として知られるヤップ本島と離島の島嶼間交易はヤップ本島・離島のカテゴリーとしての対立ではなく，ヤップ本島の村と離島島嶼間のネットワークの束であった。ところが，アメリカの信託統治期，独立後の自由連合期を通じて，離島の人々は自らを離島出身者，「レメタウ（海の人）」と意識する機会を経験する。そして離島出身のエリート公務員は自らをPROと名づけ，離島メンバーの一体性を強調した。

しかし交易ネットワークの束からなるサウェイ関係はヤップ本島と離島と

いう二元的なカテゴリーに変換されてしまったわけではない。今日多くの離島の人々が，ヤップ本島に暮らしている。離島出身者は，さまざまな機会にガギル地区の交易パートナーの屋敷地を訪れ，食物や政治・社会的保護を得ている。この見返りに離島出身者はガギル地区の交易パートナーが必要とする腰布などの伝統財を提供している。交易ネットワーク関係は今日離島出身者のヤップ本島での生存戦略の中で流用されているのである。

貨幣はしばしば社会関係を贈与に基づく関係から商品に基づく関係へ［Gregory 1982］，譲渡不能な関係から譲渡可能な関係へ［Weiner 1992］変革すると主張される。文化人類学者のタウシグ［Taussig 1980］は，南米の資本主義の進展期においてボリビアの農民が賃金労働を交換価値指向の不自然な労働慣行と見なし，使用価値指向の自らの労働慣行と対比・批判し，反資本主義的アイデンティティを形成したと主張している。

これに対しパリーとブロック［Parry & Bloch 1989］は，貨幣経済と非貨幣経済の接触は，必ずしも両者の対立につながるのではなく，非貨幣経済が従来の交換慣行を貨幣経済に流用することで，貨幣経済に適応しうるとし，タウシグを批判した。貨幣は，一つの遣り取りの領域においては個人の短期的利害に基づき遣り取りされる一方，もう一方の遣り取りの領域において長期的な社会的価値を再生産するように遣り取りされ，貨幣はこの二つの領域を媒介するという[9]。

春日［1995］は，タウシグの立場を資本主義に対抗し自文化（＝非資本主義経済）が創造される過程とみなし，パリーとブロックの立場を，資本主義と非資本主義に共通の要素による両者の接合によって，資本主義との同化を示す過程とみなす。そして二つの過程は一つの社会・文化において同時に生じうると春日は主張する。

本章は，創造された離島カテゴリーと島嶼アイデンティティに基づき，コミュニティ用地費用，医療・葬送費用調達のために現金の集積が行われる一方，交易パートナーとの関係が現金の必要性を軽減するために流用されていることを報告した。肥大化した公共部門の貨幣経済のもと，現金を必要として離島カ

---

[9] ロビンズとエイキンは，消費せず交換されねばならないという貨幣の特性が，二つの遣り取り領域を媒介するという特性をもたらすと主張する［Robbins & Akin 1999］。

テゴリーが生成・強化されると同時に，互酬交換に基づく交易パートナーとの関係が貨幣経済化の脈絡で選択・流用されているのである。

[謝　辞]
本研究は科学研究費補助金基盤研究（A）「太平洋島嶼部におけるマイノリティと主流社会の共存に関する人類学的研究」（研究代表者風間計博，研究課題／領域番号 23251021，2011 ～ 2015 年度），一般研究（C）「ヤップ出身者の脱領域的公共圏と文化的アイデンティティ」（研究代表者柄木田康之，研究課題／領域番号 23520979，2011 ～ 2015 年度），一般研究（C）「ヤップ出身者の脱領域的公共圏の民族誌的研究」（研究代表者柄木田康之，研究課題／領域番号 20520701，2008 ～ 2011 年度）によって可能となった。記して感謝したい。

【引用文献】

Alkire, W. H. (1981). Traditional exchange systems and modern political developments in the Yap District of Micronesia. In R. Force, & B. Biship (eds.), *Persistence and exchange*. Honolulu: Pacific Study Association, pp.15–23.

Alkire, W. H. (1993). Madrich: Outer Islanders on Yap. *Pacific Studies* 16: 31–66.

Bird, D. (1994). *Yap regains its sovereignty: The story of the first Yap State constitutional convention*. Colonia, Yap: Betelnut Press.

Gregory, C. A. (1982). *Gift and commodities*. London; New York: Academic Press.

Hezel, F. X., & Levin, M. J. (1990). Micronesian emigration: Beyond the brain drain. In J. Connell (ed.), *Migration and development in the South Pacific*. Australian National University, pp.42–60.

Lingenfelter, S. (1975). *Yap: Political leadership and cultural change in an island society*. Honolulu: University of Hawai'i Press.

Lessa, W. (1950a). The place of Ulithi in the Yap empire. *Human Organization* 9: 16–18.

Lessa, W. (1950b). Ulithi and the outer native world. *American Anthropologist* 52: 27–52.

Parry, J. & Bloch, M. (eds.) (1989). *Money and the morality of exchange*. Cambridge; New York: Cambridge University Press.

Peoples, J. (1985). *Island in trust: Culture change and dependence in a Micronesian economy*. Westview Press.

Robbins, J., & Akin, D. (1999). Introduction to Melanesian currencies: Agent, identities and social reproduction. In D. Akin & J. Robbins (eds.), *Money and modernity: State and local currencies in Melanesia*. Pittsburgh, PA.: University of Pittsburgh Press, pp.1–40.

Rubinstein, D. (2001). Climate change, and relationship between local communities and larger political structure in the Federated States of Micronesia. Paper for "Workshop on Social Dimension of Climate Change in the Pacific", South Pacific Regional Environmental Program Meeting, Apia, December 4-6, 2001.

Rubinstein, D. H., & Levin, M. J. (1992). Micronesian migration to Guam: Social and economic characteristics. *Asia and Pacific Migration Journal* 1: 350-385.

Taussig, M. (1980). *The devil and commodity fetishism in South America.* Chapel Hill: University of North Carolina Press.

Weiner, A. B. (1992). *Inalienable possessions: The paradox of keeping-while giving.* Berkeley : University of California Press.

内堀基光(1989).「民族論メモランダム」田辺繁治［編］『人類学的認識の冒険—イデオロギーとプラクティス』同文館出版，pp.27-48.

牛島　巌(1987).『ヤップ島の社会と交換』弘文堂

春日直樹(1995).「経済１　世界システムのなかの文化」米山俊直［編］『現代人類学を学ぶ人のために』世界思想社，pp.100-118.

柄木田康之(2000).「ミクロネシア連邦ヤップ州の伝統的首長と政治統合」須藤健一［編］『オアセアニアの国家統合と国民文化』(JCAS連携研究成果報告２号) 国立民族学博物館地域研究企画交流センター，pp.35-59.

柄木田康之(2002).「ヤップ離島の土地獲得戦略における階層関係の持続と変容」塩田光喜編『島々と階級—太平洋島嶼諸国における近代と不平等』(研究叢書No. 528) アジア経済研究所，pp.239-261.

清水昭俊(1992).「歴史，民族，親族，そして呪術」『民博通信』58: 84-92.

第Ⅱ部

新たなマイノリティの生成
性・高齢者・障害

第5章
マフとラエラエの可視化と不可視化

フランス領ポリネシアにおける多様な性の共生

桑原牧子

1 序　論

　本章は，タヒチ社会における性的マイノリティ[1]の可視化と不可視化に着目しながら，欧米のジェンダー／セクシャリティ概念が包含するポリティックスとポリネシアの多様な性の受容とが交錯する状況を考察する。

　タヒチ社会では，西欧接触以前からマフ（*māhū*）[2]と呼ばれる生物学的には男性として生まれながら女性の役割を担う人たちが生きてきた。マフは親族や共同体の成員からその役割を認められ，社会において可視化した存在であった。フランスの植民地支配を経て，現在，タヒチはフランス領ポリネシアの名のもと，フランスの海外準県である。島々の生活は西洋化，近代化が進み，そこで暮らすポリネシア人[3]のほとんどがキリスト教徒である。政治経済制度に加え，物質

---

1) 本章は，マフ，ラエラエ，ゲイ，レズビエンヌをさす用語として，後に詳しく論じるが，性役割と性的指向の両方，さらに，「人口比率上少数派」と「社会的権利において不平等を被る弱者」の両方を含む「性的マイノリティ」を使うことにする。
2) 「マフ」は，生物学的には女性として生まれながら，男性として生きる人たちも含む。MtF（男性から女性への移行）のマフと比べ少なく，筆者は十分に調査できなかったことから本章では分析を行わない。しかし，これらマフこそ不可視な存在であり，今後の研究課題としていきたい。
3) 「タヒチ」はフランス領ポリネシア，ソサエティ諸島のなかの島の名称であり，「タヒチ人」とは本来その島出身者をさす。本章では，タヒチ島出身者のみを分析対象としていないことから，当事者たち自身が使う場合を除いて，「タヒチ人」ではなく「ポリネシア人」を使用する。また，「タヒチ人」には，これまで欧米諸国が島の人々に押し付けてきたコロニアルイメージが含まれることも，この名称を避ける理由である［桑原 2005］。

文化と精神文化の西洋化が進むなか、ポリネシア人の性の様相にも大きな変化がみられるようになった。女装や化粧をし、時には女性ホルモンを摂取し、豊胸手術や性別適合手術を受ける人々はラエラエ（raerae）と呼ばれ、同性に対し性的指向をもつ人々はタヒチでも「ゲイ（gay, gai）」「レズビエンヌ（lesbienne）」[4]と呼ばれるようになった。

性役割や性的指向をさす名称は社会や地域ごとに異なる。タヒチにおける性の多様性を説明するにあたっては、欧米特有の文脈で使われてきた「セクシャル・マイノリティ」や「LGBT」をそのまま適用できない。しかし、現代タヒチ社会の人々がそれら概念から完全に距離を置いて自らの性を認識しているわけでもない。これら欧米の名称を参照しつつ、またこれら名称を生み出した欧米の物質文化、精神文化に取り込まれながら、タヒチの人々は西欧接触以前には一つの名称で括っていた少数派の性を、複数名称を用いて自称・他称するようになった。本章は、欧米のジェンダー／セクシャリティの概念がタヒチ社会へ与える影響を踏まえながら、特定の性を生きる人々がいかに名乗り・名づけられ、マイノリティ化し、主流社会から、あるいは、他の性的マイノリティから受容もしくは排除されるかを検討するとともに、それらへ対応・対抗する当事者たちの実践を考察する。その上で、性的マイノリティの主流社会との共生、および、性的マイノリティ間の共生のあり方を明らかにしたい。

2 性の名づけとマイノリティ化

● 2-1 マイノリティとアイデンティティ

そもそも性差においての「マイノリティ」とは何をさすのか。タヒチ社会のマフとラエラエを論じるにあたり、「マイノリティ」を使うのは妥当であるのか。はじめに「マイノリティ」の諸概念を整理し、本章ではいかなる意味で「マイ

---

4)「オモセクシュエル（homosexuel）」も「オモ（homo）」と短縮されて使われる。しかし、本章では分析できていないものの、ゲイ、レズビエンヌの置かれている状況自体が異なることから、「オモセクシュエル」とは括らず、「ゲイ」「レズビエンヌ」と分けて分析していく。両性愛者も「ビセクシュエル（bisexuel, bisexuelle）」と呼ばれている。註2で述べたように、FtM（女性から男性への移行）のマフを分析に含めなかったのと同じ理由で、本章はビセクシュエルも分析に含めない。

ノリティ」を使うかを提示しておきたい。

　性差に限らず，民族，言語などにみられる差異とそれに関わる問題を論じるにあたり，岩間暁子とユ・ヒョヂョンは「マイノリティ」の概念の使われ方が国ごとに異なることを指摘し，それらを三つの類型に分ける［岩間・ユ 2007］。一つ目の「限定型」は国際人権法に依拠し，「ナショナル，エスニック，宗教，言語」の四側面において人口比率上での多数と少数の区分を行い，後者をマイノリティとする使い方をする国々である[5]。二つ目の「拡散型」は，「限定型」があげる四側面や人数の多少も問わずに，社会において特権を享受する人々とそれを享受できず不平等を被る弱者とに分割し，後者をマイノリティとする使い方をする国々である[6]。女性，子ども，高齢者など，必ずしも人口比率においては少数ではないが，社会的弱者とされる人々がこれに当たる。最後の「回避型」は，「マイノリティ」という言葉を極力使わない国々であり，岩間とユ・ヒョヂョンは共和国であるフランスを例にあげる。共和制のもとでは，国民は各々の民族，言語，宗教を問わずに「フランス市民」として平等である［中力 2007; 宮島 2002］。それは同時に「異なる人々」を特別扱いしないことを意味する。宮島喬はフランスの共和制の具体的な現れとして，「国勢調査など公式統計における人々の出自に関するデータの収集の禁止，アングロ－サクソン世界で正当視される多文化受容の教育や文化生活への懐疑」に併せて，「マイノリティの認知やそれへの特別措置への反対」をあげる［宮島 2002: 26］。

　以下では，タヒチ社会に限らずに，性差におけるこれら類型の適用について検討していく。本章が論じる特定の性を生きる人々は人口比率的には少数であるが，そもそも「限定型」が射程に収めるのは「ナショナル，エスニック，宗教，言語」であり，性差が含まれない。それでは，「拡散型」が採用する不平等性に焦点を当てる視点は適用できるであろうか。ジェンダーやセクシャリティの違いによってさまざまな不平等が生じることは想定できる。性的マイノリティ[7]であることを理由に就職や昇進の際に差別される等の雇用上の不平等や，同性婚が認められない，同性カップルは養子を取りづらい等の法律上の不平等

---

5)　この「マイノリティ」の概念の使い方がみられるのはドイツ，ロシア・(旧)ソ連，中国であるという。
6)　この「拡散型」の例として，アメリカ，日本，韓国があげられている。

があげられる。さらには，そのような社会制度上の不平等のみならず，多数派からの身体的，精神的暴力や差別もあげられる。性的マイノリティはこのような不平等な立場から脱却し，主流社会の人々と同等な立場の獲得を目指すと一般的に考えられている。しかし，宇野邦一が指摘するように，マイノリティが求めるものが必ずしも平等であるとは限らない。彼らは「みずからの差異を主張し，差異が受け入れられることを要求する。あるいは〈受け入れられる〉といった受動的な立場にとどまるのではなく，むしろ差異を強調し，あえて断絶や孤立を覚悟でその差異を生き抜こうとする」［宇野 2001: 52］。「差異を受け入れられること」あるいは「差異を生き抜くこと」とは，カミングアウトなどを通して自らの性に関わるアイデンティティを周囲の人々に提示し，排除であれ受容であれ，自らに働きかける社会と対話を重ねていくことである。

　アイデンティティは，竹村和子が提示するように，個人を尊重する欧米から生まれた概念である［竹村 2004］。ベスニエとアレクセイエフは，非西欧社会においてアイデンティティは個人の資質ではなく「関係性」に依拠すると指摘する［Besnier & Alexeyeff 2014: 5］。本章が論じる現代タヒチ社会においても，個人は各々の資質や特質が備わるものとして存在するよりはむしろ，親族集団や村落共同体の中で築かれる関係の中で現出する。西欧的な意味での個人を主体とする「マイノリティ」概念はあくまで近代になり欧米から導入されたものであり，その根底にはリベラリズムに基づく「社会の成員（個人）は平等である」との思想がある。タヒチ社会においても「個人」としての人間全ての平等を前提にすることではじめて，不平等性を問題視する政治的視点が現出する。

　タヒチ社会の人々が性を個人のアイデンティティとの関わりで捉えるようになったのは，それに先だちエスニック・アイデンティティが構築されたことに起因する。18世紀からフランス植民地化とキリスト教化が進むなか，タヒチの伝統的文化と信仰が喪失し，同時に世界観に基づく世襲の伝統的首長制も崩壊した。20世紀に入り，世界各地において植民地であった地域が独立を果たすのを目の当たりにし，タヒチ社会においてもフランスからの独立を唱える政党が発足し独立運動が勃発した。タヒチ語，および，各諸島の言語教育の重要性が唱えられ，家庭内のみならず，メディアでの使用も活発化した。彫刻，繊維編み，タパ（樹皮布）作り，イレズミ，ダンス，音楽などの伝統文化の復興が起こ

り，新たな技術的，創造的な工夫を取り入れながら多くの作品が生み出され，それらの文化の次世代への継承が重視されはじめた。「ポリネシア人」や「マオヒ(ma'ohi)」[7]としてのエスニック・アイデンティティは，主に政治的にフランスへの対抗として，独立運動と伝統文化復興運動に連動しながら徐々に構築されていった。そして，エスニック・アイデンティティの構築を発端に，ポリネシアの人々の間で，さまざまな差異に関わる不平等に対抗する姿勢が確立され，性的マイノリティに対する差別行為も容認すべきでないとの考えが出てきた。

　現代において，タヒチで性差やエスニシティの違いでの少数派，および，弱者を対象に「マイノリティ」の概念が積極的に使われているわけではなく，先の類型でいえば「回避型」といってよい。しかし，個人の自由と平等を前提とするリベラリズムのグローバルな拡散がタヒチにまでも及び，子ども，女性，高齢者の権利を唱える政府機関，および，NGO団体が活動し始めたことからも，弱者の権利擁護を目指す，「拡散型」の「マイノリティ」概念がタヒチ社会に浸透してきたのがわかる。

● 2-2　可視性と不可視性

　それでは，主流社会が特定の性を生きる人々をマイノリティ化し，排除，あるいは，受容する状況のもと，個々の当事者たちはそれらにいかに対応するのであろうか。当事者は性のカテゴリーに基づく名づけを周囲から押しつけられることもあるが，どの名称を自ら採用するか，つまり，どの性的アイデンティティをもつかをある程度選択できる。さらに，自ら選択した性的アイデンティティを周囲にどの程度公表していくかもある程度選択できる。排除されるにしろ，受容されるにしろ，性的マイノリティの主流社会との関係は，当事者自身の性のあり方を主流社会へ提示すること（あるいは，提示しないこと）によって決まるのではないか。本章では，それを可視性と不可視性の問題として扱っていく。可視か不可視かは，それぞれの性のあり方とその性を生きる人々の実践とがいかに組み合わさり，作用するかで決まってくる。

7）タヒチとソサエティ諸島で暮らす人々を示す。近年，独立運動や文化復興運動の中で，先住民アイデンティティを表す語彙として頻繁に使われてきた［桑原2005］。

性のあり方においては，性自認，性的指向に基づくカテゴリーごとに可視化しやすい人と不可視化しやすい人に分かれる。トランスジェンダー／セクシャルはジェンダー役割や身体を可逆的もしくは非可逆的に男性から女性に，あるいは，女性から男性に変えるために可視化しやすい。それに対して，同性愛者と両性愛者の性的指向は私的領域に押し込まれ，不可視化しやすい。

このような性のあり方ごとに可視化／不可視化しやすい傾向はあるが，それに加えて，当事者自らが可視化／不可視化を自主的に選択する側面もある。いずれもそれぞれ利点と欠点があるなかでの選択である。不可視化を選択すれば，さまざまな差別から自らを守れる可能性が高まる。しかし，いつ周囲に露見するかの不安を抱えて生きていかざるをえないと同時に，仲間をみつけ，各種のサポートやネットワーク資源を利用することが難しい。可視化を選択すれば，利点・欠点について上記の逆がいえる［杉浦 2010］。

当事者全てがカミングアウトし自らの性の可視化を望むとは限らない。カミングアウトをせずに不可視であることを選ぶ理由は日常生活を営む上で直面する諸問題に対処するためとは限らない。例えば，大橋洋一が指摘するように，同性愛者がカミングアウトによって同性愛者間の連帯を強め，社会的認知を求め，差別に対抗するために自らを可視化する戦略に対して，異性愛者として暮らす，パッシング（なりすまし）戦略は同性愛者と異性愛者間にある境界線の撹乱を目指す［大橋 2013: 296-207］。異性愛者をマジョリティとし同性愛者をマイノリティとする制度のなかで，二項対立の片方を担いながらマイノリティが被る不平等性を主張するのではなく，異性愛者としてなりすまして生きることで二項対立の成立自体を阻止するよう，その制度自体に内側から揺さぶりをかけるのである。

このような欧米や日本の同性愛者，両性愛者，トランスジェンダー／セクシャルの可視化と不可視化の特徴はタヒチ社会の性を考察する上で部分的には当てはまる。しかし，タヒチ社会固有の状況によって可視化／不可視化も制約を受けるので，それを加味した分析が必要である。タヒチ社会は現代においても親族集団を基盤とする社会であることから，人口の少ない小さな島の社会では勿論のこと，離島からの移住者が集まるタヒチ島であっても，誰がマフで，ラエラエで，レズビエンヌで，ゲイであるかは社会の成員には明白である。同性

愛者のパッシングは異性と結婚すること，異性のパートナーをもつことで可能になる場合もある。しかし，パッシングは先の大橋が述べるような内側から二項対立に揺さぶりをかける戦略的なものである以上に，タヒチ社会では，家族から絶縁される恐れから，もしくは，周りの人々の目が気になるから，といった人間関係上の理由による選択である[8]。

さらに，フランスの海外準県であるタヒチには，フランス人駐在者や移住者がおり，また，華人人口も一定数を占める。ポリネシア人との結婚も多くみられ，多民族化が進む。性的アイデンティティは，当事者自身からでも周囲の人々からでも，エスニシティの介入を受けながら確立される。特定の性のあり方が「フランス人だから」「ヨーロッパ人だから」「デゥミ（混血）だから」「ポリネシア人だから」といった理由で排除され，受容される。したがって，性のアイデンティティの自称や可視化・不可視化の選択もエスニシティごとに異なる。

● 2-3 名づけの問題

タヒチ社会に限らず，例えば，欧米や日本においても，性的マイノリティといってもそこに含まれる性は多様であり，当事者たちのなかには性自認，性的指向の違いを一括りで捉えられることへ抵抗を示す人たちも少なくない [e.g. 三橋 2010]。また，同じ名称で呼ばれる人たちの間でも，エスニシティや社会階級の違いを超えて一括りにされることに抵抗を示す人たちもいる [e.g. Koyama 2006]。名づけに関わるさまざまな議論は，名づけたところで一人ひとりの性がいかなるものであるかを示すことの困難さを明らかにする。しかし，名称がどのように生み出され使われるのか，それらは自称であるのか他称であるのか，他称であるのなら誰によるものかを検討することは，当事者たちの生きる社会の権力図とそこでの当事者たちの位置づけを浮かび上がらせる。タヒチの性を具体的に論じる前に，ここで性の名づけの問題を整理しておきたい。

欧米諸国では近年，性的マイノリティの代わりにLGBT（レズビアン lesbian, ゲイ gay, バイセクシャリティ bisexuality, トランスジェンダー／セクシャリティ

---

[8] この点においては，タヒチに限らず他の社会においても，パッシングは，先の大橋が述べる内部から揺さぶりをかける戦略である以前に，差別を回避するための方法であるのかもしれない。

transgender/ transsexuality のそれぞれの頭文字を取ったもの) が使用される[9]。LGBT 自体が歴史的に欧米諸国のジェンダー／セクシャリティ・ポリティックスのもとに生み出された呼称であることから，タヒチの性の多様性をそれに重ねて分析しきれるわけではない。しかし，マイノリティの議論と同様に，もはや欧米の性の名称とは無関係にポリネシア人の性が成立しているわけでもない。タヒチ社会独自の歴史文化的背景を理解しておくと同時に，欧米の LGBT 概念が導入されたことによっていかにポリネシア人の性の認識と名づけが変容したかを考察する必要がある。

　非西欧社会における性のあり方を報告する民族誌は，人類の性認識や性的指向が元来多様であることを示してきた [e.g. Roscoe 1987, 1991; Nanda 1990]。そこでは，欧米社会が性を男性・女性の二分法で捉えることに，さらに，LGBTをマイノリティ化することに異議が唱えられてきた [Morgan & Towle 2002]。そして，そのような欧米研究者による非西欧社会の性の多様性についての研究が進むなか，マフなどの性のあり方を「第三の性」として捉える議論が出てきた [Herdt 1993; Morgan & Towle 2002]。「第三の性」概念の設定は性が二分法で捉えきれないことを示した点において意義がある。しかし，特定の性を「第三の性」として社会に位置づけることは，性を男性・女性の二分法で捉える認識にさらにもう一つのカテゴリーを加えたことにしかならない。さらに，「第三の性」の概念を導入することによって，「男性」「女性」「第三の性」の三つのカテゴリーを本質化するとともに，そこに含まれない人々の存在を不可視にする。また，ジェンダー／セクシャリティと社会的，経済的，政治的文脈の込み入った相互作用を捉え損ねる [Besnier & Alexeyeff 2014: 13]。

　文化ごとに性のあり方が異なり，そこに普遍的に見出すことができる特徴はなく，欧米の「LGBT」や「第三の性」で称することに限界があるのなら，文

---

9) 性的指向がどうであるかは問わず，性自認において少数派とされるトランスジェンダー，トランスセクシャルの人々は，「セクシャル・マイノリティ」として括られることに異を唱える。また，性的指向において「セクシャル・マイノリティ」とされる当事者側から「社会的弱者」扱いをされたくないとし，この用語使用の是非も問われ，「セクシャル・マイノリティ」は近年使われる頻度が減り，欧米では代わりに「LGBT」が使われている。

化ごとに使われる名称をその名称間で生じるポリティクスを含めて議論することが望ましい。以下では，現代タヒチ社会で使用される名称の「マフ」「ラエラエ」「ゲイ」「レズビエンヌ」を検証していく。

3 タヒチ島とボラボラ島の性カテゴリーの多様化

　本研究の調査はタヒチ島のパペーテ周辺とボラボラ島で行った。

　パペーテは，人口26,017人，周辺の人口を合わせると131,695人になり，フランス領ポリネシアの政治・経済の中心地であり，領土内の離島から教育，就職目的で人々が集まる。また，フランス領ポリネシアの空の玄関，ファアア国際空港が隣接し，漁船，貿易船，客船が出入りする港もある。性的マイノリティの人口も最も多く，パペーテの夜の繁華街ではラエラエの働くクラブやバーがある。本章では，以下，「タヒチ島」は島全域ではなく，パペーテとその周辺地区をさすことにする。

　フランス領ポリネシアには年間約22万人の観光客が訪れるが，そのうち，タヒチ島に次いで観光客の多く訪れる島がボラボラ島である [Service du tourisme 2006]。人口は8,930人の島であり，年間103,500人の観光客が主にフランス，アメリカ，日本から訪れる。ホテルだけではなく，スキューバーダイビングなどのウォータースポーツ，サファリツアーや小島へのピクニックツアー，レストラン，ダンスショー，黒真珠や工芸品を販売するショップにおいて多くの雇用を生んでいる。マフとラエラエは語学力に長け，機転がきき，容姿にも気を使い，接客が得意と評価され，観光産業では積極的に雇用される。

　タヒチ島で性的マイノリティについて聞き取りを始めると，人々がマフとラエラエの間に明確な相違を見出していることに気づく。彼らは，マフは「伝統的」「ポリネシア的」，ラエラエは「近代的」「欧米的／フランス的」と二項対立的に説明する。それに対して，ボラボラ島ではマフとラエラエの名称の使用は認められるものの，両者の違いが曖昧であったり，「同じもの」との回答がみられたりする。ゲイ，レズビエンヌについては，タヒチ島とボラボラ島はどちらも「欧米のもの」と称する。フランス領ポリネシア内でありながらこのように性の認識に違いがみられるのには，両島の間で近代化，グローバル化の影響が

異なり，それに伴い，家族・親族関係や，「欧米」との関係にも違いが生じたからである [Kuwahara 2014]。以下では，まずは，18世紀から19世紀にかけての西欧人探検家，宣教師たちによる記述のなかでのマフの特徴を整理し，次に，近代化，グローバル化が進むなか，タヒチの性自認と性的指向のあり方と名称が変容する過程を追うことにする。

● 3-1 18, 19世紀のタヒチ社会のマフと伝統的首長制度

マフについての記述を紹介する前に，前述のマイノリティの議論を踏まえて，西欧接触以前，および，直後のタヒチ社会では人口比率における多少や不平等性をいかに捉えていたかを整理しておきたい。タヒチ社会は他のポリネシア地域の社会と同様に世襲の首長社会であり，階層ごとの差異が明確であった。土地所有，食料資源へのアクセス，政治権力の行使等において，階層の高い首長であるアリイハウ（*ari'i hau*）やアリイ（*ari'i*）は下位階層と比べて優位な立場にあった。また，上位階層に仕えるテゥテゥ（*teuteu*）や奴隷のティティ（*titi*）は上位階層から労働力を搾取されており，人口比率的には少数派とはいえないが，仮に現代の欧米社会が定める不平等性をそこに見出すとしたら，彼らは社会的に「弱者」であったといえる。このように西欧接触以前のタヒチ社会において政治・経済的不平等は階層間に存在していたし，元来，伝統的首長社会自体がその資源へのアクセスや権力の不均等性を基盤にするものであった。

そのような伝統的首長社会において性はどのように差異化されていたのであろうか。伝統的社会ではラエラエとゲイ／レズビエンヌの名称での括りは存在しなかったのでマフを中心に考察していく。マフは18世紀末に西欧人がタヒチを訪れた当初から，多くの西欧人探検家や宣教地たちにその「女性性」[10]を観察され記録されている。例えば，モリソンは次のように記述する。

> すでに説明されたような異なる階層や社会のほかにマフと呼ばれる男たちがいる。この男たちはいくつかの点でインドの宦官のようではあるが，去勢は

---

10) この「女性性」「女の子らしい」はあくまでタヒチ社会における女性のあり方と性別役割分業に依拠していた。

していない。彼らは決して女性と暮らすことはないが，女性のように生きている。髭を抜いて，女性の衣服を着て，女性と一緒に踊り歌い，女性的な声で話す。彼らは一般的に，衣服を作ったり，それに模様を描いたり，マットを編んだり，女性が行う仕事がとても得意である。[Morrison 1935: 238]

マフは家族や親族のみならず，社会全体に受容された存在であった。幼少期より「女の子らしい」仕草をみせ，女児と一緒に遊ぶのを好むことから，他の男児たちとは異なる子どもとして家族や親戚に受け入れられていた。去勢はせず，身体的に変工を加えることはないが，容姿や言動が女性的であることが特徴であった。タヒチでは思春期に，男子はタネ (*tane*, 男性) として，女子はヴァヒネ (*vahine*, 女性) としての役割を習得し，人間関係を構築したが，マフは同時期に女性の役割を習得した [Cerf 2007; Elliston 1997; Kirkpatrick 1987; Kuwahara 2005]。

18, 19世紀のタヒチにはタプ (*tapu*) と呼ばれる社会規範があった [e.g. Babadzan 1993; Kuwahara 2005; Shore 1989]。タプは英語のタブー (*taboo*) の語源であり，神に近い人，モノ，場所をタプとし，それらはタプではない人にとって危険であることから，接触，接近，進入を禁じた。タプは階層，ジェンダー，年齢などの関係性の中で相対的に定められた。性別役割分業に関わるタプでは，女性は男性と同席の食事や，マラエでの宗教行事への参加が禁じられ，男性は女性の使用する調理器具への接触が禁じられた。マフは女性と同じタプの規制を受けた。ウィルソンは以下のように記す。

島の様々な地域に女性のように装う男性がおり，布づくりの仕事を女性と一緒に行い，女性と同じ食事や装飾の規則を課せられる。多くは男性と食事をせず，男性の食べ物も口にせず，特別な用途に使うための作物を別途確保する。[Wilson 1799: 156]

マフが女性の役割を担っていたのには，当時のタヒチ社会において人口の男女比が不均等であったことにも原因がある。18世紀後半，ソサエティ諸島ではアリオイ (*arioi*) と呼ばれる，オロ神 (*Oro*) を信仰する宗教集団が勢力を伸ばしていた[11]。アリオイの女性は子どもをもつことが禁じられており，それでも生

まれてきた場合，嬰児（特に女児）は誕生後間もなく殺された。このような嬰児殺しはアリオイ集団において最も顕著であったが，当時のタヒチ社会では一般的に行われており，結果として女性人口が減少した［Babadzan 1993; Cerf 2007; Oliver 1974］。そのため，女性の仕事の担い手が求められたのであろう。しかし，実親や親族が男児を女児として扱うことで本人の意思に反して無理やりマフにしたとは考えにくい。むしろ，幼少時より女の子らしい性質をもった子に，女性の仕事を任せたと推測できる。ロバート・レヴィは，調査地のフアヒネ島において，マフは「村に最低一人いる」とし，それも一人だけであって，二人であることはないと記す［Levy 1973: 472］。さらにレヴィは，マフには，タヒチ人男性が自らを女性的な特徴をもつマフと比較することで「自分はマフではない」と確認し，男性性を獲得するための役割があると説明する［Levy 1973: 473］。タヒチ社会では男女を分かつ境界線があいまいであるとみなされているなか，このような，男性に男性性を確立させるための「伝統的な」役割を担う，「村に一人」は必要な存在としてのマフのイメージは現在に至るまで存続する[12]。

　マフは思春期頃から家事や子育てを手伝い始め，成人してからも女性と共にそれらの仕事を引き続き担った。バウンティ号の船長ブライもマフに大きな関心を寄せ，次のように記す。

　　今朝，ティナと彼の妻を訪問した際に彼女と一緒にいた人物が確かに男性だと思うのだが，女性的な特徴が強く，なぜそうなのかを知りたいと思った。イディアに彼は誰かと尋ねると，彼女はためらいもなく，彼女の友達であり，

11）アリオイは，村から村へと移動し，演劇，ダンス，歌などを披露し，村に滞在中は宿をあてがわれ，食べ物や装飾品などを捧げられていた。オロ神は豊穣や戦争の神であり，人々はアリオイを手厚くもてなすことによってオロ神からの恩恵を期待した。アリオイは世襲制ではなくメンバーの推薦によって入団できた［Babadzan 1993; Kuwahara 2005; Oliver 1974］。

12）このレヴィの見解に対して，いくつかの反論が出されている［Besnier 1994; Elliston 2014; Schoeffel 2014］。エリストンは「村に一人」とは親近性を示すものであり，実際に均一にマフが存在していたことを示すものではないという。しかしながら，エリストンのみならずショエフェルらも議論するところであるが，このような数量的な表示が「マフは伝統的な存在」との言説を拡散させた。

タヒチでは一般的な人々であり，マフと呼ばれていると答えた。男たちは頻繁に彼と関係を持ち，彼は女性と同じように暮らし，同じ儀式を行い，同じ食べ物を食べる。この人物の話し方は女性的であり，去勢をされたか，さらに異なる，反自然的で衝撃的なことをされたかと思われ，特にこの海洋においてそれは十分あり得ることだと私は考えた。[Bligh 1789: II, 16-17]

女性らしく振る舞い，女性の仕事を担うとの報告は，現代タヒチ社会の人々がマフを定義する際にあげる特徴と重なる。このようなマフのジェンダー的特徴に加えて，セクシャリティに関してはマフが男性と性的関係をもっていたことが記録されている。次に紹介するウィルソンの記述からは，マフは首長の身の回りの世話のみならず性的快楽の対象としても仕えていたことがわかる。

私がその人（マフ）に目を留めると，彼は顔を隠した。これを，はじめ私は恥ずかしがっているからだと思ったが，後からそれは女性的なしぐさであるとわかった。マフは，若い時に女性の衣服に身を包み，女性と同じ仕事をし，食事などについては女性と同じ禁止下に置かれ，女性と同じように男性からの愛を求め，同棲する男性に嫉妬し，常に女性と寝るのを拒否するといった，卑劣な生き方を選ぶ。言葉にするには耐えられない行為についてここで明らかにしなければならない。これらのマフは，人数としてはたったの6人か8人であるが，主要な首長たちに囲われている。あまりにこれらの哀れな異教徒たちが堕落していることから，女性でさえも彼らを軽蔑せずに，彼らと友達関係を築く。[Wilson 1799: 198]

ブライも先に紹介した記述に続いて，マフの同性愛的行為を描写する。

ここで若い男性が上着を取り，関連物を見せてくれた。彼は女性の容姿を持ち，彼のさやと睾丸は特定の場所に収まるように下に押し込められていた。彼と関係する人々は彼の腿の間で淫らな欲求を満たすが，さらなる男色的行為については彼ら皆がきっぱりと否定した。彼の私的な部分を観察するとどちらも非常に小さいのだが，特に睾丸は小さく，5歳か6歳の少年のものより

も小さいくらいであり，まるで腐っているか，大きくなるのが全く不可能であるかのように軟らかかった。いずれにせよ，彼は，事実上，睾丸が取り除かれた宦官と同じであった。彼は女性から同性として扱われ，女性が守るべき規則を守り，同様に敬意を払われた。[Bligh 1789: II, 16-17]

このように，マフに挿入による性行為があったことは否定するものの，それ以外の同性愛的行為は記録されている。しかし，現代になりマフのセクシャリティは表立って語られることが少なくなり，マフのジェンダー化，脱セクシャリティ化が進んだ。

● 3-2　近代化とラエラエ，ホモセクシャリティの出現

フランスがツアモツ諸島に核実験施設を設置し，フランス本土から多くの軍関係者が駐屯し始めた 1960 年代から，主にソサエティ諸島タヒチ島の首都パペーテにおいて，女装や化粧をする人々が出てきて，ラエラエと呼ばれるようになった[13]。これは，フランス人軍関係者がポリネシア人女性だけではなくマフとも性的関係をもったこと，さらには，欧米のゲイ・レズビアン文化がタヒチに導入されたことによる。

ラエラエはマフとは異なる性として誕生したのではなく，マフの中から性自認と身体の一致をより重視する人々が，女装，化粧，女性ホルモンの摂取などによって身体に変工を加えていき，マフから分化することで出現した。したがって，ラエラエの身体性に関してはマフからの連続性が認められる。マフの身体的特徴は，女性のしぐさ，声，話し方，服装，体毛の手入れであるが，それに加えてラエラエにおいては，女装（より女性性を強調したもの），化粧，アクセサリの着用，さらに場合によっては，女性ホルモンの摂取，豊胸手術，性別適合手術を行うようになった。

伝統社会におけるマフについての記述の中では，性別役割分業が女性と同じである点が強調されたが，現代のマフとラエラエはどのような役割を担ってい

---

13) ラエラエの語源は確かではないが，レヴィはファヒネの調査で，パペーテのマフの一人のニックネームであると聞き取っている [Levy 1973: 140]。

るのであろうか。その考察に入る前に，タヒチ社会の性別役割分業の概要を述べ，近年の男女の役割分業の変化がいかにマフ，ラエラエの役割分業に反映しているかを検討しておきたい。タヒチ社会では，離島や離村では現在もそうであるが，男性は漁労，狩猟[14]，コプラやノニの採集，土方・建築などを行い，女性は料理，洗濯，掃除，育児，裁縫などを行っていた。フランスの教育制度が導入されると，高等教育を修めるポリネシア人の中に学校，病院，役所などでの公務員職，金融関係，観光産業に職を得る人々が出てきた。学校を退学しがちな男子と比べて女子の修業率は高く，これら新しい分野に就職もしやすかったため，女性の社会進出が進んだ。男性も妻が外で働き始めると家事を担うようになった。とりわけタヒチ島の首都パペーテとその周辺地域の世帯では，家事は夫婦あるいは世帯の他の成員の間で分担して行われる。マフのなかでも，従来通りに家事や子育てを担う人がいる一方で，女性と同じように高等教育を修め，外で働き始める人が増加した。つまり，女性の役割分業の変化に伴い，マフの役割分業も変化したのである。

　タヒチ島のラエラエでは，家族，特に父親から女装や化粧を認められず家を追い出されるか，自主的に家出をして友人やイトコなどと暮らすケースが多く，そのような状況下では緊急に現金収入を得て生計を立てなくてならない[15]。ラエラエの就く職種としては，ナイトクラブのホステス，セックスワーカー，サービス業，観光業，ダンサーがあげられる。その身体的特徴から職種を選ぶ際に制約があるとはいえ，役場職員，販売員，テーラー，美容師，ホテルの清掃員やレストランのウエイトレスなど，「昼間の職業」に就く人も少なくない[16]。マフとラエラエの違いは何かとの筆者の問いに対し，タヒチ島では「昼の仕事＝マフ」「夜の仕事＝ラエラエ」[17]との回答を多く得ていたが，それはステレオタイプ的見解であって，必ずしも現状に合致しない。実際は，マフ，ラエラエ共にさまざまな仕事に就き，両者の職種も重なる。

---

14) 家畜であったが逃げて野生化した豚，山羊を狩る。
15) 実家で暮らすラエラエは家事や子守りを担う。
16) 筆者は，男性の容姿で就職し，徐々に女性らしい容姿に移行していった公務員から話を聞いたことがある。
17) 夜の仕事に就くラエラエの身体性は可視化しやすいのも理由といえるであろう。

西欧接触期にはマフの同性愛的行為が記録されていたが，現代のマフとラエラエの性的指向はいかに捉えられているのであろうか。現代でも，思春期の男性は女性との初の性交渉前にマフと性交渉をもつとの説明はよく聞く。しかし，それ以外では，性別役割が公的領域で自明であるところで異性愛者の女性／男性の性的指向は私的領域のことであるとし問われないと同様に，マフの性別役割が前景化するところではその性的指向は不問とされがちである。ラエラエは，性的指向に関しては男性対象に売春をしたり男性パートナーをもったりすることから，同性愛者であると周囲から認識されてはいるものの，女装や豊胸手術などの身体の性自認に関わる特徴の方が前面にでやすい。タヒチ島とボラボラ島のいずれにおいても，身体の性と社会的役割を変えず，性的指向が同性に向けられる人たちは「ゲイ」「レズビエンヌ」として認識される。西欧接触以前は，性別役割分業において女性の役割を担い，同性愛として性的指向を認められていた性的マイノリティは「マフ」のみで括られていたのが，現代になって，ジェンダーに焦点を当てることで女性的役割と伝統社会・文化的役割が強調されるマフと，身体の性自認の問題に焦点を当てることで女性の身体性の獲得が強調されるラエラエと，性的指向に焦点を当てることで同性愛者であることが強調されるレズビエンヌとゲイとにカテゴリーの多様化が進んだ。

4 タヒチ島とボラボラ島のマフ，ラエラエ，レズビエンヌ

それでは，現代においてこのような性カテゴリーの多様化はなぜ起こったのであろうか。そこには，変容する社会の中で性を捉え直そうとする人々の実践を見出すことができる。欧米との関わりから生じる性カテゴリーと名称のポリティックスを検討することで，当事者個々人の関係性を定める，タヒチの社会集団的枠組みとそれに影響を与えてきたネオコロニアリズム，近代化，グローバル化といった外部要因を明らかにすることができる。しかし，それに加えて，当事者たち自らの名づけとカテゴリーの多様化も考察することで，当事者を社会変化に翻弄される受動態としてではなく，その変化に働きかけるエイジェンシーとして論じることができるのではないか。可視化／不可視化を分析の中心に置くことで，当事者視点からの共生を論じることができると仮定し，以下で

はタヒチ島とボラボラ島の事例をもとにそれを試みる。

● 4-1　シンディ[18]

　シンディはパペーテのアパートに同居人のヴァネッサと暮らしていた。このアパートは，1階は華僑ポリネシア人の運営する食料雑貨店であり，シンディが雇われていたプールバーから徒歩5分の距離にあった。彼女の職場であるプールバーは，地元の人々，軍関係者，観光客がビリヤードに興じ，酔いつぶれる場所であった。週末には，地元の生バンドが入りポリネシアの楽曲を演奏し，人々はそれに合わせて踊った。

　周りの人々はシンディとヴァネッサを「ラエラエ」と呼んだ。シンディとヴァネッサは自分自身を「レフェミネ (*l'éffeminé*,「女らしい人」)」と称したが，シンディは外で筆者と一緒のときに顔見知りに会うと，筆者のことを「「ラエラエ」について調査している」と紹介した。

　2006年のある日，筆者が彼女たちのアパートを訪れると，ヴァネッサはバケツの中で腫れあがった足を氷で冷やしていた。どうしたのかとの筆者の問いにヴァネッサは顔をしかめ，足を負傷した経緯を説明してくれた。昨夜，彼女が数人の友人たちと路肩に立っていたところ，車に乗った数名のタヒチ人男性が叫び，嘲笑しながら通り過ぎた。ヴァネッサと彼女の友人たちは男たちに向かって叫び返すと，男たちの車が引き返してきてヴァネッサの足を轢き，走り去った。恐ろしかったとはいうものの，彼女たちはこの事件をとりわけ異常なものとみなしていなかった。というのも，パペーテで暮らすラエラエの多くは路上での暴言や身体的暴力を幾度となく経験していたからである。

　「だから私はタヒチ人の男が嫌い」とヴァネッサは言った。「意地悪で，暴力的だから」。

　「フランス人男性は？」と筆者は尋ねた。ヴァネッサは豊かな胸とブロンドの髪をもち，数年前には「ミス・ピアノ (Miss. Piano, Piano Bar が主催)」を勝ち取っていたほどの見事な容姿であった。彼女にはフランス人パトロンがいて，

---

[18] 以下，本章で登場する個人名はすべて匿名である。また，以下の事例は筆者が別稿 [Kuwahara 2014] に掲載したものにその後の調査で得た情報を追加したものである。

ドレス購入費から豊胸手術代まで出してもらっていた。

「フランス人はやさしいわ。考え方がもっとオープンで，私たちみたいな人たちのことも理解してくれる。タヒチ人もいいんだけど，いったんお酒が入ると変わっちゃう」と，シンディがしなやかな仕草でずり落ちたパレオ（*pareu*, 衣服や敷物として使う布）を胸の位置に引き上げながら答えた。

シンディにもフランス人のボーイフレンドがいた。これまで6人との交際経験があり，皆軍関係者であったので任期を終えるとフランスに帰っていった。シンディはもう二度とフランス人とはつき合いたくないと言った。いずれタヒチを去り，彼女が傷つくことがわかっていたからである。だからといって優しいポリネシア人のボーイフレンドをみつけられるとは思っていなかった。なぜなら，彼らは一概にラエラエに意地悪であるからだ。

シンディはツアモツ諸島出身であった。父親は彼女が幼い時に亡くなり，まだ16歳であった彼女の母親はシンディの養育を祖母に託した。兵役でパペーテに出てきて，任期が終わった後も，シンディはパペーテに残った。都会の生活を選んだのは，ドレスや化粧品が入手しやすいし，親族ばかりであったツアモツの島と比べて周りの目も気にせず女装も化粧もできる環境であったからだ。

友人から借りたボリウッド映画のDVDを見終えるとシンディの出勤時間になっていた。シンディと筆者はアパートの部屋を出て，タバコを買いに階下の商店に寄った。

「チャオ，チャオ！」シンディは店を出がけに店員に挨拶した。彼女の声は大きくて店にいた人々全員の耳に入るほどであった。自宅にいる時には「女性性」を強調することはなく，自然体であるのに，外に出ると大げさにヒップを振って歩くので，誰もが彼女に目を止めた。シンディは一時期女性ホルモンを摂取していたが，太ってきたので止めていた。豊胸手術については，勤め先のバーで喧嘩があったら止めに入らなくてはならず，その際，胸を強打されるかもしれないので諦めていた。

翌年タヒチに戻った筆者はシンディとヴァネッサのアパートがとても賑やかであることに驚いた。彼女たちの友人が何人も同居し，リビングルームには大きな黒い犬までいるではないか。筆者が唖然としているのに気づき，「大丈夫よ！ 彼女（犬は雌犬），女の子はみんな好きだから。女の子だけだけど」とヴァ

ネッサは笑った。

　ヴァネッサと友人たちはミス・ヴァヒネ・ターネ（Miss. *Vahine Tane*）のコンテストに出場するヴァネッサの衣装を作っていた。ミス・ヴァヒネ・ターネはボラボラ島のクラブ・メッズで開催されるラエラエのミスコンであった[19]。シンディの部屋では，三人の「女の子たち」が昨年のコンテストのDVDを観ていた。コンテストでは，伝統的ダンス衣装を着てのダンス審査や，イブニングドレスと水着の審査もあった。映像を食い入るように観ていた一人は16歳で，その年のコンテストの候補者であった。ファッションにうるさい友人たちは皆，彼女のコンテスト用衣装の準備に盛り上がっていた。

　シンディのアパートに居候する理由を友人たちに問うと，両親の家で暮らすのに「うんざり（*fiu*）」したからだとの答えがかえってきた。きっと彼女たちはシンディのアパートで多くの友人たちと同居するのに「うんざり」したら出ていくのであろう。このように友人たちとの同居はパペーテに暮らすラエラエの間ではよくあることだった。筆者はアパートでシンディの叔母と頻繁に会ったが[20]，ラエラエは，通常，絶縁されている場合はとりわけ，家族との間に距離を置いた。

　2009年，筆者がシンディのアパートを訪れると彼女たちは引越ししていた。仕事場のプールバーへ行くと，その日はシンディのシフトは入っていなかったが，彼女の同僚はシンディの携帯番号を渡してくれた。シンディはキッチンとダイニングがついたワンルームマンションに一人で暮らしていた。友人のヴァネッサはフランスへ行ってしまって，いつタヒチに帰ってくるのか（果たして帰ってくることがあるのか）わからないと言った。シンディに，ヴァネッサのようにフランスで暮らしたくはないのかと尋ねると，たぶん行かないとの答えがかえってきた。

　「ツアモツにも戻りたくない。あそこは，魚しかいなくて，ナイトクラブも友達もいないから」とシンディは付け足した。

　シンディは頻繁に携帯電話を盗まれるので，年に一度タヒチを訪れる筆者は，

---

19) 最近はタヒチ島での開催が多くなっている。
20) その叔母は一時シンディ宅に居候していた。

彼女の一年前の電話番号に連絡をしても通じないのがほとんどであった。しかし，2013年からフェイスブックで連絡を取れるようになり，新しい携帯番号も教えてもらえた。2014年に筆者がタヒチを訪れた際，電話に出たシンディは，今，アパートにいると答え，夕方から出勤だから後から職場においでと言った。これまでであったら，アパートに居るのであるなら必ずそちらに遊びに来るように告げられてきたのに，その日はそうではなかったので疑問に感じながら，夕方，職場であるプールバーを訪ねた。近況を尋ねると，シンディは顔を曇らせた。ツアモツから母親が出てきて，同居しているとのことだった。シンディによると母親は「精神病」を患い，島では誰も彼女の面倒をみる人がいないのでシンディを頼ってパペーテに出てきたとのことだった。

「さっき，家に呼べなかったのは母がいたからなの」とため息をついた。「昼間からお酒を飲むし，ものを壊す。私のコンピュータも壊されたのよ」

別の日に筆者がプールバーを訪れた時は昼間の12時半であったからか，客が一人しかいなかった。バーカウンターに一人座っていた客は短髪で，Tシャツ，短パンであったので，ポリネシア人男性であると筆者は思ったが，実はシンディの母親であった。同年代のポリネシア人女性と比べて男性的であるのは，あまり人目を気にすることがなくなり，身なりにも気を使わなくなっていたからであろう。彼女はしばらく静かに座っていたが，突然，席を立ち出て行った。

「あんな風にふらふらと一人で他のバーにいって酔いつぶれることもあるから，心配」。シンディはため息をついた。

● 4-2　ロアナ，ティナ，ヘイヌイ

ボラボラ島の調査では，マフとラエラエの知り合いを多くもつ，筆者の友人である現地在住の日本人女性に調査を手伝ってもらっていた。その日，彼女は筆者を一軒の家に連れていった。中庭では，50代の夫婦とその息子と近所に住むロアナがビンゴをして遊んでいた。母親が筆者と友人に目を止めるとすぐに，「あなたたちもビンゴしない？」と声をかけてきた。ロアナは20代後半であり，失業中であった。周りの人々は彼を「マフ」とみなしていた。友人にその理由を尋ねると，ロアナは静かで，極端に「女らしく」はなく，たいていは男性の衣服を着ているからだとの答えであった。確かに，その日も，ロアナはTシャ

ツと短パンのいでたちであった。この夫婦はロアナの親族ではないのだが、よく共に過ごし、ロアナは彼らの家に泊まることもあった。

　数時間経ったところで、この夫婦の娘の一人のティナが仕事から戻ってきた。ティナも20代で、ホテルの受付係をしていた。周りの人々も、また彼女自身も彼女を「ラエラエ」と称した。ティナは仕事着である南国柄の綿ドレスから、部屋着のパレオに着替えて、束ねていた長い黒髪をほどいて優雅に肩に流しながら、筆者たちが集う中庭に出てきた。

　ロアナとは反対に、大柄なティナは声が大きく、やたらにぎやかだ。世界各国からの観光客との会話を楽しむティナは、ホテルの仕事を気に入っているようだった。

　「ねえ、私の働いているホテルにはたくさんの日本人観光客が来るのよ。私、日本人好きだわ。ちょっと恥ずかしがり屋だけど、フレンドリーだし。私、いつも日本人観光客に「タヒチのオカマよ」と自己紹介するの。すると、みんな笑うのよ。それから、私と写真を撮りたがるの」

　別の日、友人に連れて行かれたのは、庭にミシンが置かれた小さな作業場のある家であった。その作業場に30代のヘイヌイはTシャツを着て、腰にはパレオを巻いて座っていた。ヘイヌイがマフであるのかラエラエであるのかを筆者に教えてくれる人は誰もいなかった。その日の容姿はマフ風であったが、時に彼はドレスに身を包み、化粧をした。ヘイヌイは観光学でディプロマをもち、ホテルでの勤務経験もあったが、インタビュー時はドレス制作者として働いていた。ヘイヌイは両親家族と隣接する敷地で暮らし、家族仲がよかった。しかし、彼の一番年上の兄は、ヘイヌイが言うには「自分みたいな人」であり、父親と折り合いが悪かった。そのため、ボラボラ島を出て、性別適合手術を受けてニューカレドニアに移住し、現在は男性パートナーと暮らしている。ヘイヌイが生まれた時、両親は既に高齢であったことからか性格も丸くなっていたので、彼の「女らしさ」に対しては兄ほどには厳しくはなかった。

　ヘイヌイは別の兄の10歳の娘を赤子の時から育てていた。娘はヘイヌイのことを「マモン（ママ）」と呼んだ。娘の友人たちが「でも、彼はパパよ」と指摘すると、ヘイヌイは「私は一人の人間であって、単にパパとかマモンとかではないんだよ」と説明した。ヘイヌイは、自分の娘に対して、他人から尊敬さ

れるためには，まずは自分が他人を尊敬しなくてはならないと教えていた。男の子は友人たちに親のことでからかわれやすいから，女の子の方が育てやすいとヘイヌイは言った。その日，彼の娘は実親の家に滞在していた。実親の家はヘイヌイの家から近く，娘は頻繁に行き来していた。娘の実親の家族はヘイヌイにとっても家族であった。

● 4-3　マエバ

　女性たちがボールに小麦粉や卵などケーキの材料を入れて格闘していた。豪快に材料を放り込む人もいれば，慎重にレシピ通りに分量を量り作業を進める人もいた。役所での手続きや，学校へ子どもたちの迎えに出かけていた数名も帰ってきて作業に加わった。粉が舞い，女性たちが高らかに笑うなか，大きな身体をこまめに動かし，気さくに声をかけながら彼女たちを手伝っていたのがマエバであった。

　マエバは40歳代の女性であり，タヒチ島にあるDV被害者の女性とその子どもたちが一時的に避難する施設で働いていた。筆者がインタビューを始めた2012年当時，以前施設に滞在していた女性をパートナーとし，彼女と既に2年半同居しており，その間，その彼女の2歳と5歳の子どもの養育を担っていた。

　当時の彼女の悩みは，パートナーの子どもたちと養子縁組が組めないことであった。マエバのパートナーを担当する社会福祉士は子どもの父親が子どもの母親に暴力をふるったうえに，無職であるので経済的に子どもの養育が難しいことを理解しながらも，父親は子どもにとって重要な存在と考え，マエバのパートナーと元夫の関係を改善することに力を注いでいた。経済的に子どもの全養育を担うだけではなく，実親と同じくらい愛情を子どもに注いでいることを自負するマエバであったが，社会福祉士にはレズビエンヌであることを理由に，子どもにとって相応しい養育者とみなしてもらえなかった。そのことをマエバは不服に思っていた。

　ケーキの甘い香りが漂いはじめ，子どもたちも集まり出し，キッチンは和やかな雰囲気に包まれた。

　「タティ，タティ（おばさん）」と子どもたちが，マエバに抱きついたり，よじ登ったり，まとわりついていた。時には，マエバのレズビエンヌである友人

たちも職場を訪れ，おしゃべりをしていたりもするので，同僚も施設滞在の女性たちも皆，マエバがレズビエンヌであることは知っていたが，それを問題視する人は誰もいなかった。

5 考　察

　以下では，前節の事例に言及しながら，マフ，ラエラエ，ゲイ，レズビエンヌの可視化／不可視化を，主に名づけやマイノリティ化に対する当事者たちの実践に焦点を当てながら考察していく。

　マフは，家事，現金収入による世帯の家計への貢献，子どもの養育，伝統文化活動といったジェンダー役割を担うことによって可視化される。タヒチ島においてもボラボラ島においても，マフの多くは家族と同居し家事を担うことで，もしくは，外で働き現金収入を得ることで世帯の重要な働き手として家族から受容される。

　マフだけではなく，ティナのように，ラエラエのなかにも家族と同居し，外で働き現金収入を家に入れる人も少なくない[21]。とりわけボラボラ島に暮らすラエラエは，マフと同様に観光産業にて積極的に雇用されることから，世帯の家計に貢献し社会的地位も確立する。仕事をもつことによって，家族や周囲の人々から「きちんと仕事をしているのだから好きにしてもよいのではないか」との理由で化粧や女装や豊胸手術が認められる。

　タヒチ社会ではヘイヌイの事例でみたように，西欧接触以前からみられる，ファアアム（fa'aamu）と呼ばれる，実親以外の養育者による子どもの養育が今尚頻繁に行われる。マフは細かいところに気配りがきき，子育てが上手との定評があるため，ファアアム親として子育てを担うことも多い。子どもはヘイヌイの娘のように実親とファアアム親の間を行き来し，その子どもを通して，ファアアム親は家族・親族の中で重要な存在として位置づけられる。

　伝統文化の担い手として，ダンスグループの振付師や衣装担当として活躍

---

21) ボラボラ島でも他の島々から出稼ぎに来ている人たちは仲間と共に暮らし，タヒチ島でも家族と同居し，家業を手伝い，昼の職業に就くラエラエは存在する。

するマフも多く,そのようなマフは社会では可視化しやすい。これはラエラエにおいても同様で,例えば,ボラボラ島の若きダンスグループの団長兼振付師は豊胸手術をしており,一緒に暮らす,厳格な教師である父親は「はじめは戸惑ったが,才能がありしっかり仕事をしているので受け入れている」と言う。また,年配のマフは,親族やコミュニティの良き「ご意見番」的存在であることが多い。

このように,タヒチ島とボラボラ島いずれにおいても,家庭と社会のなかでジェンダー役割が明確なマフとラエラエは,ジェンダー役割が前面に出ないラエラエとの比較において,「伝統的」「ポリネシア的」な性として可視化する。

それでは,ジェンダー役割が前面に出ないラエラエは自らを不可視化するかといえば,そうともいえない。ラエラエはジェンダー役割ではなく,その身体性で自らを可視化する。まずは,当事者,および,周りの人々が一般的に認識するマフとラエラエの身体性の相違をまとめておきたい。

シンディやティナの事例が示す通り,ラエラエは家にいる時はパレオやTシャツや短パンで過ごし,外出時にドレスなどで着飾る。髪を長く伸ばし,化粧をし,豊胸手術を受けていることもある。性別適合手術はフランス領ポリネシアでは医者がいないので受けることができず,タイで手術を受けた人々など,被施術者はわずかしかいない。髭のない肌理の細かい肌にし,胸の膨らみを増すために,女性ホルモンを摂取するラエラエも多いが,シンディのように,太りやすくなるとの理由からしばらく試した後に止めてしまう人もいる。ラエラエは女装や化粧についての情報や知識を欧米の女性週刊誌やTVドラマから得る。他方で,マフは仕事着としてズボンと男性用のアロハシャツを,普段着としてTシャツと短パン,時にはパレオを着用するのが一般的である。さらに着飾りたい時には,花の冠や首飾りを着用する。マフは通常,豊胸手術もしなければ,女性ホルモンの摂取もせず,女装や化粧もしない。

以上がマフとラエラエの身体性の違いであるが,これはタヒチ島で頻繁に説明される「マフ」と「ラエラエ」の相違でもある。実際は,タヒチ島において,仕事着と夜遊び着では女装を完璧に行う人でも,家でくつろぐ時や,近所をうろつく時はTシャツと短パン,パレオといったユニセックスな服装である。そして,ボラボラ島においても,身体を女性ホルモン剤の摂取,豊胸手術,

性別適合手術によって女性的に変える(タヒチ島では「ラエラエ」と呼ばれている)人と,変えない(タヒチ島では「マフ」と呼ばれている)人がいる。したがって,タヒチ島ではマフとラエラエの身体性に相違がみられ,ボラボラ島ではそれがみとめられないというよりは,ボラボラ島の人々にとっては,マフやラエラエが家族の一員や近所の人として身近な存在であるため,その身体性について細かく言及していないだけともいえる。

しかしながら,タヒチ島やボラボラ島から離れた小さな島や村では,「女らしい」しぐさや言葉遣い,パレオを胸の上で巻くなどは実践できたとしても,ドレスや化粧用品の入手は困難なために完璧な女装はしづらい[22]。自分だけが村唯一のラエラエやマフであり,居心地の悪さを感じてきた人々がボラボラ島やタヒチ島に来ると,「自分のような人々」を多数見出し,友達を作れる。化粧や女装についての情報を交換し,パペーテでは『ピアノ・バー』やボラボラ島では『ル・レリーフ』[23]などのナイトクラブで着飾って夜遊びをする。そのような環境のなかで美しさへの探求も進む。ボラボラ島では「ミス・ヴァヒネ・ターネ・コンテスト」,タヒチ島では「ミス・ピアノ・コンテスト」といった,グローバルなビューティ・コンテストに倣ったミスコンが行われるので,ヴァネッサのように複数のコンテストに出場して,自らの美しさを広く多くの人々に認めてもらうことができる。

家族とのつながりが希薄であることから,前述のジェンダー役割に関しては不可視であったラエラエは,夜のパペーテで,または,各種ビューティ・コンテストでその身体美を披露し可視化する。「伝統的」「ポリネシア的」であるマフとの比較において,自らを「近代的」「西欧的」であるとし,「垢抜けした」容姿を獲得し,家族や社会に縛られずに自由に生きることを主張する。さらなる自由を求めてヴァネッサやヘイヌイの兄のように海外へ渡る人もいる。差別や社会生活上の不平等性に関しては,タヒチ島のラエラエは,ポリネシア人男性

---

[22] 男性はパレオを腰で巻き,上半身にはなにも身につけないことが多い。女性もパレオを腰で巻く着方をするが,その場合,上半身はTシャツなどを着る。胸の上でパレオを巻く着方は,通常,女性とラエラエしかしない。

[23] 『ピアノ・バー』は本章執筆時,既に閉店している。『ル・レリーフ』は観光客向けではなく,島民向けに,週末だけ開くナイトクラブである。

によるヴァネッサへの暴行の事例が示す通り，言語的，身体的暴力を受ける一方で，区役所，児童館，観光産業・サービス業で雇用されるラエラエも少なくないことからもわかる通り，就職に関してあからさまな差別を受けるわけではない。彼女たちが，女性性を自らの身体でもって極端なほどまでに追及し，社会において可視化することで求めるものは，「平等に扱われること」ではなく「差異を受け入れられること」である。

　性的マイノリティの当事者たちは，自称するカテゴリーのステレオタイプに倣いながら，同時に，自称することのないカテゴリーのステレオタイプにも自らを照らし合わせ，それと対比する特徴をあえて強調することで自らを可視化する。それでは，性的指向の違いに関してはどのような可視化／不可視化がみられるのであろうか。

　現在，タヒチ島においてもボラボラ島においても，マフの性的指向は人々の話題に上がりづらいのに対し，ラエラエの性的指向は本人たちからも社会一般からも頻繁に語られやすい。これは，上記の通り，マフのジェンダー役割が前景化することの対比として，ラエラエのアイデンティティ形成においては，その身体性と共に性的指向も重要な要素になるからである。

　ラエラエのパートナーは，ラエラエからもパートナー自身からも異性愛者の男性として認識される。パートナーになる男性の中には女性としてラエラエとつき合う人もいれば，過去に女性との間での辛い経験から女性との関係には懲りて，「女性とは異なる人」としてラエラエと付き合う人もいる。永続的な関係を築く人もいれば，一時的な関係を繰り返す人もいる。パペーテの「夜の仕事」に就くラエラエの多くはシンディのようにフランス人軍関係者と関係をもつ。それに対し，ボラボラ島のラエラエはポリネシア人男性を好む傾向にある。

　前述の通り，ポリネシア人男性は初めての性交渉をマフやラエラエともつと説明するマフやラエラエは多い。いきなり女性と性交渉をもつのは不安であるからマフやラエラエを相手に練習し，実際に女性と行う時には自分は経験済みであると相手に説得できるからである。マフやラエラエは親戚や近所の幼馴染の中に必ず見出すことができるほどに身近な存在である。しかし，調査当初，筆者がポリネシア人男性たちに「知り合いにマフかラエラエはいないか」と尋ねると，多くは「知らない」と言い張り，マフやラエラエと親密な関係をもた

ない(あるいは,もったことがない)と主張した。男性の仲間同士の会話では,マフやラエラエはからかいの対象にもなる[24]。

それでは,マフとラエラエのどちらにもアイデンティティをもたぬゲイ,レズビエンヌは自らの可視化／不可視化をどのように選択するのであろうか。

グローバルなゲイ／レズビアンの権利を守る運動はタヒチでも始まっている。クザーン・クジーヌ・ドゥ・タヒチ協会(Association Cousins Cousines de TAHITI)は2007年に設立された,LGBTの若者や成人のための支援団体である。定期的にLGBTが交流できるパーティを開催し,LGBTについての質問や意見を投稿できる掲示板の運営をする。また,学校などで学生たちにLGBTについて正しい理解を広めるためにセミナーも開催する。クザーン・クジーヌ・ドゥ・タヒチ協会代表の一人ドロレス・ドグバ氏によると,パーティや各種イベント参加者のほとんどはフランス人,あるいはデゥミのレズビエンヌ,ゲイ,ビセクシュエルであるという。マフやラエラエの参加者はないし,ポリネシア人のレズビエンヌ,ゲイ,ビセクシュエルの参加もほとんどない。上で紹介したマエバもクザーン・クジーヌ・ドゥ・タヒチ協会主催のパーティやイベントには参加しない。

欧米人やデゥミのゲイ,レズビエンヌ,ビセクシュエルが,このようなセクシャル・マイノリティの支援団体の活動を通して,社会的弱者の平等性を求める「マイノリティ＝弱者」として可視化するなか,ポリネシア人々はゲイ,レズビエンヌ,ビセクシュエルは本来タヒチには「存在しなかった」とし,最近になってタヒチに新たに入ってきた「フランスのもの」「欧米のもの」とみなす。そのような社会的な認識のもと,上記の「マフ」「ラエラエ」に自らを重ねることができないポリネシア人ゲイ,レズビエンヌは,欧米のレズビエンヌ,ゲイとしても,マフ,ラエラエとしても可視化することもなく,タヒチ社会の中で不可視なままに留まる。

---

24) 妻やガールフレンドが自分のもとを去った時,男性が「彼女はマフとつき合っている」と侮蔑的なニュアンスを込めて説明するのを筆者は何度か聞いている。実際は,妻やガールフレンドはマフと恋愛関係にあるのではなく,夫やボーイフレンドについての相談をマフにのってもらっていたりする。

6 結　論

　本章では，西欧接触以前のタヒチ社会において性的マイノリティが「マフ」の名称で括られていた状況から，近代以降，欧米の性概念のカテゴリーに影響を受けて，「マフ」「ラエラエ」「ゲイ」「レズビエンヌ」と複数カテゴリーによって捉えられる状況に至る歴史を追った。「マフ」と「ラエラエ」の間にあるとされる差異は，ボラボラ島での「マフもラエラエも同じ」といった見解からもわかる通り，誰もが確信をもって認識するものとはいえない。しかし，「マフ」「ラエラエ」のカテゴリーが存在するところにおいての「マフもラエラエも同じ」との見解であって，タヒチ社会における全ての成員がマフとラエラエは同じであると考えるわけでもない。現代タヒチ社会は，「マフ」だけではなく，そこに「ラエラエ」，さらには「ゲイ」「レズビエンヌ」の名づけがされる社会であり，これら名称をもつ性的マイノリティが性的マジョリティと共生する社会である。

　さらに，植民地支配の歴史，近代化，グローバル化の影響による特定の性を生きる人々のマイノリティ化，あるいは，マイノリティ化に対抗する動きは，当事者自身の可視化／不可視化の選択を介しながら，フランス領ポリネシア内でも主流社会対性的マイノリティの単純な図式に留まることのない，島ごとの異なる状況に応じて進んできた。そこには性自認においては男女をマジョリティとし，マフ，ラエラエをマイノリティとする二項対立として，性的指向においては異性愛者をマジョリティとし，ゲイ／レズビエンヌをマイノリティとする二項対立としての単純な図式化があるのではなく，性的少数派（人数における）の中でのマイノリティ化（平等性の観点からの）が起こるなかで，複数間の関係性を俎上に載せてはじめて明らかになるような状況が展開する。つまり，男性・女性，異性愛といった性的マジョリティを対極に置きながらも，マフ，ラエラエ，ゲイ，レズビエンヌの間で相対化が起こる状況である。マフとラエラエの対比の中では（タヒチ島のみであるが）家族・社会においてジェンダー役割が明白でないラエラエがマイノリティ化し，マフやジェンダー役割が明白なラエラエは可視化することでマイノリティ化しない。マフ／ラエラエとゲイ／レズビエンヌの対比の中では，マフ／ラエラエが可視化し，欧米人やデュミの

ゲイ／レズビエンヌが平等を求める運動の中で「マイノリティ＝弱者」として可視化するなか，ポリネシア人ゲイ／レズビエンヌは不可視化する。

　当事者たちは，各々の実践でもって外部要因からの名づけに対応・対抗する。マフは自らを「伝統的」「ポリネシア的」であるとし，「家族・親族とのつながり」や「家族・親族，社会における役割」を強調することで，つまり伝統的共同性に軸を置くことで自らをラエラエから相対化する。さらに，「身体を変えない選択」をすることで自らが「自然な」性であることを主張し，「マフ」としての性カテゴリーを本質化する。ラエラエは女性の身体性獲得に力を注ぐことで，マフとの相対化を図り，自らの性でもって近代化，西欧化を体現し，さらには，家族・親族との関係に縛られずに自由に生きる，近代的個人であることを示す。

　このような性的マイノリティ間での相対化は，欧米の「LGBT」のような性的マジョリティに対抗する集合体の結成を妨げる[25]。しかしだからこそ，伝統的共同性をもつマフという緩衝材を中間に置くことによって，単独では排除されがちなラエラエを主流社会に近寄らせることが可能になり，結果，主流社会と性的マイノリティとしてのラエラエの二項対立は弱まる。このことは，マフとラエラエ間の差異を強調するタヒチ島でラエラエへの差別行為がより頻繁にみられるのに対し，二者間の相違をあいまいにするボラボラ島ではそれが少ないことからもわかる。

　さらに性カテゴリーと個々人の実際の性のあり方のずれも，性的マイノリティの排除と受容を特徴づける。マフ，ラエラエ，レズビエンヌ，ゲイの多くがライフステージにおいて避けられない身体の変化，家族関係や他の人間関係の変化を経験し，その経験によっては，異なる名称で名乗ったり，同一名称での自称は続けながらも，名称が示す集団やそのライフスタイル／価値観とは距離を取り始めたりする。一人ひとりが性カテゴリーの枠内に常に当てはまって生きているわけではないのである。

　シンディはパペーテで暮らす，典型的ともいえる「夜のラエラエ」であり，出

---

25) 必ずしも結束しているだけではなく，第2節で述べたように，LGBT間の対立も報告されている。

身地の島の家族・親族との関係も希薄であったが、近年、母親と同居し彼女の面倒をみることを強いられている。子育てをするボラボラ島のヘイヌイは普段は典型的「マフ」であるかにみえるが、時には女装や化粧をし、身体的に「ラエラエ」を謳歌して生きる[26]。マエバは、タヒチ社会では、クザーン・クジーヌ・ドゥ・タヒチ主催のイベントには参加しない、不可視なポリネシア人レズビエンヌであり、社会福祉士の態度や法の不平等性には不服であるが、職場でも私生活でも自らの居場所をもち、そこには彼女の「母性」でつながる人間関係があると同時に、性的指向は不可視ではない。名づけ自体を拒むかのような個々の生き方が、先に述べたようなそれぞれの名称の及ぶ範囲を定める境界線を揺るがし、性カテゴリーを攪乱させる。しかし、このような境界線の揺らぎによる性カテゴリーの攪乱こそ、主流社会と性的マイノリティの共生、および、性的マイノリティ間の共生で生じかねない衝突や緊張を緩和しているのではないか。

【引用文献】

Babadzan, A. (1993). *Les dépouilles des dieux, essai sur la religion tahitienne à l'époque de la découverte*. Paris: Éditions de la Maison des sciences de l'homme.

Besnier, N. (1994). Polynesian gender liminality through time and space. In G. Herdt (ed.), *Third sex, third gender: Beyond sexual dimorphism in culture and history*. New York: Zone, pp.285–328.

Besnier, N., & Alexeyeff, K. (2014). *Gender on the edge: Transgender, gay, and other Pacific Islanders*. Honolulu: University of Hawai'i Press.

Bligh, W. (1789 [1792]). *A voyage to the South Sea, undertaken by command of His Majesty, for the purpose of conveying the breadfruit tree to the West Indies, in His Majesty's ship the Bounty. Including an account of the mutiny on board the said ship*. 2vols, London: G. Nicol.

Cerf, P. (2007). *La domination des femmes à Tahiti: Des violences envers les femmes*

---

26) 筆者は、インタビュー時に「マフ」的な容姿である年配者たちから、若き日の女装や化粧を申し分なくしている姿の写真をよく見せてもらった。若い時にはラエラエとして生きていた人が、マフ的になるケースは多くみられるが、同時に、中高年の女性(ラエラエのように着飾ることもない)に変わっていく人々もいる。いずれにせよ、年を重ねることで、多くの人々が若いラエラエのように過剰なまでに「女性性」を強調することはなくなる。

au discourse de matriarcat. Pirae: Au vent des îles.
Elliston, D. (1997). *En/gendering nationalism: Colonialism, sex, and independence in French Polynesia.* PhD Thesis. New York University, Graduate School of Arts and Science.
Elliston, D. (2014). Queer history and its discontents at Tahiti: The contested politics of modernity and sexual subjectivity. In N. Besnier, & K. Alexeyeff (eds), *Gender on the edge: Transgender, gay and other Pacific Islanders.* Honolulu: University of Hawai'i Press, pp.33-55.
Herdt, G. (ed.) (1993). *Third sex, third gender: Beyond dimorphism in culture and history.* New York: Zone.
Kirkpatrick, J. (1987). Taure'are'a: A liminal category and passage to Marquesan adulthood. *Ethos* 15(4): 382-405.
Koyama, E. (2006). *Whose feminism is it anyway?: The unspoken racism of the trans inclusion debate.* In S. Stryker, & S. Whittle (eds.), *The transgender studies reader.* New York: Routledge.
Kuwahara, M. (2005). *Tattoo: An anthropology.* Oxford: Berg.
Kuwahara, M. (2014). Living as and living with Māhū and Raerae: Geopolitics, sex, and gender in the Society Islands. In N. Besnier, & K. Alexeyeff (eds.), *Gender on the edge: Transgender, gay and other Pacific Islanders.* Honolulu: University of Hawai'i Press, pp.93-114. .
Levy, R. (1973). *Tahitians: Mind and experience in the Society Islands.* Chicago: University of Chicago Press.
Morgan, L. M., & Towle E. B. (2002). Romancing the transgender native: Rethinking the use of 'Third Gender' concept. *GLQ: a Journal of Lesbian and Gay Studies* 8 (4): 469-497.
Morrison, J./ Owen, Rutter (ed.) (1935). *The journal of James Morrison, boatswain's mate of the Bounty, describing the mutiny and subsequent misfortunes of the mutineers, together with an account of the island of Tahiti.* London: The Golden Cockerel Press.
Nanda, S. (1990). *Neither man nor woman: The Hijras of India.* Belmont: Wadsworth.
Oliver, D. L. (1974). *Ancient Tahitian society.* Honolulu: University of Hawai'i Press.
Roscoe, W. (1987). Bibliography of Berdache and alternative gender roles among North American Indians. *Journal of Homosexuality* 14: 81-171.
Roscoe, W. (1991). *The Zuni man-woman.* Albuquerque: University of New Mexico Press.
Schoeffel, P. (2014). Representing Fa'afafine: Sex, socialization, and gender identity in Samoa. In N. Besnier, & K. Alexeyeff (eds), *Gender on the edge: Transgender, gay and other Pacific Islanders.* Honolulu: University of Hawai'i Press, pp.73-92.
Service du tourisme (2006). *Statistiques du freqentation touristique 2006.* Service du

tourisme.

Shore, B. (1989). Mana and Tapu. In A. Howard, & R. Borofsky (eds.), *Developments in Polynesian ethnology*. Honolulu: University of Hawai'i Press, pp.137-174.

Wilson, J. (1799). *A missionary voyage to the South Pacific Ocean, performed in the Years 1796, 1797, 1798, in the Ship Duff, commanded by Captain James Wilson*. London: T. Champman.

岩間暁子・ユ ヒョヂョン［編］(2007).『マイノリティとは何か―概念と政策の比較社会学』ミネルヴァ書房

宇野邦一 (2001).「マイノリティ いくつかの問い」宇野邦一・野谷文昭［編］『マイノリティは創造する』せりか書房, pp.57-66.

大橋洋一 (2013).「Qの欲望―現代の映画とクィア批評」三浦玲一・早坂 静『ジェンダーと「自由」―理論, リベラリズム, クィア』彩流社, pp.293-312.

桑原牧子 (2005).「マオヒ／タヒチアン―民族のイメージと実態」綾部恒雄［監修］前川啓治・棚橋 訓［編］『講座世界の先住民族―ファースト・ピープルズの現在 9 オセアニア』明石書店, pp.206-216.

杉浦郁子 (2010).「レズビアンの欲望／主体／排除を不可視にする社会について」好井裕明［編］『セクシュアリティの多様性と排除』明石書店, pp.55-91.

竹村和子 (2004).『愛について―アイデンティティと欲望の政治学』岩波書店

中力えり (2007).「フランスにはなぜマイノリティがいないのか―「共和国」の虚実」岩間暁子・ユ ヒョヂョン［編］『マイノリティとは何か―概念と政策の比較社会学』ミネルヴァ書房, pp.95-118.

三橋順子 (2010).「トランスジェンダーをめぐる疎外・差異化・差別」好井裕明［編］『セクシュアリティの多様性と排除』明石書店, pp.162-191.

宮島 喬 (2002).「移民の社会的統合における「平等」と「エクイティ」」, 宮島 喬・梶田孝道［編］『国際社会④マイノリティと社会構造』東京大学出版会, pp.19-44.

第6章
母系社会・パラオにおける
マイノリティは誰か？

安井眞奈美

1 ローカルな社会における「男女平等」というグローバルな基準

　「男女平等」「女性の権利の実現」という目標は，1995年に北京で開催された第4回世界女性会議を契機に，世界のさまざまな地域において推し進められてきた。これまで男性支配の社会において，マイノリティに位置づけられてきた女性は，この会議により，男性と平等に生き，男性と同等の権利を主張することが改めて確認され，女性自身により弛みない努力が続けられてきた。

　グローバル化の進む現代社会において，「男女平等」および「女性の権利の実現」という規範を実現することは，西欧のフェミニズムの後押しもあって，もはや当然のこととみなされている。とはいえ，グローバル・スタンダードともなった「男女平等」が，あらゆる地域の女性たちに，そのまま受け入れられるわけではない。

　例えば，本章で紹介するパラオ共和国の場合がそうである。パラオは，世界で減少しつつある母系社会の構造を現代も維持しており，男性首長と同じく，女性首長たちも権限を保有している。注目されるのは，二人の女性首長が，1994年10月のパラオ共和国の独立を前にして，女性たちの力でパラオの社会をよりよくしたいと，第4回世界女性会議（以下，北京世界女性会議とする）への参加を表明した時のことである。そしてその参加要件を満たすために，1994年3月にパラオの女性たちを集めて初めてベラウ女性会議（Mechesil Belau Conference）を開催したのであった。

　ところが公には記録されていないが，当時の関係者からの聞き取りによると，

パラオの女性首長たちは北京世界女性会議に先立って行われたSPC[1]の主催する会議にて,「パラオには男女差別はない。私たちはパラオの女性たちを一つにまとめることのできる女性首長である」と挨拶をしただけで,女性の置かれた状況について報告をしなかったというのである。これをいったいどのように理解すればよいのだろうか。

たしかに女性首長は,男性首長を決める最終の決定権をもち,パラオの女性たちを統括する強い権限をもつ。それゆえ彼女たち自身は,男性に対する「マイノリティ」としての女性であるとは,およそ感じてはいないことは容易に理解できる。

しかし,実際には母系社会の首長制に基づく女性同士の格差,男性同士の格差も存在するし,ジェンダーだけではなく民族や宗教,居住地域,経済状況などによる格差も当然のことながら存在する。

ベラウ女性会議は北京世界女性会議終了後も毎年開催され,2013年8月に20回を数えた。本章の課題は「男女平等」の実現というグローバル・スタンダードが,パラオという小さな島嶼国のローカルな社会においてどのように進められてきたのかを,ベラウ女性会議を素材にして明らかにすることにある。西欧社会とは異なる母系社会といったローカルな社会の中で,現代のグローバル・スタンダードである「男女平等」は,そのまま実現すべき課題と捉えられてきたのだろうか? あるいは,それに対抗するローカルな言説が生み出されてきたのだろうか? もし仮に後者であるとすれば,グローバル社会の均質化しゆく価値観に対する,ローカルな社会から湧き上がった「対抗」として注目されるが,現実はどうなのだろう? さらに現代のパラオ社会において,さまざまな権利を行使できずに困難な状況に置かれているマイノリティはいったい誰なのか?

これらの点を,筆者がこれまでパラオで行ってきたフィールドワークに加えて,ベラウ女性会議が20年を経た現在,どのように考え得るのか,さまざまな人々に行ったインタビューの成果も含めて明らかにしていく。

---

[1] SPCとはThe South Pacific Commissionの略であったが,北半球に位置するミクロネシアの島々が加盟した後,"South Pacific"(南太平洋)はふさわしい名称ではないとの判断から,1997年にSecretariat of the Pacific Communityと改名された。

第6章　母系社会・パラオにおけるマイノリティは誰か？

遠藤央が指摘する，「独立をはたしたパラオで，今後どのようにジェンダー関係が再編成されていくのかは，人類学的にもジェンダー論的にもきわめて興味深いところであろうし，また力関係が国家形成とともにどのように変化していくのかも，重要な問題となるだろう」[遠藤 2002: 125]という点を具体的に描くとともに，ローカルな社会からグローバル・スタンダードに対してどのような対抗，もしくは順応がなされているのかをみていきたい。

2　母系社会・パラオの概観

西太平洋カロリン諸島西端に位置するパラオは，列強による植民地支配を経て，1994年10月1日にパラオ共和国として独立を果たした（図6-1）。パラオ共和国は人口2万人弱の小さな島嶼国であり，国の経済は日本，アメリカ，台湾などからの援助金およびダイビングなどのマリンスポーツを主とした観光業に依っている。またパラオは，世界に存在する母系社会の中でも，女性の首長が男性の首長を最終的に決定できるという特徴をもつ[須藤1989]。このようなパラオの首長制は，アメリカ合衆国を模した大統領制とともに憲法において認められ，現在，政治は二重構造を成している。パラオでは，男女それぞれの首長が島々を二分した東西を管轄する。東を管轄する首長の称号は，男性首長がルクライ（*Reklai*），女性首長がエビル・ルクライ（*Ebil Reklai*）であり，西を管轄する首長は，男性がアイバドー

図6-1　パラオ共和国の地図
（南部のソンソロール州，ハトホベイ州は除く）

ル（Ibedul），女性がビルン（Bilung）と呼ばれ，パラオの首長制の頂点に位置づけられてきた。

　パラオの近代は，列強による植民地統治の歴史に遡る。スペイン，ドイツ（1899-1914年）による統治後，1914年第一次世界大戦を契機に，今度は日本がパラオを含むミクロネシアのドイツ領を占領，第一次世界大戦終結後は国際連盟による委任統治領「南洋群島」としてパラオを統治することになる。

　日本が統治していた約30年間，コロール島には日本人町が形成され，インフラなどの整備が進められた。とくにペリリュー島，アンガウル島にはリン鉱石の採掘場があり，多くの日本人労働者が沖縄などから集められ重労働を強いられた。一方，パラオの子どもたちは公学校に通って日本語を学び，毎朝「天皇万歳」と唱和し，正月には南洋神社へ参拝に出かけ，「よき日本人」としての教育を受けて育った。さらに彼らは放課後，「練習生」として日本人の家で，男子は薪割り，女子は子守りやお使いなどに駆り出されたのであった。

　太平洋戦争時には日本とアメリカがペリリュー島，アンガウル島などで戦闘を繰り広げ，日本軍およびアメリカ軍に多数の死傷者が出るなど激戦地となった。戦後70年となる2015年4月に，天皇・皇后が慰霊のためペリリュー島を訪れたことは記憶に新しい。終戦直後のペリリュー島は壊滅状態にあり，たった一本のヤシの木も見当たらず，真っ白な砂地がむき出しになっていたという。

　太平洋戦争で日本が敗戦した後，パラオは1947年国連信託統治領としてアメリカの管轄下に置かれるようになった。その後，1970年代よりオセアニア各地で独立の機運が高まったのを受けて，ミクロネシア地域でもその動きが活発となるが，ミクロネシア地域の島々の足並みはなかなか揃わなかった。結局パラオは，他の島々と共に独立する道は選ばず，1994年10月1日にアメリカと自由連合協定を結んでパラオ共和国として独立を果たした。

　2012年現在のパラオの人口は17,501人である［Republic of Palau, Bureau of Budget and Planning Ministry of Finance 2013: Table 2.1］（表6-1）。そのうち約3割が外国人とされ，とくにフィリピンからの出稼ぎ者が多い。また就業許可をもつ外国人労働者数は4,017人にのぼり，そのうちフィリピン人は2,692人と実に67％を占めている（表6-2）。フィリピン人に次いで就業者が多いのは，タロイモ栽培などにも従事するインドネシアの労働者（411人），レストランや雑貨屋を

経営する中国人（308人）などである。日本人は，就業許可をもつ160人を含め，約300人がパラオに在住しているとされる。戦後，再びパラオに移り住んだ日本人や，ダイビングなどのマリンスポーツやレストランの経営など観光業に携わる人々が多い。その他，パラオ政府が把握している就業許可を得たオセアニア地域の人々は統計上わずか23人であるが，例えばパラオ周辺のヤップ島などから短期間滞在し，ベラウ国立病院で治療を受ける人々も少なくはない。

総合すると2012年，外国人労働者の男女の割合は男性64.5％に対し，女性35.5％である。

なおパラオの人口の約81.1％が旧首都コロール州とアイライ州の都市部に集中しており（2012年），とりわけコロールは急激な都市化にみまわれてきた［Republic of Palau, Bureau of Budget and Planning Ministry of Finance 2013: Table 2.3］。政府は一局集中を避けるため，2006年に首都をバベルダオブ島のマルキョク州へ移したが，現在もホテルや商店，オフィスの立ち並ぶコロール州がパラオの中心地となっている。

表6-1　パラオの人口推移（1990-2012年）

（出典：Republic of Palau, Bureau of Budget and Planning, Ministry of Finance［2013: Table2.1］より作成。）

年　人	1990	1995	2000	2005	2012
男　性	8,139	9,213	10,450	10,699	9,217
女　性	6,983	8,012	8,679	9,208	8,284
合　計	15,122	17,225	19,129	19,907	17,501

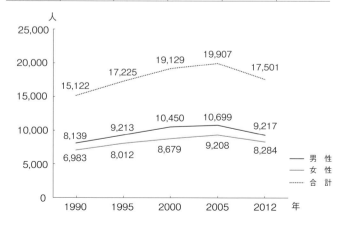

表 6-2 パラオにおける性別および国別による就業許可をもつ外国人労働者数（2012 年）
（出典：Republic of Palau, Bureau of Budget and Planning, Ministry of Finance [2013: Table4.11] より作成。）

国		総数（人）	男性		女性	
			人数（人）	国別男女比（％）	人数（人）	国別男女比（％）
アジア	総 数	3,916	2,517	64.3%	1,399	35.7%
	フィリピン	2,692	1,599	59.4%	1,093	40.6%
	インドネシア	411	390	94.9%	21	5.1%
	中 国	308	155	50.3%	153	49.7%
	日 本	160	74	46.3%	86	53.8%
	バングラデシュ	149	149	100.0%	0	0.0%
	台 湾	100	75	75.0%	25	25.0%
	韓 国	46	35	76.1%	11	23.9%
	ネパール	23	22	95.7%	1	4.3%
	インド	18	16	88.9%	2	11.1%
	タ イ	7	2	28.6%	5	71.4%
	マレーシア	2	0	0.0%	2	100.0%
北アメリカ		46	34	73.9%	12	26.1%
ヨーロッパ		24	15	62.5%	9	37.5%
オセアニア		23	19	82.6%	4	17.4%
アフリカ		4	3	75.0%	1	25.0%
中 東		3	2	66.7%	1	33.3%
ラテンアメリカ		1	1	100.0%	0	0.0%
総 数		4,017	2,591	64.5%	1,426	35.5%

　パラオの経済は，主にアメリカ，日本，台湾からの援助と観光業に頼っている。2011 年，初めて年間観光客が 10 万人を超え，そのうち約 3 割は日本人が占めていた。近年では中国人観光客が急増し，それに伴い中国人の経営によるホテルや旅行代理店も増えている。アメリカよりパラオに帰国したあるパラオ人女性は，新聞のコラムで「パラオはチャイナタウンのようだ」と表現している［Tsuneo 2015］。

　先述した通り，パラオの政治構造は，パラオの首長制と新たな大統領制の両者が憲法で保障されている。パラオの各ムラには 10 のクランがあり，クロバック（klobak, 首長会議）と呼ばれる各クランの男性タイトル保持者たちの集まりがムラの伝統的な政治をつかさどってきた。各クランのタイトル保持者を選ぶのはそれぞれのクランの「強い」数名の年長女性たちである［遠藤 2002:

100]。「強い」というのは,「たとえばクランのなかでも代々母系のラインをたどれる最有力のリニージの最年長女性,長姉,長姉の長女など,直系に近くて年齢が高ければ,理論的には「強く」なる」とされる[遠藤 2002: 100]。

また母系社会パラオにおいては,カブリール(*kebliil*)と呼ばれる母系親族集団の成員同士の結びつきが強く,現在においてもこのネットワークが社会の根幹をなしている。カブリールの成員たちは,シューカン(*siukang*)と呼ばれるさまざまな慣習に参加することを通して,成員同士の結びつきを確認している。シューカンとは,パラオのさまざまな慣習的行為を総括する日本語からの借用語であり,これが現在も用いられている[安井 1996]。シューカンには,例えば葬式や第一子誕生儀礼,家を新築する際のハウスパーティなどが挙げられ,女性たちにとってはシューカンへの積極的な参加と働きぶりが,母系親族集団の中での評価につながるため,おろそかにできないのである。

このようなパラオの母系社会も,グローバル化の時代の中で,近年,急激な変貌を遂げている。パラオは,他のミクロネシアの島嶼地域と同じく伝統的に,男性が漁労活動,女性が主食のタロイモなどの栽培,そして家事や育児に専念し,母系社会の成員同士で助け合いながら日常生活を営んできた。アメリカの統治下になると,公務員や会社員などホワイトカラーの職種に従事するパラオ人男女が増え,近年ではタロイモの栽培は外国人労働者にまかせるなどして,生活は大きく変化した。

それでも,日常のさまざまな諸活動の中で,シューカンは現代も大きなウェイトを占めている。さらに,人々は自らが属する母系親族集団の威信を示すべく,葬式や第一子誕生儀礼などのシューカンをより派手に,よりお金をかけて執り行うようになる。母系親族集団の序列に応じた,適度な規模のシューカンを行うというパラオ社会の規範は破られている。シューカンの規模が大きくなるにつれ,それを支える女性たちは,より多くの時間と労力を割かれるようになる。近年では女性たちも男性と同様に,公務員として,また銀行,ホテル,スーパーマーケットなどに勤務して,毎日,定時の仕事をこなしている。そのため,週末に行われるシューカンの準備と参加は,大きな「負担」として捉えられることが多い。それゆえシューカンは,次に示すようにベラウ女性会議で毎回取り上げられる重要なトピックとなっている。

3 ベラウ女性会議の20年

　北京での第4回世界女性会議は，1995年9月，国際連合創設50周年を記念して，190か国の政府，国連機関，NGO等，17,000人の参加をもって行われた。その際に採択された「北京宣言」には，「全人類のためにあらゆる場所のすべての女性の平等，開発及び平和の目標を推進することを決意」とある[2]。ベラウ女性会議は冒頭で触れたように，この北京世界女性会議に参加を表明したパラオの女性首長により，準備会議として1994年に発足，開始された。「北京宣言」に先だって組織されたベラウ女性会議で，どれだけ女性の権利の推進が意識されていたかはわからないが，以下，20回にわたるベラウ女性会議を振り返りながら，その概観を示してみたい。

　ベラウ女性会議の主催者は，女性首長のエビル・ルクライとビルンである。とはいえ，会議はつねにビルンの管轄するコロール州で開催されてきたため，ビルンに自ずと主導権が集中してきた。またパラオ全16州のすべての女性たちが，出身州ごとに参加を求められた。年配の女性たちは，ベラウ女性会議のために拵えた揃いのドレスを着て出席したが，これは現在も受け継がれている（図6-2）。また各州の女性たちが料理を作り，自慢の工芸品やバナナの葉で編んだバスケットを持ち寄るなどして，手工芸品を展示，販売する日も設けられてきた（図6-3）。

　第1回女性会議のテーマは「伝統的責任の維持と保護」であり，パラオの女性たちにとっての主要な関心の一つであるシューカンについて，以下のように改定がなされた。葬式での飲酒を禁止，数日間続く葬儀を1日に制限，第一子誕生儀礼は結婚した女性のみ行う，第一子誕生儀礼の際に飲酒とバンドの生演奏はやめる，決まった月にだけパラオの慣習的な儀礼行為を行う，財貨の模造品の禁止，といった内容である。このように会議の議決にはパラオのシューカンについての細かい規制が続き，当初の設立目的であった「男女平等」が謳われているわけではない。もちろん，その点についての女性首長の立場は「パラオに男女差別はない」というものであるから，話し合う必要もないと判断されたのだろう。

　参加者は年配の女性たちで占められる。なぜなら会議の開催はウィークデー

第6章　母系社会・パラオにおけるマイノリティは誰か？

図6-2　第10回ベラウ女性会議　コロール州　パラオコミュニティカレッジにて（2003年4月撮影）

図6-3　第10回ベラウ女性会議での手工芸品の展示・販売（2003年4月撮影）

2)「第4回世界女性会議行動綱領（総理府仮訳）」内閣府男女共同参画局ホームページ〈http://www.gender.go.jp/international/int_standard/int_4th_kodo/chapter2.html〉。

の3日間(近年は2日間)であるため,公務員や会社勤務のおおむね60歳以下の女性たちは参加が難しいからだ。しかしラジオを通して実況中継がなされるので,会議の様子を聴くことは可能である。

会議の開催にあたっては,毎回,パラオ大統領,コロールの男性首長・アイバドールら男性たちが挨拶をし,パラオの社会において女性の力がいかに重要であるかを力説する。その後,女性首長・ビルンがさまざまな議題を紹介する。皆でディスカッションするのではなく,参加者がビルンの話を聴くという形が踏襲されている。またベラウ女性会議では,パラオのシューカンについての議題が数多く登場するが,パラオの慣習など実践レベルの問題は,会議の場ではなく,参加した女性たちがその後の雑談の中で意見していくものといえる［安井 1996］。紺屋あかりは,「伝統的な話し合いの場を維持するよりはむしろ,伝統的な社会秩序と「近代国家パラオ」とをつなぐ「結節点」として特徴づけることができる」［紺屋 2013: 23］と指摘している。

ベラウ女性会議の議決に法的な根拠はないが,パラオの立法機関であるOEKに働きかけがなされる。OEK(*Olbiil era Kelulau*)とは,1955年,アメリカ内務省の管轄下に置かれていたパラオ協議会とパラオ議会が合併したものであり,オルビール(*Olbiil*)は「決定される場」という意味である。パラオでは重要とみなされることは「ささやくように」情報交換されるのがふつうとされ,OEKはパラオの立法機関と位置づけられる［遠藤 2005; 紺屋 2013］。

次に,ベラウ女性会議で取り上げられてきた主な議題を列挙したい。従来のベラウ女性会議のテーマと内容については表6-3にまとめている。表が示すように会議の議題は,パラオのシューカンが主たるものとなっているが,第17回ベラウ女性会議に至ってようやく,会議のテーマに「女性への均等な機会」が含まれたことは注目に値するだろう。

なお第10回ベラウ女性会議の記念会議には筆者と人類学者の山本真鳥氏がゲストスピーカーとして招かれ,それぞれ日本の出産・育児の現状と日本の介護保険について発表した。この時は,フロアからも多くの質問が出され,まさに女性の抱える育児と介護について有意義な議論のできた会議であったといえる。

次に例として,第18回ベラウ女性会議「安全装置としての伝統」の議決を紹介したい。

第6章　母系社会・パラオにおけるマイノリティは誰か？　175

表6-3　ベラウ女性会議の20年（出典：紺屋［2013:18］を基に、議題の内容を付け加えて作成。議題の内容は、Mechesil Belau [2013] を参照して作成。）

回	日時	開催地（すべてコロール州）	会議のテーマ	議題の内容
1	1994.3.8-10	マタル集会所	伝統的責任の維持と保護	シューカンに関わる慣習法の変更
2	1995.3.8	マタル集会所	パラオ女性のつながりと富	慣習法について。西洋文化の影響下におけるパラオ女性の役割
3	1996.3.13-14	マタル集会所	伝統の価値と尊敬	パラオ文化を学ぶ学校教育へのカリキュラムの導入
4	1997.3.17-18	PCC	パラオ文化の意識と教育	パラオの文化と伝統を教えること。各州で食事を用意する。
5	1998.3.19	PCC	伝統的知識と家族の価値	家庭教育の重要性。子どもと教育の専門家らがパラオ人にパラオ人に呼ばれる
6	1999.3.24-25	PCC	21世紀に向けた冒険：子どもの健康、健全な家族、そして強いパラオ	新しい世紀に向けた強くて健康な家族、パラオ人の航空税免除とキャンブル法の禁止の議会への働きかけ
7	2000.3.29-30	PCC	農業の維持と保護	ナカムラ・クニオ大統領による農業プログラムへの参加の呼びかけ
8	2001.3.28-29	PCC	どのように私たちはパラオを守るのか	教育・文化・法律・環境などの議題
9	2002.4.3-4	PCC	本来の子ども教育の手引き	トミー・レメンゲサウ大統領による、パラオの文化と伝統の保持に対するパラオ女性会議への激励
10	2003.4.1-3	PCC	パラオ女性の伝統的な家族のシンボルとその伝道化	パラオ女性の伝統的な遺産と財産の展示。北マリアナ諸島、マーシャル諸島、日本からの代表団の参加
11	2004.4.21-22	PCC	変化がパラオの人々にもたらす効果	憲法の修正案について
12	2005.3.8-9	ガラマヨンセンター	母国語とその固有性が私たちにもたらす意義	ガラマヨンセンターでのベラウ女性会議開催の祝福、誤ったパラオの慣習法、性暴力、学校での麻薬使用、自殺など
13	2006.4.19	ガラマヨンセンター	慣習法に従おう：わたしたちの島が良き島になるように	コミュニティの健康と教育
14	2007.4.19	ガラマヨンセンター	強調、尊敬、誠実がパラオ社会を強固にする	パラオのよりよい将来にむけての調和、尊敬、誠実
15	2008.3.4	ガラマヨンセンター	わたしたちの尊厳と敬意を表明し合おう	ベラウ女性会議のパラオ社会に果たした役割を讃えるレメンゲサウ大統領の演説。憲法修正案
16	2009.4.2	ガラマヨンセンター	信頼性と家族の価値を向上させるための方策	今日の子どもの幸福について
17	2010.4.7-8	ガラマヨンセンター	女性への均等な機会	女性の平等と機会均等
18	2011.3.24	ガラマヨンセンター	安全装置としての伝統：伝統的儀礼における食物と財の贈与に関する規制	パラオのシューカンとしての葬儀式の見直し
19	2012.4.24	ガラマヨンセンター	慣習法に従った伝統的権利	パラオのシューカンにおける正しい出費について
20	2013.8.27-29	ガラマヨンセンター	ベラウ女性会議20年を祝う	ベラウ女性会議20年を振り返る

1. すべての商売は深夜12時までとし，17歳以下の午後9時以降の外出を禁止する法律の制定。
2. 第一子誕生儀礼にての飲酒，麻薬，不法ドラッグの禁止。バンドの演奏は儀礼が終わって産婦が屋内に入ってからとする。産婦は演奏に合わせて踊ってはいけない（その場合の罰金は1,000ドルとする）。産後の癒しのため，伝統的な蒸気浴び，湯浴びを行うようすべてのパラオ人女性に通達すること。
3. 儀礼に際して交換される財貨の偽造禁止。
4. 近所迷惑となる大音量のバンド演奏によるパーティーの禁止。
5. 近所の人々によるお互いの見回り。
6. 増加する高齢者の介護放棄について言及するプログラムを確立するための法律制定。
  政府は，介護放棄された高齢者のための医療施設を設立すべき（男女別とする）。
7. 精神疾患のある市民のための病院とリハビリ施設を設立するための法律の制定。
8. ベラウ女性会議は，首長のタイトル，土地，村の境界，共有財産，慣習的行為など，パラオの文化価値や原則に関する議論を行える伝統的裁判所の設立に向けての法案を支援すること。
9. 葬儀や第一子誕生儀礼などの儀礼的行為に際して集められる現金には，政府の税金をかけないこと。
10. 故人と遺族のために，生前にかかった医療費は葬儀の前後に遺族に示し，決して葬儀中には示さないこと。

これらの議決は，内容に応じて次の3項目に分類できる。

①パラオの慣習的行為であるシューカンを守るための具体案　2, 3, 8, 9
②青少年の犯罪防止，治安維持　1, 4, 5
③社会福祉の充実　6, 7, 10

これら3項目のうち，従来から重視されてきたパラオの慣習的行為を守るための具体案の提示に力点が置かれており，時間も割かれている。議題はパラオの慣習に関する細かな内容が主となっていることがわかる。

さらに 2013 年 8 月に開催された第 20 回ベラウ女性会議を例に，その時に配られた資料と聞き取りから会議の様子を紹介したい。筆者は会議にあわせてパラオを訪問したが，ベラウ女性会議の 20 回開催を記念する『ベラウ女性会議 20 周年記念』（20th Anniversary）［Mechesil Belau 2013］の刊行が間に合わないとして，残念ながらビルンの一存で，会議の開催は直前に延期されてしまった。このような事態からも，ビルンがいかに強い権力をもっているかを窺い知ることができる。

以下，『ベラウ女性会議 20 周年記念』と当日の報告から，概要を報告する［Mechesil Belau 2013］。まず，20 周年の記念大会として，会議の開始にあたって挨拶を寄せた国連のエルジラ・サニョマエヴァ（Elzira Sagynmaeva）氏は 20 年を振り返り，「ベラウ女性会議が 20 年間果たしてきた役割は大きい」と評価し，その一つとして例えば性犯罪等を防ぐ家族保護法の制定をあげる。また，男性と女性が協働するパラオの社会的状況を評価している。しかし，いったいどのような意味での男女の「協働」なのかは明確に語られてはいない。女性は家事をこなし，シューカンへの参加を義務とし，また仕事に従事するなど，近年よりいっそう，さまざまな役割が期待されており，女性の負担は大きくなっているが，そのような現状については触れられていない。

次に，パラオの西側を管轄する男性首長・アイバドールの称号に就くユタカ・ギボンズ（Yutaka Gibbons）氏の挨拶の中で，次のような文言がでてくる。

> あなた方女性は私たちの母親であり，すべての家族を産み出している。あなた方は，国連や大統領，首長会議などの支援を受けられるから幸運である。

このような表現は，ベラウ女性会議の開催に際して歴代大統領や男性首長たちが表明してきた常套句である。「パラオ社会を支える母なる女性たち」と，女性の力なしにパラオ社会の進展はありえない，と持ち上げる。このような常套句からは，男女平等にむけて現状を見極めようという態度は感じ取れない。

次に，パラオ社会文化省が作成したベラウ女性会議の 20 年を振り返る報告

書を参照してみよう。この報告書によると，1995年の北京世界女性会議の採択以降，パラオでは男女平等と女性のエンパワーメントについて，以下の八つの達成があったと分析している［Minister of Community and Cultural Affairs 2015］。以下一部を抜粋する。

　①ベラウ女性会議の開催，②社会文化省「高齢者とジェンダー室」の下に男女平等を目指す「ジェンダー部門」を新たに設置，③家族保護法の制定（2012年），④男性の健康会議の開始，⑤ベラウ女性エンパワーメントセンターをNGOとして設置（2013年）。このNGOの働きにより出産育児休暇が導入され，デイ・ケア施設の規約が立ち上げられた。⑥経済的支援，パラオ国立開発銀行は，漁業，農業，エコツーリズムとエネルギー効率に関連させて起業する女性および男性を支援する。⑦奨学金制度，パラオ国立奨学金事務所，パラオ・コミュニティ短期大学，パラオ国際サンゴ礁センターは女性に学士および修士のための奨学金と学ぶ機会を与える。⑧男女平等に向けて，さまざまな組織を基にしたコミュニティ，州レベルおよび国家レベルにおいて，組織またはクラブに基づく伝統的な活動とプログラムにより，教育，女性の健康，芸術，パフォーマンス，スポーツ，身体的活動を支える。

　八つの達成のトップに挙げられている，ベラウ女性会議の20年にわたる開催は，確かにもっとも評価に値することであろう。なぜなら，ベラウ女性会議で提案された議決から19の法案が可決され，パラオ憲法について3点の修正案が実現したからだ。このことは，女性の力でパラオの社会をよくしたいというベラウ女性会議の発足当時の願いが結実したものといえる。なおパラオ憲法に関する修正点は女性首長・ビルンの発案によるもので，以下の3点である。(1) 同性婚の禁止，(2) パラオ政府と伝統的な首長たちが対立した場合，パラオ政府の決議が優先される，(3) その場合，パラオ政府は伝統的な首長たちの要求を聞くこと，である。

　このように，法案の施行や憲法修正案の可決，そして社会文化省のジェンダー部門やNGO組織としてのベラウ女性エンパワーメントセンターなど新たな機関の設置は，目に見える形でのベラウ女性会議の貢献と言える。そして最

後の第8番目に挙げられているのが、男女平等に向けての具体的な計画である。これは、北京世界女性会議で提示された男女平等を実現すべく、パラオで具体的に練られた計画として評価できるだろう。ここに至ってようやく、ベラウ女性会議が発足した当初の目的でもある男女平等の実現に向けて、具体案が示されているのである。

　ベラウ女性会議は、20回を経たのちも、引き続きほぼ毎年欠かすことなく続けられている。では人々は、ベラウ女性会議をどのように評価しているのだろうか。

4　ベラウ女性会議のさまざまな評価

　筆者はフィールドワークを行う中で、折に触れさまざまな年齢層の男女に、ベラウ女性会議についてどのように考えているのかを尋ねてみた。ベラウ女性会議について何か意見を述べることは、女性首長に対して意見を述べることにつながるため、パラオ社会ではそのこと自体が憚られる。それゆえ他人に聞かれないようにオフィスや個人宅で話をしたためか、話を聞かせてくれた人々は、ベラウ女性会議について、自由に意見を語ってくれた。以下、年齢と簡単な略歴のみを記載して、紹介していく。

【事例1】57歳女性（1957年生まれ、コロール州在住、ペリリュー州出身）公務員
　ベラウ女性会議が開催される時はいつも仕事がある。しかし全員参加するようにと女性首長が言っているので、なるべく出席するようにしている。ペリリュー州在住の年配の女性たちはお揃いのドレスを着て参加するが、私はそこには入らず一人で行く。でも母が亡くなったので、いずれはペリリュー州の女性たちとともに参加しなければならないだろう。
　ベラウ女性会議のよいところは、議会に働きかけて法律を作ることができる点だ。女性首長・ビルンだけがすべての女性を集めて、そのように働きかけることができる。
　しかし会議で扱うトピックが多すぎて、とても一日では話し合いができない。教育問題や環境問題などもあるが、もう少し女性の問題に絞ってもよいように思う。またベラウ女性会議は、取り上げた議題がその後どのように解

> 決に至ったのかという結果にはあまり関心がないようだ。
> 　ベラウ女性会議は問題を解決するというよりは，パラオの女性たちが集まることそれ自体に意義がある，と最近思うようになってきた。
> 　他のやり方もあるかもしれないが，コロール州に多くの人々が在住しているので，現在はコロール州を管轄するビルンに従うほかない。

　彼女は，ベラウ女性会議が20年間の活動を通して実際にいくつかの法案の可決に働きかけた点を評価している。その上で，ベラウ女性会議の議題については「女性の問題」に絞ることを提案している。また問題解決としての会議という性格よりも，「集まることに意義がある」という彼女の指摘は重要である。ベラウ女性会議では，皆でディスカッションを行い何かを決めるという方法は採用されてこなかった。なぜなら女性たちは，ベラウ女性会議で聞いた女性首長の意見やシューカンのやり方をもとに，各母系親族集団で独自の方法を考え実行してきたからだ［安井2005］。
　ところで，女性たちがビルンに従わざるを得ないのは，ベラウ女性会議がビルンの管轄する西側のコロール州に位置するガラマヨン文化センターで開催されているからである。もしもエビル・ルクライの管轄する東側のマルキョク州で開催されるようになれば，エビル・ルクライが発言権をもち，これまでとは違った形で会議を進めていけるようになるかもしれない。しかし現在のようにビルンがすべてを握っている状況では，開催地の変更はきわめて難しいという。
　会議の進め方について，他の女性の意見も挙げてみたい。

> 【事例2】67歳女性（1947年生まれ，コロール州在住）公務員退職者
> 　ベラウ女性会議は，女性たちが一堂に集まってさまざまな議題を聞き，それに対して意見を述べる方法を身につけることを重視している。ベラウ女性会議が終わった後，各自が自分の村に戻って会議で得た知見を伝え，どうすべきかを皆で話し合って考えればよい。ベラウ女性会議は，そのような学びの場を女性たちに提供してきたといえる。

　彼女は，ベラウ女性会議の特徴を的確に説明し，「学びの場」と表現している。

これは，ベラウ女性会議の運営を進めてきた，女性首長エビル・ルクライを送り出す母系親族集団の一員でもあり，女性として初めて上院議員副委員長を務めたキャシー・キャソレイ（Kathey Kesolei）氏の見解にも通じる。

> 毎年，ベラウ女性会議の前に，ビルンや何人かの女性たちと何度もディスカッションを行い，何をどのように提示すればよいかを検討している。大勢が集まった場で議論するのはパラオの伝統的なやり方ではない。パラオの文化の在り方，パラオの文化のこれからに関して話し合うためには，多数決や民主主義といったアメリカ的なやり方ではなく，パラオの文化に則ったやり方を採用する必要がある。そのことを，ベラウ女性会議では重視している。

キャソレイ氏によると，ベラウ女性会議は「女性の啓蒙の場」としての性格を併せ持っているという。引き続き，参加者の反応をみてみよう。

【事例3】の91歳の女性は，日本の統治時代に公学校に通って日本語を学んだ。それゆえインタビューは日本語で行った。彼女の夫は日本人で戦後に引き上げたが，その後，彼女と息子を迎えに来た。しかしまったく知らない「大国・日本」で暮らしていくのが怖かったのでこれを断った。その後再婚したパラオ人男性との間に8人の子どもに恵まれた。子どもを学校に行かせるために，畑仕事や小さな店で商売するなど懸命に働いた。子どもたちは奨学金を利用してパラオやアメリカの大学を卒業し，現在活躍中である。

> 【事例3】91歳女性（1924年生まれ，オギワル州出身および在住）
> 一度，ベラウ女性会議に参加したことがある。いつだったかは思い出せないけど，オギワル州の女性たちと一緒に行った。女性の生活のことなどいろいろ話をしていたが，それぞれ別のことを言っていて，話がかみあわなかった。だからもう行かなくなった。

彼女によると，ベラウ女性会議のように300〜500人ものパラオ人女性が一堂に集まる機会はこれまで一度もなかったという。ベラウ女性会議の新しいやり方，新しい議題に，彼女はなじめなかったようだ。

では，若い女性たちはどうだろうか。

> 【事例4】31歳女性（1983年生まれ，コロール州在住，マルキョク州出身）公務員
> 　ベラウ女性会議にはまったく興味がないので参加したことはない。理由は，シューカンの話ばかりでおもしろくないと思うから。若い人はだいたいそのように思っているのではないか。そもそもパラオにはシューカンが多すぎる。

　若い女性たちは，オフィスでの仕事の他に家事や出産・育児などをこなし，またシューカンにも関わっている。個々のシューカンの規模が大きくなるなか，彼女たちの負担感は増大している。彼女たちは，パラオ人女性たちがこれまで経験したことのないようなグローバル社会の中でシューカンのさかんな母系社会の現実を生きているのである。そしてそのような現実は，女性会議ではまだ問題化されてはいない。
　では次に，パラオの男性たちはどのように考えているのかを紹介したい。

> 【事例5】40代男性（コロール州在住）会社経営
> 　ベラウ女性会議のことについて語るべきものは何ももたない。また語る資格もない。女性のことを女性がしているのだから，それについて男性がとやかく言うことはできない。パラオでは，どこの誰が何を言ったかが重要である。どの村のどこのカブリール（母系親族集団）に属するかという情報である。ただ，パラオの社会は大きく変わろうとしている。ベラウ女性会議でそのことが念頭に置かれていればよいが。

　このような反応は，ベラウ女性会議の存在を知るパラオの男性たちからよく聞かれ，女性の行う会議に男性は口出しするものではない，と彼らは言う。一方で，ベラウ女性会議の存在を知らない男性たちが多いことも事実である。

第6章　母系社会・パラオにおけるマイノリティは誰か？　*183*

【事例6】64歳男性（1952年生まれ，コロール州在住，マルキョク州出身）
元学校教員
　ベラウ女性会議は，何度かテレビで見たことがある。シューカンだけではなく，環境問題や教育問題についても触れていた。しかし，もっと女性の抱えている課題やパラオのシューカンについて集中して時間を割いた方がよいのではないか。環境問題についてはテレビのニュースで情報は得られるし，カジノは造らないというのも，すでに女性の意見として知っていた。ベラウ女性会議では，女性の役割をもう少し意識して進めていく必要があると思う。

　彼は，小学校の教員として長年，教育に携わってきた。1960年代にグアム島のハイスクールに一年間通っていたとき，グアムの人々がチャモロ語（chamorro）を話さずに，始終英語で話をしているのに驚いたという。

　グアムでは，パラオ出身というと見下された態度をとられ，英語で話をするのがおしゃれだと皆は考えているようだった。現在では，チャモロ語とチャモロ文化を取り戻そうとしているが，もはや不可能に近い[3]。我々はそうならないためにも，ハワイやグアムというお手本をもとに，パラオの言葉とシューカンをきちんと守っていかなければならないだろう。ベラウ女性会議は，パラオの言葉やシューカンにもっと貢献できると思う。パラオのシューカンを失ってしまったら，アイデンティティの拠り所がなくなる。私たちには，私たちが何者かであるという証明が必要である。

　この男性は，ベラウ女性会議にパラオのシューカンとパラオの言葉を守っていくことを期待している。その上で，パラオの子どもたちがかつてベラウ女性会議で発表した際に使用した言語が英語であったことを問題視する。なぜベラ

---

3) グアム島では，チャモロ語を次の世代に伝えていくために，チャモロ語だけを使って子どもの保育を行う保育園が運営されている。保育園は人気で，チャモロ語の習得に力を入れようとする若い世代がいることが注目される。また，2012年の第11回太平洋芸術祭には，グアムよりチャモロ語のチャントを歌うダンスグループが参加しており，彼らは古典チャモロ語の研究も同時に進めている［Yasui 2006］。

ウ語ではないのか，と。またアイデンティティの拠り所としてパラオの言葉とシューカンを挙げている。また事例5の40代の男性も，「どこの誰が何を言ったかが重要である」と，パラオの母系社会における首長制の序列を重視する。いずれの男性も，パラオ文化の規範に則ったベラウ女性会議の開催を期待していると考えられる。さらに彼らの基本的な考えは，「女性の事は女性が考えるべきで男性が口出しすべきではない」というものである。

5 シューカンを担うパラオ女性の現状

　ベラウ女性会議には，子育て中の世代がほとんど参加していない。この世代は，近年の急激なグローバル化において，仕事と子育てとシューカンの三つ巴の中でさまざまな矛盾に遭遇している。ベラウ女性会議にとっては，この世代の女性たちが抱える問題に迫ることこそが，男女平等と女性の権利の主張への第一歩になると考えられる。しかし本章が追ってきたように，ベラウ女性会議にそのような視点は盛り込まれていない。そこで本節では，仕事と育児とシューカンを切り盛りするパラオの女性たちの現状を紹介したい。

　まずパラオにおける女性の労働者数はどの程度であろうか。1990年から2005年までの5年毎の16歳以上の男女別労働力率[4]（表6-4）をみると，いずれの年も男性の労働力率が女性の労働力率を上回っており，男女とも1990年から2005年の15年間に10ポイント以上増加していることがわかる［Republic of Palau, Bureau of Budget and Planning, Ministry of Finance 2013: Table 4.3］。

　女性たちの就労が増えた理由はいくつかある。まず人口の集中する都市コロールでの生活費の増大が挙げられる。一家に自動車が1, 2台あり，各自が携帯電話を所持するようになるとそれだけでも出費はかさむ。食糧もスーパーマーケットでの輸入品の購入がほとんどである。都市部での生活を支えるためには，夫も妻も共働きで現金収入を得る必要性が増した。

　さらにパラオのシューカンにかける現金の負担額も増大している。例えば葬

---

[4] 統計書の労働力は，16歳以上の男女を対象として算出されており，国際社会で一般に用いられている15歳以上の男女ではない。

表6-4 パラオの男女別労働力率の推移（1990-2005）
(出典：Republic of Palau, Bureau of Budget and Planning Ministry of Finance [2013: Table 4.3] より作成)

		1990	1995	2000	2005
男女16歳以上の人口（人）		10,238	12,114	14,241	14,755
男性	16歳以上の人口（人）	5,615	6,549	7,938	8,076
	労働力人口（人）	3,544	4,735	5,827	5,982
	労働力率（％）	63%	72%	73%	74%
女性	16歳以上の人口（人）	4,623	5,565	6,303	6,679
	労働力人口（人）	2,239	3,312	3,659	3,989
	労働力率（％）	48%	60%	58%	60%

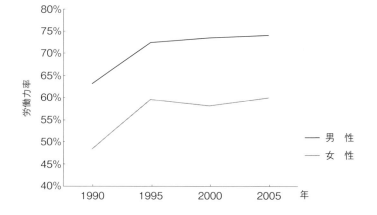

式に参列する場合，参列者が持参した香典にあたる現金は，葬式の場で司会者によって名前と金額が読み上げられていく。参列者は，故人との親族関係および人間関係を考慮して香典の額を決めればよいのだが，葬式が重なれば出費もかさむ。また埋葬の直前には香典の総額が皆に知らされ（図6-4），それを聞いた参列者はすぐに携帯電話のメールやラインなどで知り合いに伝える。こうして葬式でいくら集まったか，その総額はすぐに皆に知れ渡ることになり，それが現在では，母系親族集団の威信をかけた競争の様相を呈している。

また第一子誕生儀礼において，妻側に財貨を渡す夫側の母系親族集団のメンバーたちも高額の現金を集め，母系親族集団の経済力と威信を示す傾向にある。このように，シューカンにかかる金額が増大しているため，パラオの人々はより現金獲得に躍起となる。

186 第Ⅱ部 新たなマイノリティの生成

図6-4 パラオの葬式で集められた現金（2015年4月10日撮影）

　遠藤央は，食糧供給などの伝統的慣習に価値を見出せなくなった女性は慣習を「無駄」と考えるようになり，家族は「近代家族化」し，女性が「主婦化」する現象が進展する可能性がある，と指摘した［遠藤 1999］。これに対して廣瀬は，女性は「主婦化」よりも，フィリピン人家政婦やベビーシッターを雇い，タロイモ畑の世話をバングラディシュ人の男性にさせて，「自分はオフィスで働くことを選んだ」と指摘する［廣瀬 2013: 66-67］。現代のパラオで「主婦」ではなく「オフィスで働く」ことを選ぶ女性が増えているのは確かであるし，それは表6-4の女性の労働力率の上昇が示していることでもある。

　もっとも，フィリピン人家政婦やベビーシッター，バングラディシュ人の男性を雇える余裕のあるパラオ人女性たちは，シューカンの準備に駆り出されたり，手作りの料理を頼まれたりしても，多忙ながらも対応はできる。しかし貧困層の女性たちはそうはいかない。例えば国連UNDPの『パラオ報告書』においても，ジェンダーと貧困の関係は指摘されており，村落部で生活する女性が世帯主の家庭の場合，支出の面においてより最下層に位置づけられていることが明らかとなっている［Palau Office of Planning and Statistics and UNDP Pacific Center, 2008: 33-34］。

第6章　母系社会・パラオにおけるマイノリティは誰か？

かつてであれば，離婚した母親と子どもに対しては，母系親族集団の誰かが住む場所を提供したりしたが，そのような援助も経済的な出費を伴うため，しだいに行われなくなっている。また母系社会の子どもにとって，母方オジはつねに頼りになる存在であり，養育の義務を負っていたが，現在では子どもと母方オジの関係もかつてほど強固なものではない。さらに，都市部において共働き夫婦の核家族が増えると，主に女性が家事と育児を担うことになり，親の介護も加わって多忙を極める女性たちも増えている。介護も育児も，かつてであれば母系親族集団内の相互扶助に頼ることができたが，現代では人々の考え方が大きく変化している［安井 2012b］。すぐに見返りを得られない，世代を超えた助け合いはもはや期待できそうにない，とパラオの人々は判断し始めたのである。その結果，母系親族集団内の育児や介護にみられた相互扶助は，しだいに金銭を介したサービスに置き換えられようとしている。それを担うのがパラオで就労する外国人女性たちである。

　パラオに在住する外国人のうち，就業許可を得た外国人労働者数に限って，性別および国別にみたものが先述した表 6-2（2012 年）である。これによると外国人労働者数 4,017 人のうち，アジアからの労働者数が 3,916 人で全体の 97.5％を占め，2,692 人と最も労働者数が多いフィリピン人はアジアの中で 68.7％を占めている。フィリピン人労働者数は男性が 1,599 人，女性が 1,093 人で，ほぼ男女比は 6 対 4 である。男女ともホテルや小売店などで働くほか，パラオ人の家に住み込み，または通いで家事，育児，介護などを担っている。パラオ在住のフィリピン人の人口が多いため，パラオの教会に通ってフィリピン人コミュニティを維持しながら生活を送っている。単身でパラオにやって来て，安い賃金の中からフィリピンで生活する家族に仕送りをする者もいれば，パラオ人男性と結婚をして，パラオで家族をもつフィリピン女性もいる。この場合，フィリピン人女性はパラオの母系親族集団のメンバーとして認められるわけではないので，この夫婦はパラオのシューカンへの参加は除外される。

　さらにパラオで就労するフィリピン人女性の中には，悪条件の元，安い賃金で働く女性も少なくはない。いわば彼女たちこそが，パラオ社会の「マイノリティ」といえるが，彼女たちの生活を少しでもよくするような具体的な対策が，ベラウ女性会議の場で話題になったことはない。ベラウ女性会議は，あくまで

パラオ人女性を対象にしたものであることを改めて確認できるだろう。

パラオで生活する外国人女性たち，またパラオの貧困層に位置づけられる，村落部のシングルマザーたちの直面する現状について，ベラウ女性会議の主催者たちはどのように考えているのだろうか。

再びキャソレイ氏にベラウ女性会議について伺った。「シューカンについての話題が多く，近年の女性が抱えている問題にあまり触れていない，という指摘もあるが……」と切り出してみた。

> パラオの女性をとりまく状況が変化していることはわかっている。ベラウ女性会議でも，少しずつそのことを取り上げようとしている。すぐに状況を変えることは難しくても，少しずつなら変えることはできると信じている。それが20年間女性会議を続けてきて実感することである。続けることに意味がある。

このようにキャソレイ氏は，ベラウ女性会議が近年，女性たちが直面する介護や育児の問題に対応できていないことを認めた上で，会議を続けることの重要性を指摘している。

6 結　語

ベラウ女性会議においては，北京世界女性会議の命題であった「男女平等」，「女性のエンパワーメント」というグローバル・スタンダードを直接議論することはせず，パラオの生活で重要な部分を占めるシューカンの議論に多くの時間を割くことによって，女性がシューカンを支えるというローカル・スタンダードを示してきた。その意味でベラウ女性会議は，女性たちの置かれている現代の社会状況の把握にはあまり関心を示さず，女性首長の権限を維持すべく，シューカンの保持という保守派の路線を貫いてきたといえるだろう。

パラオの女性たちは，急激にグローバル化する社会の中で生じてきた新たな問題，つまり母系親族集団のネットワークが期待されない中での家事の負担，介護問題，仕事と育児の両立の困難さなどに直面している。しかしベラウ女性

会議では必ずしもそれらの点が取り上げられることはなかった。運営にあたるキャソレイ氏が指摘するように、ようやくそうした問題にも「少しずつ触れるようになってきた」という程度である。

　現代のパラオにおいて、公の政治は主に男性が司り、女性の政治家は数えるほどしか存在しないため、その点で、パラオ社会は決して男女平等とはいえない。さらにこれまでの首長制の中で、女性首長が大勢の女性たちを集めて、そこで何かを直接語りかけるような機会も皆無であった。そのような中でベラウ女性会議は、女性首長たちがパラオの女性たちを一堂に集めて意見を主張できる、権力誇示のための新たな場となっている。このようにベラウ女性会議は、一方ではパラオの女性たちの権利を主張して法案作りに働きかける女性団体という現代的な一面をもちつつ、他方では女性首長の権限をより強化するというパラオの首長制を維持する一面をもつ。

　こうしたベラウ女性会議の存在および活動に対して、人々の反応もさまざまであった。若い世代の中にはあからさまに否定的な態度を取る人も多く、そもそもベラウ女性会議への若い世代の参加は限られている。一方、高齢の女性たちの中には首長制を尊重しつつも、不満をもっている女性が多い。それにもかかわらず決して意義を唱えようとしないのは、女性首長ビルンが管轄するコロールでベラウ女性会議が開催される限り、誰もビルンを批判などできないという母系社会の首長制の規範が大きく働いているためである。

　女性首長ビルンが、ベラウ女性会議の場においていかに自分本位に振る舞ったとしても、首長制の枠組みの中では、それを止められる人は誰もいない。ローカルな社会の文化規範が、新たに創られたベラウ女性会議という現代的な場で、よりいっそう、強く働いているといえるだろう。

　皮肉なことに、男女平等を求めて始まったベラウ女性会議は、回を重ねるごとに、首長制の序列のトップに君臨する二人の女性首長、とりわけコロールを管轄するビルンが、彼女の主張を強く誇示する場になっているという逆説的な状況にある。ベラウ女性会議では、女性首長の権限を保持する形で、つまりパラオの首長制の枠組みを壊さないよう、首長制の権限が再生産されていることが確認できる。

　また、パラオ人女性たちは、首長制がもたらす女性間格差を、決して「克服

すべき差別」と捉えていなかった。そのように判断すれば，首長制を否定することにもなりかねず，首長制に基づくパラオの文化をも否定することにつながりかねないからだ。

　さらにベラウ女性会議では，パラオ社会でマイノリティに位置づけられるフィリピン人女性たちの直面する問題を議論しようとする機運はまったくみられなかった。悪条件での就労が続く外国人女性に対して，ベラウ女性会議はほとんど何の解決策ももたないどころか，それらの課題に触れてもいないのである。外国人労働者に限らず，近年では，母系親族集団内の助け合いが弱まった結果，パラオの女性たちも，仕事と育児，介護の両立といった新たな問題を一人で抱えなければならない現実に直面している。これらパラオ社会におけるマイノリティである彼女たちの問題を，ベラウ女性会議がどれだけ掬い上げることができるか，今後が注目される。マイノリティに位置する外国人労働者や貧困層のパラオ人女性たちの直面する現実がさらに悪化したときに，ようやく問題として取り上げられるようになるのかもしれないが，まずは現状の把握が必要である。

　男女平等というグローバル・スタンダードが，ローカルな社会にもたらされた際に，それがそのまま受容されるのか，「対抗」する言説が生み出されるのか，その度合いは社会に応じて異なっている。パラオの場合は，母系社会であるがゆえに，ローカルな社会におけるグローバル・スタンダードへの対応のしかたが，より明確な形で現れたと言える。つまりベラウ女性会議は，グローバル・スタンダードを実現する目的で始まったにもかかわらず，母系社会の女性首長がその権威を強力に誇示し，再生産できる新たな場となっていることが確認できた。それゆえ，首長制を揺るがすような女性間格差の問題や，パラオ人女性以外の外国人労働者の抱える問題などが，議論の俎上に載るようなことは考えられなかったといえる。今後は，グローバル・スタンダードとローカル・スタンダードにどのような折り合いがつけられるのか，母系社会パラオの動向を今後とも注視する必要があるだろう。

【付　記】
ベラウ女性会議を盛り立ててきたキャシー・キャソレイ氏は，本稿でのインタビュー後，2015年10月に逝去された。ご冥福をお祈りしたい。

【引用・参考文献】

Nero, K. (2000). The meanings of work in contemporary Palau: Policy implications of globalization in the Pacific. *The Contemporary Pacific* 12(2): 319-348.

Mechesil Belau (2013). *20th anniversary; Celebrate & showcase mechesil Belau conference accomplishments in 20 years*. Mechesil Belau, Koror, Palau.

Minister of Community and Cultural Affairs (2015). *The Republic of Palau national review implementation of the Beijing Declaration and platform for action (1995) the outcomes of the 23rd special session of the general assembly (2000) in the context of the 20th anniversary of the 4th World Conference on Women; and the adoption of the Beijing Declaration and platform for action 2015.*

Palau Office of Planning and Statistics and UNDP Pacific Center (2008). *Palau; analysis of the 2006 household income and expenditure survey, final report on the estimation of basic needs poverty lines, and the incidence and characteristics of poverty in Palau*. United Nations Development Programme Pacific Centre, Suva, FIJI.

Palau Visitors Authority (2001). *Comprehensive exit survey 2001 analysis report.* Pamphlet, Koror, Palau: Palau Visitors Authority.

Republic of Palau, Bureau of Budget and Planning, Ministry of Finance (2013). *2013 statistical yearbook.*

Smith, D. V. R. (1983). *Palauan social structure*. New Brunswick: Rutgers University Press.

Teaiwa, T. (1990). Microwomen: US colonialism and Micronesian women activists. In D. Rubenstein (ed.), *Pacific history: Papers from the 8th pacific history association conference*. Mangilao, Guam: University of Guam and Micronesian Area Research Center, 125-141.

Tsuneo, R. K. (2015). Alcohol's curse in society. *Tia Belau* (2015, April 7th Newspaper).

Yasui, M. (2006). Expressing pacific identities through performance: The participation on nations and territories of Western Micronesia in the Eighth festival of pacific arts. In M. Yamamoto (ed.), *Art and identity in the Pacific: Festival of Pacific arts (JCAS Area Studies Research Reports*, 9). The Japan Center for Area Studies, National Museum of Ethnology, 51-77.

上野千鶴子(1998).『ナショナリズムとジェンダー』青土社

上野千鶴子(2013).『女たちのサバイバル作戦』文藝春秋

遠藤 央(1999).「母系社会と男性性―ミクロネシア,パラオの「近代化」とジェンダー」西川祐子・荻野美穂[編]『共同研究 男性論』人文書院

遠藤 央(2002).『政治空間としてのパラオ―島嶼の近代への社会人類学的アプローチ』世界思想社

遠藤 央(2005).「首長制度と近代政治」須藤健一[監修]『パラオ共和国―過去と現在そして21世紀へ』おりじん書房

紺屋あかり (2013).「パラオ女性会議の役割と展開」『日本オセアニア学会Newsletter』106: 16-24.

須藤健一 (1989).『母系社会の構造——サンゴ礁の島々の民族誌』紀伊国屋書店

廣瀬淳一 (2013).「パラオ女性の日常生活とその変化——パラオの「仕事とライフ・イベント」に適した社会デザインを模索して」『高知大学学術研究報告』62: 63-75.

廣瀬淳一 (2014).「ミクロネシア島嶼世界と教育制度——パラオの歴史 (1885 年-1994 年) から考える内発的発展についての試論」『高知大学学術研究報告』63: 155-170.

安井眞奈美 (1996).「「シュウカン」をめぐる言説——第三回ベラウ女性会議より」『日本オセアニア学会Newsletter』55-56: 29-35.

安井眞奈美 (2005).「女性首長が方向づけるパラオ (ベラウ) の慣習——第 10 回ベラウ女性会議に参加して」『古事』(天理大学考古学・民俗学研究室紀要) 9: 63-72.

安井眞奈美 (2012a).「パラオ共和国における出産のグローカリゼーション——出産儀礼に関する近年の動き」須藤健一 [編]『グローカリゼーションとオセアニアの人類学』風響社, pp.213-233.

安井眞奈美 (2012b).「変わりゆく母系社会・パラオの子育て——助け合いへの意識変化」『子育て支援と心理臨床』6: 39-44.

安井眞奈美 (2016).「パラオの葬儀に参列して」『古事——天理大学考古学・民俗学研究室紀要』20: 74-78.

第7章
高齢者の包摂とみえない異化

ヴァヌアツ・アネイチュム島における
観光業とカヴァ飲み慣行

福井栄二郎

1 高齢者とマイノリティ

　「誰がマイノリティか」という問題を考えてみると，すぐに困難に直面する［岩間・ユ 2007］。ある属性（少数民族，女性，障害者，先住民，LGBT……）をもってして，それだけでマイノリティといえるのか。青柳は『新社会学辞典』の「少数者集団」の項を次のように定義する。「マイノリティ・グループ。他の成員によって社会からはじき出されている人々の集団で，自らも集団差別の対象になっていると考えている。のけ者にする目的は，彼らに差別的で不平等な待遇を与えるためである。シャマホーンは，集団規模が小さく権力をもたない集団と規定している。しかし集団の規模は第一義的に重要ではなく，権力の有無によって規定するのが一般的である」［青柳 1993: 733］。たしかに構造的に権力を剥奪され，社会の周縁で目立たぬ生を強いられる集団は存在する。だが，その属性のみで果たしてマイノリティと言い切れるのかという問題は，常につきまとう。例えば，白人のフェミニストが女性の解放を訴えたところで，第三世界の「女性」との共感を生むのか，他のさまざまな差異や格差を無視して，同じ「女性」というマイノリティ集団に入れてもよいものなのか，という問題はすぐに思い浮かぶ［cf. 岡 2000］。

　そう考えると「高齢者」というのも非常に扱いにくいカテゴリーである。個々の事情に鑑みると，身体的，経済的，社会的にその能力には大きな格差があるので，一概に高齢者すべてがマイノリティであると断言することは難しいのかもしれない。けれども現在の日本社会で，もし彼らが社会の周縁に置かれ

ているとするならば、その背景にあるのは、おそらく介護や年金の問題にみられる「社会のお荷物」観であろう。つまり高齢者は何も生産しない、けれどもケアへの費用（医療、介護、福祉等）だけはかかり、国や家庭の財政を圧迫し続けているという社会的イメージである。

この高齢者の非生産性に関して、栗原は「生産力ナショナリズム」という語を用いて説明する［栗原 1997: 50-51］。

　　生産力ナショナリズムとは、ナショナルな生産力が増して、開発が進めば進むほど、物も心も豊かになり、国民は幸福になるという考えかたであって、経済成長政策を押し進めてきた国では、どこでも見られるイデオロギーである。生産力ナショナリズムが支配的になると、社会空間の中心は主として巨大組織の若年・壮年（そして主として男性）の労働力によって占められ、下請け、下層労働者、外国人労働者、障害者、被差別者、病弱者、そして老年は産業社会の周縁部分に吹き寄せられる。…生産力ナショナリズムは、「若さ」と「老い」の属性を、おおよそ次のように振り分ける。

　　「若さ」＝有用性・生産性・新しさ・進歩・開発・柔軟さ・明るさ
　　「老い」＝無用性・非生産性・古さ・退行・停滞・頑迷さ・暗さ

高齢者の価値や地位が生産性、つまり現金を生むかどうかで決まるというのは、なにも日本や欧米だけの話ではない。例えば原は、カナダ先住のヘヤー・インディアン（カショーゴティネ）の事例をあげている。移動しながら狩猟採集をする彼らにとって、高齢者が厳冬期を難なく越すのは容易なことではない。なにより移動そのものの足手まといとなる。食糧が不足するなかでは、キャンプに置き去りにされる者や、自らキャンプに居残る者もいたという（どちらもそれは死を意味している）［原 1989: 185-186］。ところが1940年代後半にカナダの社会保障制度が先住民族にも適用され、年金が支給されることになった。また冬の間、交易所の小屋に高齢者だけが残っていると、緊急処置として薪や小麦粉、手袋などが支給されたという。そうした状況下において「30代の息子や娘が、老親の老人手当の支給日を楽しみにする例も稀ではなくなってきた。こうなると、老

人は「お荷物」どころか,「楽の種」ともなりはじめたわけである」[原 1989: 188]。

　だが栗原が示唆するように,経済力や権力があろうとなかろうと,社会が高齢者ではなく若年層や壮年層を中心に設計されているということもまた可能である。ある年齢を迎えたら,企業社員や公務員は一律に退職を強要される。また退職後の再就労や単身高齢者の住宅入居の際に,不利益を被るということは珍しいことではない。つまり高齢であるということだけで社会的なハードルが一段上がり,「普通」の生活が送れなくなる。これこそが年齢をもとにした高齢者への偏見と差別,バトラーらのいう「エイジズム」である [Butler 1969; パルモア 2002]。

　もちろん他のマジョリティ／マイノリティにしても同様のことがいえるだろう。先の青柳の引用の通り,社会がマジョリティ(男性,健常者,異性愛者……)によって設計・運営されることによって,別のある種の人々がラベリングされ,排斥あるいは周縁化されるという構図がそこにはある。換言すれば,マイノリティたちは常に強者の作った社会の「ルール」のなかで生きていくことを強いられるということである。そしてそれは多くの場合,大きなハンディキャップを背負わされ,ほとんど「負け戦」になることが決められている競争である。しかも彼らはその競争以外に,生きていく道を断たれており,強者の作った「ルール」に依存しなければならない。つまり,社会を設計・運営し「ルール」を作れる者がマジョリティで,それに依存しなければならないのがマイノリティなのである。

　ではマイノリティは,いかにしてマジョリティと共生していくのか。本書の(そしてその基となった科研プロジェクトの)最も大きなテーマは,その異化されたマイノリティが,マジョリティとうまく折り合いをつけながら包摂されていく動態を,個別社会のなかから明らかにすることであろう。近年の人類学の著作でいえば,佐川の民族誌がそれに近いのかもしれない。

　佐川の調査するダサネッチは,ケニア,エチオピア,スーダンの国境にまたがる地域に暮らす牧畜民である。彼らは1950年代以降,近隣の諸民族(トゥルカナ,ニャンガトム,ガブラ)と常に戦争を行ってきた。つまりダサネッチの人々にとって,近隣諸民族は「敵」である。だが彼らと抗争を繰り返す一方で,よりミクロなレベルにおいては,「敵」を「客」として招き祝宴を催すことも少なくない。あるいは頻繁に往来して友人関係や婚姻関係を積極的に構築しよう

としている［佐川 2011］。佐川の報告は，同一領域内に暮らすマジョリティ／マイノリティの関係ではないが，隣接する諸民族が敵対とは違う論理で「異化された人々」を包摂し，平和構築を模索している好例だといえるだろう。

　本章で示すのは，これと同様のものであると同時に，まったく逆のプロセスでもある。つまり，異化を阻み同質性を維持する，土着の論理がある一方で，まさにその論理によって，異化が見えにくいかたちで生まれようともしているのである。以下に示すのは，筆者がこれまで継続的に調査を行ってきた，ヴァヌアツ（Vanuatu）共和国アネイチュム（Aneityum）島の観光の事例と社会の変化，そしてそれをめぐる人々の認識である。

2　ヴァヌアツ・アネイチュム島の観光業

● 2-1　発展する観光業

　本章の舞台となるのは，ヴァヌアツ共和国の最南端に浮かぶアネイチュム島である。人口は 900 人ほどで，この島独自のアネイチュム語を母語として話している。宗教はみなキリスト教であるが，宗派はカトリック，長老派，SDA（Seventh Day Adventist）など多様である。生業はタロイモ，キャッサバ（マニオク）などの自給自足的な農業を営んでいる。学校や診療所などに発電機はあるが，各家庭に整備されている電気やガスなどは存在しない。

　だが，いくら自給自足的といえども，現在の島の生活では，現金もいくらかは必要となる。例えばそれは，日々の食卓に贅沢品として上がる缶詰代やインスタントラーメン代であり，子どもの学費，洋服代などである。これまで島で定収入を得るには，学校の教師ぐらいしか働き口がなかったので，現金が必要となれば，家族のうちの誰かが都市部に赴き，出稼ぎをして，現金を島に仕送りするという形態が一般的であった。だが近年，とりわけ 2010 年頃を境に，島の生活は激変しつつある。それを可能にしているのが，島の観光事業の拡大であり，それによる大量の現金流入である[1]。

　先に述べたように，島に水道・電気といったインフラは整備されておらず，

---

[1]　アネイチュム島の観光については拙稿を参照のこと［福井 2006, 2007a, 2012a］。

また大きな観光ホテルがあるわけでもない。しかし大型の観光クルーズ船の周航ルートにアネイチュムが組み込まれて以来，島には大量の観光客が押し寄せるようになった。

この観光クルーズ船は，オーストラリアに本拠を置くP&Oクルーズ社が企画・運営を行うものである。同社が企画する太平洋クルーズは，シドニー，メルボルン，アデレード，ブリズベン，オークランドといったオーストラリア，ニュージーランドの都市を出港し，フィジー，仏領ニューカレドニア，トンガ，ヴァヌアツなどの島々を巡り，また元の都市に帰港するというものである。コースや日程，部屋のランクは多種多様であり，それによって金額も大きく異なる。食事，宿泊だけでなく，船内にはバーやプール，ネイルサロン，フィットネスジム，美容室，映画館，劇場など，さまざまな施設・サービスが完備されている。参考として，この太平洋クルーズの旅程を数例，表7-1に示しておく[2]。

一度クルーズ船が来ると，そこには2,000人ほどの観光客が乗船しているのであるが，彼らはアネイチュムの本島には基本的には足を踏み入れない。アネイチュム島の南西沖，アネルゴワット湾のなかに，現地語名でイニェグ（*Iñec*）と呼ばれるサンゴ礁の小島――いわゆる「低い島」――が張り付くように浮か

表7-1 太平洋クルーズの例（P&O社ホームページをもとに筆者作成）

船　名	Pacific Dawn	Pacific Jewel	Pacific Pearl
日　程	2017年 1月14日-21日 （7泊8日）	2016年 8月12日-26日 （14泊15日）	2016年 8月22日-9月2日 （11泊12日）
旅　程	ブリズベン➡ヌーメア➡リフー➡ポートヴィラ➡ブリズベン	シドニー➡ヌーメア➡マレ➡ポートヴィラ➡ポートデナラウ➡スヴァ➡ドラヴニ➡イル・デ・パン➡シドニー	シドニー➡サント➡シャンパン・ベイ➡ポートヴィラ➡ミステリーアイランド➡イル・デ・パン➡シドニー
料　金 （豪ドル，ツイン，1名あたり）	999-2,249	1,399-2,699	1,199-2,499

2) 表の旅程のうち，イル・デ・パン，マレ，リフー，ヌーメアは仏領ニューカレドニア，ポートヴィラ，ミステリーアイランド（イニェグ），シャンパン・ベイ，サントはヴァヌアツ，ポートデナラウ，スヴァ，ドラヴニはフィジーである。また本章でいうドルは豪ドルで，2016年12月現在，1豪ドル≒100円である。

んでおり，ここが観光の舞台となる。

　イニェグは30分も歩けば1周できるほどの小島で，沿岸には美しいサンゴ礁の砂浜が敷かれている。また海岸にはヤシの木が点在し，白い砂浜と相俟って風光明媚な景観を作り出している。1974年，イギリスの女王エリザベス2世がこの地を歴訪した際，イニェグの海岸をとても気に入ったのだという。そして1990年，当時の大統領であったフレデリック・ティマカタがここを来訪した際，当地の砂浜を「ミステリーアイランド，クイーンエリザベス2世海岸」と命名した。「クイーンエリザベス2世海岸」という名前は，現在，一般的ではないが，他方「ミステリーアイランド」という通称はイニェグを指すものとして使用されることがあり，実際，P&O社のホームページなど，観光客に対してはこの通称が好んで用いられる。現在，この島は無人島であるが，飛行場が敷設されているため，離発着便がある日にはアネイチュム本島との間を船外機つきボートが往復して（およそ10分），人や荷物が運ばれる。

　観光に話を戻すと，早朝，クルーズ船がアネイチュム島南西沖に投錨する。船の喫水が深いため直接着岸はできず，沖より数艘のタグボートがクルーズ船とイニェグの間をピストン輸送して，大量の乗客を運び下ろすことになる。イニェグに到着した観光客は，船が出航する夕方までの半日，そこで自由に過ごす。日光浴，海水浴など，島民と接することなく楽しめるものもあれば，他方，買い物や種々のアトラクションも用意されている。

　島民たちに話を聞くと，そもそもこの観光クルーズ船自体は1983年よりアネイチュムに立ち寄るようになったという。しかしそれでも年に数度のことで，島の生活や経済に大きな影響を与えることはなかった。実際，筆者が島に長期滞在していた2001年から2002年の1年間でさえ10度ほどの来島であった。それが2005年の調査では年間20回ほど，2013年は70回ほどにまで急増した。

　アネイチュム側では，窓口として「アネイチュム・ツーリスト・プロジェクト」（以下，「プロジェクト」と称する）を立ち上げ，ここで観光業務全般の管理を行っている[3]。プロジェクトのリーダーは英語が話せる高学歴の島民であるが，観光

---

3) 具体的には，P&O社との日程調整や上陸料の管理，カヌーやシュノーケリング等貸し出し用具の管理であり，また島民との関係でいえばアルバイトの調整，賃金の支払いなどを行っている。

客相手に何らかの商売をしているのは普通の島民である。高い学歴をもち，英語が話せる者は，ツアーガイドやインフォメーションに配置される。一方，英語が話せない者であっても，清掃やガードマンといった仕事もある。既婚の女性はお土産品の売り子[4]や「髪結い屋」[5]をすることが多い。いずれにせよ，多くの島民が島にいながら現金を稼げるという状況は，これまでなかったことである。

　そして，クルーズ船の来航回数が増加し，大量の現金が流入するようになり，現在，島の生活は激変の只中にある。例えば2010年にはイニェグに携帯電話会社のアンテナが立ち，電波が島の一部をカバーするようになった。2014年にはコンクリート造りの立派な銀行が開業した。また島の日常生活に目を転じても，変化は容易に見て取れる。例えば，高価なソーラーパネルの発電設備を買う者がでてきた。これによって島の人も都市部と同様，携帯電話を利用できるようになった。島に数件ある雑貨店（食料品，衣料，文房具，生活雑貨など何でも扱う）が慢性的に品薄状態になった。島に4, 5隻だった船外機つきボートも倍増した。島にはそれほど必要のない自転車を首都で購入し（島に舗装された道はなく，ほとんどの道が険しい山道か砂浜である），アネイチュムに移送することが流行した。そしてなにより，島民が多忙になった。それはそうだろう。クリスマスも年末年始もおかまいなしにクルーズ船はやってくるのだ。それまで畑仕事と料理と子育ての合間に，雑談しながら土産物の民芸品を作っていた女性たちは，それどころではなくなり，日が落ちてからオイルランプの明かりで夜業をするということも珍しいことではなくなった。

● 2-2　人々の見解

　こうした事態を快く思っていないのが島の高齢者たち（nomrang）である。そ

---

[4] 島の中央に「マーケット」が設置されており，売り子には，各々，小分けされた店舗が割り当てられる。彼女らはそこで首都のポートヴィラから取り寄せた商品を売っている。その多くはアクセサリーやTシャツ，タオル，トランプといった典型的なお土産品などである。また女性たちが自分たちで貝や木の実のアクセサリーを作り，販売することもある。

[5] 女性観光客（女児が多い）の髪を細かく三つ編みにし，それをさらに編み上げるというもの。2014年現在，常時数店舗が出店しているが，どこも人気を博している。店や髪の長さや編み方によって値段は違うが，概していえば10-15豪ドルほど。

もそも高齢者たちは，観光業にそれほど携わっていない。現金を稼ぐ「仕事・労働」のことをアネイチュム語で「アウォナガ (*awonaca*)」というのだが[6]，「労働」は若者がするものだという通念もあるし[7]，実際，高齢者の多くは，オーストラリアから大挙する観光客とそれほど関わりたくないという気持ちももっている。

A氏（男性，70代）は，自身で観光業に携わっているわけではないが，近くに暮らす3人の息子（既婚，30-40代），娘（既婚，40代），息子の嫁たちは，観光船が来るとそこで「労働」をする。彼の意見はこうである。

> 今の生活では現金も必要だ。孫も学校に行かなくてはならないし，他の島の学校へ行くなら，なおさら現金が必要だ。だから働くことはかまわないし，理解している。しかし，息子たちは畑仕事をおろそかにするようになった。私一人では，遠くの（山奥の）畑に行くのは困難だ。畑は毎日，面倒をみなくてはいけない。それが島の生活だ。

B氏（男性，70代）は教会関係者である。自ら教会で説教を行うこともある。

> うちの息子も娘も（みな既婚者）観光客相手に時折仕事をしている。それで，子どもの学費などを支払っている。息子たちはそうではないのだが，なかには畑仕事をしない若者もいるみたいだ。それはいけない。だが，それよりも私が困っているのは，日曜日に観光船が来たときに，みなが教会に来てくれないことだ。朝早くにイニェグに行って，夕方まで帰ってこない。前日（土曜日）の夜にも礼拝や（日曜の）準備があるのに，それにも来ない。（首都の）ポートヴィラみたいだ。

最後の「ポートヴィラみたいだ」というのは，「現金がないとやっていけないので，みんなが労働をし続けなくてはいけない」というのと「みんなの結束が弱

---

6) 他方，畑仕事や家事労働のことを指して「アウォナガ」とは言わない。
7) しかし実際には，特別な技能が必要な大工や看護師などは，人手不足のため高齢者が従事していることもある。拙稿［福井 2008: 212-213］を参照のこと。

まって，個々人が好きなことをしている」というニュアンスが込められている。

　先述の通り，観光業の舞台となるのはイニェグといういつもは無人の小島であり，観光客はそこを出ることはない。しかしプロジェクトは「オプショナルツアー」と称して，さまざまなアトラクションを提供している。例えば船外機つきボートで沖に出てシュノーケリングや釣りをしたり，（飼育している）ウミガメと触れ合うこともできる。そしてその「オプショナルツアー」の一つに，島民たちの暮らすアネイチュム本島に観光客を連れてきて，村のなかを散策し，19世紀に建てられた教会跡や小学校などを巡るツアーもある。つまり，「普通の生活の場」に観光客がいきなり現れることになる。

　C氏（女性，70代）はアネイチュムの中心村落であるアネルゴワット村の中心部に住んでいるので，島民のガイドに連れられて村のなかを回る観光客に何度か出くわしたことがある。

> 村のなかを知らない白人が歩き回るのは，あまりいい気はしない。彼らはいきなり写真を撮るし。（島民たちが）お金がほしいのはわかるが，若い人たちがやればいいと思う。

　C氏はそもそも観光業そのものに否定的な考えをもっているし，白人が苦手（あるいは怖い）という高齢者は少なくない。

　こうした状況を受けて高齢者たちは，折に触れて忠告を行う。D氏はまだ50代であるが，村の伝統──ビスラマ語（ヴァヌアツの国語）でいうところの「カストム（kastom）」──に最も精通した人物であるとされる。2011年，彼がある祝宴の際，スピーチのなかで若者たちに「警句」を発したことがある。要約すると「最近では若者たちは観光客相手に働くことが多くなった。しかし畑の仕事や家の仕事をおろそかにするのはよくない。ここはポートヴィラではない。われわれにとって大切なのは島のカストムである」ということである。正確を期するなら，実はD氏自身も観光客相手に仕事をすることがないわけではなかった（現在は島の対岸に居を移したため，イニェグで働くことはない）。しかし一部の島民の熱狂的ともいえる現金追求の姿勢は，彼にとってさえ目に余るものがあったのかもしれない。

他方，観光客相手に働いている人々の意見はどうだろうか。E氏（男性，30代）は，島でプロジェクトの手伝いをしている。具体的には，イニェグのなかにプロジェクトの設えたブースがあるのだが，そこに常駐して観光客に「オプショナルツアー」の案内をするというものだ。1日で2,000ヴァツの給与がもらえる[8]。観光客が来るときは毎回というわけではないが，それでも月に数度は必ず働いている。

> 観光客が頻繁に来るようになって，みんなものすごく多忙になった。実際，畑仕事がおろそかになっている奴もいる。自分はそうではないし，父親にもそうなってはいけないといわれている。だが今では島でも現金が必要だ。自分はソーラーパネルを買った。バッテリーで充電して，家で携帯電話も充電できる。たしかに島の生活もずいぶんと変わったと思う。けれども，みんなそういったものがほしいのだから仕方がない。

F氏（30代，男性）は，英語がそれほど堪能ではない。ゆえに観光客が来る前日に行う島の清掃や当日のセキュリティ担当の係をしている。これもプロジェクトから1日当たり2,000ヴァツの給与が支給される。

> 現金は子どもの学費のために必要だ。妻が（観光客相手に）働くのを好んでいないので，どちらかというと自分が働くことが多い。これまではみんなポートヴィラやタンナ島[9]に出稼ぎに出ていたが，島で仕事ができるなら，それはよいことだ。ここで働けば，家族と離れて暮らさなくていい。

このように，概していえば「観光業が盛んになることで，畑仕事，家事，教会への参加が疎かになる」あるいは「島のカスタムがダメになる」と警句を発する高齢者たちと，「それは仕事なのだから仕方がない」と半ば開き直る青年・壮

---

8) ヴァツ（*vatu*）はヴァヌアツの通貨単位。1ヴァツ≒1円である。
9) アネイチュムの北部にある島。ヴァヌアツ南部のタフェア州の中心島で，活火山のヤスール火山もあり，観光業が盛ん。レナケルやイサンゲルといった小規模の都市も存在する。

年たちがいる。ここに緩やかな世代間対立を読み取ることができるだろう。一方で，冒頭の議論が頭にある私たちは，こう想定してしまうかもしれない。つまり，ある程度現金が必要な社会に変化してゆく過程で，青年・壮年層だけが現金を稼げるようになると，現金を稼がない——生産性のない——高齢者たちは「お荷物」として扱われるのではないか。構造的弱者として，あるいはマイノリティとして高齢者は異化されていくのではないか。だが実際には，世代間で見解が違うからといって，それがそのまま高齢者をマイノリティとして排除する要因になるとは限らない。ましてや「現金を稼ぐ若者」対「稼がない高齢者」という単純な対立構造を一足飛びに想定するのは性急にすぎる。私たちは，こうした単純な構造に陥らない土着の理念を精査する必要がある。

3 平等とみえない異化

● 3-1　アクロウ (akro) について

　メラネシアの他の地域と同様，アネイチュムも親族の紐帯が強く，それをもとに平等主義的な相互扶助が実現されている。そしてそれを可能にしているのが，現地語でいうところの「アクロウ (akro)」という概念である［福井 2007b］。アネイチュム語の辞書でアクロウの項を引くと，「(動詞) 祝宴の時の食物を分配する。(トランプを) 配る」［Lynch and Tepahae 2001］とある。島民たちはたしかにこのような用い方をする。アネイチュム語では動詞の前に n を付すとそのまま名詞になるのだが，akro の名詞形である「ナクロウ (nakro)」はそのまま祝宴を意味するし (図7-1)，大きな祝宴の際に，各世帯に等配分される食糧もナクロウと呼ばれる (図7-2)。一方，結婚式やクリスマスといった村や島を挙げての大きな祝宴だけでなく，ちょっとしたゲストが来た際に家族みんなでとる食事もナクロウと称される。

　総じていえば，英語の share に近い概念であり，一つのものを複数の人間で「分割する」ときにも用いるし，「共有する」ときにも用いられる。またアクロウされるのは食べ物だけではない。子どもの学費や老親の面倒を，近親のみんなで世話することもアクロウだとされる。そう考えれば，akro はただの動詞であるだけでなく，島での相互扶助を支える理念でもある。またその理念を敷衍

204　第Ⅱ部　新たなマイノリティの生成

図7-1　みんなで祝宴（nakro）の準備をしている様子。
下に敷き詰められているのは蒸し焼きにしたタロイモ。

図7-2　個々に分けられた食糧（一世帯分）。これもナクロウと呼ばれる。

すれば，「共有すべき」「分け与えるべき」という義務になり，乞われると断れない頼み事にもなりうる。私がフィールドワークを終え，帰り際に家族の誰かにあげたTシャツが，翌年，また戻ってきてみると，まったく別の人物が着ていたということは珍しくない。訊いてみると「欲しいと言われたので，仕方な

くあげた」とのことである。こうしたやり取りを支えるのも，その背後にアクロウという考え方があるからである。

ヴァヌアツの隣国フィジーには，これと類似した「ケレケレ（kerekere）」という概念がある。親族間で行われる贈与交換であり，モノやサービスが互酬性に基づいてやり取りされることを指す。トーマスが植民地接触期の「歴史的もつれ合い」を論じるのに援用し，有名になった概念でもある［Thomas 1997: 186-209］。現在でもケレケレは，フィジー文化を語る上でのキーワードとなっており，旅行ガイドブックや海外ボランティアや留学生の語り口として，「ケレケレという素晴らしい文化がフィジーにはある」という賛辞を散見することができる。

他方，西洋のまなざしと歴史的にもつれ合ってはいないものの，アネイチュムのアクロウも島民自身によって似たような語り口がなされることがある。つまり「アクロウという考え方があるからこそ，家族が（あるいは村の人間が，島のみんなが）仲良くやっていけるのだ」という語りである。そしてそれこそが，西洋文化にはみられない独自のカストムであり，生活のなかで遵守すべき倫理なのだと島民は捉えている。そういう意味において，アクロウは島のカストムと密接に結びついているといえる。

この点について興味深いのは，このアクロウという概念がカストムだけでなく，時としてキリスト教の教義と結びつけて考えられることがあるという点である。一般的にいえば，土着の伝統文化であるカストムと，近年になって西洋から持ち込まれたキリスト教は，通常，対極のものとして位置づけられる。けれども「みんなで助け合う」「喜びも悲しみも分かち合う」という理念そのものは，牧師や神父が説教の際に教会でしばしば口にする文言でもある。この点に関して，ある教会関係者に訊いたことがあるのだが，「正しいことは，島のカストムにも，神様の教えのなかにもあるんだよ」という説明がなされた。つまり彼らのなかでは，それほど矛盾したものであるとは考えられていないのかもしれない。

他の財やサービスと同様，当然，観光客相手に稼いだ現金も「共有・分配」されることになる。前節でのインタビューにも表れているように，現金は子どもの学費などに充当されることが多いのだが，その現金を支払うのは親だけでなく，キョウダイやオジ・オバ，祖父母世代へも広がる。また，未確認の情報

ではあるのだが,「ポートヴィラに住む親族に仕送りをしている人もいる」という。もしこれが事実だとすれば,これまでとは逆方向に現金が流れていることを示しており,人によってはアネイチュムはポートヴィラよりも現金を稼げる場だということになる。

一方「共有・分配」は持つ者から持たざる者への「緩やかな義務」なので,「乞われると断れない」ということでもある。この点に焦点を当ててみると,彼らの不満や対策としての「戦術」が浮き彫りになるだろう。G氏（30代,男性）は,次のように語る。

> 島の清掃で2,000ヴァツ稼いだのだが,兄に800ヴァツ取られてしまった。僕が現金をもって（イニェグからアネイチュム本島に）帰るのを待っていたんだと思う。

また歩合制となる店舗販売の女性たちは「いくら稼いだかは（他の人には）言わない。みんな,すぐにたかって来るから」と言い,稼いだ現金を隠すことになる。

いずれにせよ,このようにアクロウという概念がきちんと機能していれば財やサービスや負担は複数の人間で共有され（分配され）,島はある意味で平等主義的で,貧富や格差は生じないことになる。島には,婚入した女性をはじめ,他島出身者も大勢居住しているが,彼女らも当然アクロウの恩恵をあずかるし,同様に義務も生じる。障害者も高齢者も子どもも,そして筆者のような外国人もアクロウのネットワークに包含される。島民たちの少し自慢げな語り口を差し引いても,アクロウが島を団結させ,相互扶助を実現させていることに間違いはないだろう。本書との関連でいうと,もし在地の実践のなかに,異化したもの（しそうなもの）を包摂する原理があるのだとしたら,アクロウはその機能を果たしているといえる。

だがアネイチュムの現在の状況を考えてみると,少し奇妙なねじれがあることに気づく。このアクロウの原理や実践によって,高齢者のところにも種々の財がもたらされることになる。具体的には,缶詰や米であったり,洋服やビーチサンダルであったり,人によっては携帯電話を持つ者までいる。これらはす

べて現金で購入したものであり，その現金は近親の誰かが観光客相手に働いた結果，手にしたものである。だが，確認しておくと，高齢者の多くは自分の息子や娘や孫たちが観光業に没頭することを望んでいない。今の生活では，多少の現金は必要なのかもしれないが，畑仕事や家事をおろそかにしてまで，仕事をすることには反対しているのである。それは現金に依存するライフスタイルになることであり，ひいては島のカストムをダメにすることなのである。

たしかに缶詰や洋服や携帯電話は，ある意味で「贅沢品」である。島の生活のなかで毎日消費しなくても，あるいは個人で所有しなくても，なんとかやっていける商品である。だが，高齢者たちがそれ以上に嘆いている現象がある。それがカヴァをめぐる問題である。

● 3-2　カヴァ飲み慣行の変化

「カヴァ（kava）（*Piper methysticum*）」はコショウ科の灌木で，その根を水で揉みだした液体を飲めば酩酊感を得ることができる。ヴァヌアツだけでなく，メラネシア，ポリネシア地域で広く飲まれている嗜好品である［白川 1998, 吉岡 2002, 福井 2004］。宴や儀礼のときには必ず供されるが，他方で，日常用にも消費されている。また都市部では，「カヴァ・バー」が多数存在し，観光客も含め，どの店でも一杯50ヴァツより飲むことができる。

ヴァヌアツのどの地域でもカヴァは飲まれているが，その作り方，飲み方にはそれぞれ独自の所作や作法がある。これも島のカストムだといわれる。アネイチュムの場合，カヴァの根部を口内咀嚼するのが「正しいカストム」である。つまり，根を口のなかで噛み，唾液と混ぜながら柔らかくして，一度，それを吐き出す。それがある程度の量になったら，二人で持ったハンカチなどに包み入れ，上部から水をゆっくり流し入れる。それを手でしごくと，ハンカチの下部より水が染み出てくる。これがアネイチュムのカヴァである。

多くの男性はカヴァを飲むことが好きなのだが，他方で「アネイチュムの土壌は，カヴァ栽培に向いていない」とも言う。島の東部や北部では多少なりとも採れるのであるが，中心村落であるアネルゴワット村周辺（島の南西部）では，それほど栽培されているわけではない。だから，望んだところで毎日カヴァが飲めるわけではなかった。儀礼のときなどには多くのカヴァ根が準備され，

この時ばかりは誰でも簡単に飲むことができたが、平時はそれほど容易ではない。日が沈むころ、誰かが畑からカヴァを取ってきたという情報を聞きつけると、何とかしてアクロウしてもらおうと男たちは必死になった。

また筆者が長期滞在していた 2002 年の段階で、実はアネイチュムにもカヴァ・バーらしきものがあり、そこでは首都のカヴァ・バーのように、一杯 50 ヴァツで売られていた。大量に作るので口内咀嚼ではなく、ミンチ肉を挽くための手動グラインダーでカヴァ根の繊維を砕いていた（図 7-3）。ただし、いくら大量にとはいえ、カヴァ根の量には限界がある。店を開けてもすぐに売り切れてしまうし、そもそもカヴァ根のない日の方が多く、実質「開店休業」というのが常態だった。ゆえに島民たちは、島のカヴァ・バーにそれほど期待しているわけではなく、相変わらず近しい者が取ってきたカヴァのアクロウをあてにしていたのだった。

ところが、2011 年頃から島のカヴァ・バーが 5 店舗に増え、しかも恒常的に営業するようになった。カヴァ根もアネイチュムで採れたもののほか、タンナ島から仕入れているのである。こうなると完全にポートヴィラと同じ営業形態の「商売」となる。

図 7-3　グラインダーでカヴァを砕く

この点に関して島の人はどう考えているのだろうか。H氏（40代，男性）は次のように語る。

> 本当にポートヴィラのようになった。これまでは飲むまでものすごく面倒だし，時間がかかったけど，今はすぐに飲めるようになったから，それはよいことなんじゃないだろうか。味は前の（口内咀嚼されたものの）方がよかった。けれども僕は飲めればどっちでもいいけどね。

「これまでは面倒だった」というのはたしかにそのとおりである。遠方の畑からカヴァを掘り出してきて，土を払い，樹皮を削ぎ，口内咀嚼しなくてはいけない。まだ日が落ちていないうちに噛み始めても，実際飲めるのは辺りが暗くなってからということは珍しくない。また通常，カヴァを飲む者は自分で口内咀嚼をしないので（根の成分で舌の感覚が麻痺してしまうため），別の誰かに咀嚼を依頼しなくてはいけない。ゆえに店で飲めば，こういう煩雑さを省略することができる。

また女性の意見として，こういう見方もある（I氏（40代，女性））。

> 店ができて，女性でも飲みやすくなったよ。ペットボトルを持って行けばいいんだから。自分で店に行くのが嫌なら，誰かに頼めばいいし。店ができてから，多くの女性が飲むようになったんじゃないかな。男たちはあまりよく思っていないかもしれないけども。

他の島では女性のカヴァ飲みが厳しく禁じられているところもある。しかしアネイチュムでは，その点に関して以前から緩やかであったともいえる。人前で飲んだり，男性と一緒に飲むことはないにせよ，夜，女性同士がキッチンに集まって，こっそりと嗜むということはたびたびみられたことである。もちろん男性もある程度は知っていて，知らぬふりをしているところもある。しかし，それでも男性に比べると依然として敷居は高い。女性がカヴァの根を持ち歩いたり，咀嚼しているところを見られるのはまずいこととされる。だからカヴァ・バーが開店し，ペットボトルに入れて自宅に持ち帰ることができるよう

になると、彼女たちも容易に飲めるようになったのである。

では他方で、高齢者はこの状況をどう思っているのだろうか。J氏（70代、男性）の意見はこうである。

> カヴァがすぐに飲めるようになった。これはいい。けれども悪いところもある。現金で買うようになると、子どもたちがカヴァを噛む練習ができない。ポートヴィラ（に住むアネイチュム出身）の奴らが噛めないのと一緒だ。それに今では女性もカヴァを飲む。男たちのいるナカマル[10]にも平気で入ってくる。島のカスタムがダメになってしまう。

アネイチュムの男性は、ヒゲが生え始めた頃からカヴァを咀嚼する練習をする。理念上は「オイがオジのためのカヴァを噛む」とされ、また一般的には「カヴァ噛みは歯を丈夫にする」とも言われる。そしてヒゲが濃くなりそれを剃る段階で一人前の男性として認められ、はじめてカヴァを飲むことが許される。だからカヴァを噛む→飲むというプロセスは、アネイチュムの男性にとって、非常に重要な意味をもっている。だが大人たちがグラインダーで作ったカヴァを飲むようになると、少年たちはカヴァ噛みをする経験を逸することになる。J氏の不満にはそういう背景がある。

● 3-3　アクロウによるみえない異化

だが、そもそも高齢者はどこで、どのようにカヴァを飲んでいるのだろうか。J氏の不満はもう一つあって、それは「カヴァはもはや店で買うしかない」というものである。これも「ポートヴィラのようで、島のカスタムが失われた」ことの証左として言及される。

この語りは非常に重要な点を示唆している。それは現在、アネイチュムでカヴァを飲むには、ほぼ店で買う以外に方法がないということである。島民はもはやかつてのような口内咀嚼したカヴァは作らなくなり、手軽に現金で買える

---

10)「男性集会所」という意味で、本来、男たちがカヴァを飲む場所でもある。ここでは「カヴァを売る店」という意味。首都のカヴァ・バーも「ナカマル」と呼ばれる。

カヴァを嗜むようになった。上述のように，若者たちのなかには「楽になった」とそれを称賛する語りさえある。筆者自身，島に調査に行くと必ず近しい人たちがカヴァの宴を開いてくれて，みんなでカヴァを飲む——まさにアクロウする——のであるが，それでも2009年の調査以来，咀嚼したカヴァは一度しか飲んでいない[11]。つまり島にいてもみんなで連れ立って店に行くか，あるいはペットボトルでテイクアウトしたカヴァを飲むという，まさに「ポートヴィラのような」カヴァ飲み慣行になってしまったのだ。カヴァは先に示したような，缶詰やビーチサンダルやソーラーパネルといった特別な贅沢品ではない。だが今のアネイチュムでは，現金がないとカヴァさえ飲めないのである。それだけ島民全体に現金が流通し，それに依存した生活になりつつあるのかもしれない。

　だが高齢者も店に足を運びカヴァを飲んでいるということは，彼らも幾ばくかの現金を所持しているということである。彼らの多くが仕事をしていない以上，おそらくその現金は近親（息子や娘や孫）が渡したものだろう。ではこの現象をどう捉えるか。まず，アクロウという考え方によって高齢者にも現金が分配され，直接現金を稼がない彼らにもカヴァを飲む機会が与えられていると考えることができる。先に述べたとおり，それは相互扶助を支える概念であり，実践である。たしかに冒頭での議論にあるように，社会によっては，生産性がなく現金を稼がない老人は「無用なお荷物」とラベリングされ，異化されていくというプロセスを経ることがある。だがアクロウの考え方は，世代間や世帯間，男女間の収入の格差を是正し，モノやサービスを分配することで，平等性を実現している。つまり現金の個人所有化を防ぎ，ひいては高齢者の「異化」「マイノリティ化」を防止する論理だということができる。

　しかし他方でこう考えることもできる。つまり，高齢者はアクロウされた現金を使うことでしかカヴァを飲むことができない。そしてその現金は，自分ではない他の誰かが観光業のなかで稼いだものなのである。いや，この点はそれほど問題ではない。カヴァに限らず，アクロウというのは基本的には他人の財を自分のものとして「共有する」ことだからである。むしろ重要なのは，現金を生みだすその観光業が，概して高齢者たちが否定しているものであり，彼ら

---

11) 2009年以降，アネイチュムには3度（2011年，2013年，2014年）訪れている。

の生活がその自ら否定するものに依存しつつあるという点である。

若者や壮年は違う。彼らは口では「島のカストムは大切だ」とは言うものの——もちろんそれは嘘ではないけれども——，実際には利便性，効率性，そして新奇なものを追い求める。現金が手に入ればすぐに缶詰や米を食卓に並べる。あるいは少し貯金して携帯電話やソーラーパネルを購入する。そして，畑から掘り起こし，誰かに口内咀嚼を依頼しなくてはいけない面倒なカヴァよりも，現金を支払えばすぐに口にできるカヴァを選ぶ。つまりアネイチュムにいながら，「ポートヴィラのような生活」を望んでいるところがあるのだ。だからそれを可能にしてくれる観光業は，今や若者にとっては必要なものなのである。

もしも高齢者たちが現金をもたなければ——つまりアクロウされなければ——，彼らは別の方法でカヴァを飲んだかもしれない。あるいは現金が若者や壮年に独占されていれば，もっと強く観光業に反対していたかもしれない。実際，島で権力を握り，生活の決めごとを差配できるのは高齢者たちなのである。だが実際にはアクロウによって現金が彼らのもとにも分配され，そこそこ満足した生活を送ることができる。それゆえ高齢者たちは，カストムの衰退や生活の変化を好ましいものではないと嘆きこそすれ，そして時折，警句を発するとはいえ，あまり強行な反対策を講じられないでいるのだ。つまり「自らが否定するものに依存せざるを得ない状況」を生みだし，下支えしているのは，実はアクロウという実践そのものなのである。

4 まとめ

冒頭で論じたように，佐川は東アフリカ，ダサネッチ社会の平和と戦争の動態を示した。そこでは近隣部族との「戦争・敵対」のモードがある一方，よりミクロなレベルでは「平和・友情」のモードが存在している。つまり複数の論理が併存しているという状況である。これを踏まえて本章ではアネイチュム島の調査をもとに，社会の分断を防止し，平等を実現する論理としてアクロウという概念を取り上げた。

2010年頃を境として，島には観光客がひっきりなしに押しかけるようになった。観光業で現金を得るのは，男女を問わず，主に若者，壮年層である。高齢

者はあまり関与しない。観光業が発展するに伴い，大量の現金が流通し始め，島民の生活も大きく変化した。仕事をすれば，それだけ現金が手に入る。若者や壮年の収入は飛躍的に伸び，一方，概して観光業に否定的な高齢者たちは，直接の収入を得ることはなかった。だがアネイチュム社会が「高収入で観光業に肯定的な若者」と「収入がなく観光業に否定的な高齢者」に分断されたのではない。両者の間に見解の相違や緩やかな対立はあるものの，社会を分断させるほどのものではない。なぜなら島にはアクロウの実践があるからである。高齢者のもとにも，缶詰やタバコや現金がアクロウされてくる。上述したように，現在ではカヴァは現金で買うしか飲む方法がないのだが，高齢者たちは誰かからアクロウされた現金でカヴァを買うのである。だから問題なのは，高齢者たちが「自分たちの否定した観光業に依存しなくてはいけない」という状況に置かれているという点なのである。そしてもし彼らが異化されつつあるのだとすれば，それは「収入のない高齢者」としてではなく，「自分の否定したものに依存しなくてはいけない高齢者」としてである。前者の異化が構造的に「みえやすい」のに対して，後者は一見すると平等を実現しているので，非常に「みえにくい」異化となっている。そしてその「みえにくさ」は，アクロウという一つの論理で，包摂と異化が同時に行われている点に存しているのである。

　アネイチュムの高齢者たちは，暴力を受けたり，権利を奪われたりする「みえやすいマイノリティ」ではない。だが構造的に「自分の望まない状況に置かれているという」点では同じだともいえるし，その状況を受容し，依存しないともはやカヴァさえ飲めないという点ではより深刻だともいえる。冒頭では，社会の方向性を決め，「ルール」を定められるのがマジョリティで，それに従わざるを得ないのがマイノリティだと示唆した。たしかに現在ではまだ高齢者が社会のルールを差配できる[12]。彼らがカストムの番人といってもよい。だがアネイチュムの高齢者たちは，実際には権力を掌握し，さまざま「ルール」を制定できる立場にいながら，実際には，自らが否定するものに依存せざるを得

---

12) 島のカストムに関わること，とりわけ結婚や土地に関しては，高齢者の意見を無視することはできない。例えばアネイチュムでは，土地保有と個人名が結びついているため，命名には細心の注意が払われる［福井 2005, 2012b］。つまり子どもが生まれた際，親が子どもに勝手に名づけてよいわけではなく，必ず高齢者の意見が尊重される。

ない状況に置かれているのである。

　また，これは未確認の情報なのだが，クルーズ船観光を企画・運営するP&O社から，島への利益還元として病院を建設させてほしいという申し出があったという。島民の間にも噂話として，まことしやかに広がりつつある。島民の生活はますます観光業に依存し，高齢者たちもそれに反対しにくい状況になるだろう。そうすれば，高齢者は包摂されながら異化されるという，奇妙な地位に据えられ続けるのかもしれない。

【引用文献】

Butler, R.（1969）. Ageism: Another form of bigotry. *The Gerontologist* 9: 243.
Lynch, J., & Tepahae, P.（2001）. *Anejom dictionary*. Canberra: The Australian National University.
Thomas, N.（1997）. *In Oceania: Visions, artifacts, histories*. Durham & London: Duke University Press.
青柳清孝（1993）.「少数者集団」森岡清美・塩原　勉・本間康平［編集代表］『新社会学辞典』有斐閣，p.733.
岩間暁子・ユ ヒョヂョン（2007）.「「マイノリティ」をめぐる世界―本書の課題と意義」岩間暁子・ユ ヒョヂョン［編］『マイノリティとは何か―概念と政策の比較社会学』ミネルヴァ書房，pp.1-22.
岡　真理（2000）.『彼女の「正しい」名前とは何か―第三世界フェミニズムの思想』青土社
栗原　彬（1997）.「離脱の戦略」井上　俊ほか［編］『岩波講座現代社会学13　成熟と老いの社会学』岩波書店，pp.39-60.
佐川　徹（2011）.『暴力と歓待の民族誌―東アフリカ牧畜社会の戦争と平和』昭和堂
白川千尋（1998）.「カヴァ・バーとワータ―ヴァヌアツ共和国トンゴア島民のカヴァ飲み慣行とローカリティ認識の構図」『民族学研究』63(1): 96-106.
原ひろ子（1989）.『ヘヤー・インディアンとその世界』平凡社
パルモア，E. B.／鈴木研一［訳］（2002）.『エイジズム―高齢者差別の実相と克服の展望』明石書店
福井栄二郎（2004）.「しめやかな宴―ヴァヌアツのカヴァ飲み慣行」渡邊欣雄［編］『世界の宴会』勉誠出版，pp.194-202.
福井栄二郎（2005）.「伝統文化の真正性と歴史認識―ヴァヌアツ・アネイチュム島におけるネテグと土地をめぐって」『文化人類学』70(1): 47-76.
福井栄二郎（2006）.「観光における伝統文化の真正性―ヴァヌアツ・アネイチュムの事例から」『日本オセアニア学会Newsletter』84: 1-16.
福井栄二郎（2007a）.「「楽園」と「未開」の狭間で―ヴァヌアツ共和国アネイチュム島

の観光」国立民族学博物館［編］『オセアニア—海の人類大移動』昭和堂, pp.95-99.
福井栄二郎（2007b）.「みんなで「共有」」『月刊 みんぱく』358: 14.
福井栄二郎（2008）.「「伝統を知らない」老人たち—ヴァヌアツ・アネイチュム島における老人の現在と社会構築主義批判」『国立民族学博物館研究報告』32(4): 579-628.
福井栄二郎（2012a）.「想像の「オセアニア」—ヴァヌアツ・アネイチュム島観光におけるローカリティ」須藤健一［編］『グローカリゼーションとオセアニアの人類学』風響社, pp.275-302.
福井栄二郎（2012b）.「名の示すもの—ヴァヌアツ・アネイチュム社会における歴史・土地・個人名」『文化人類学』77(2): 203-229.
吉岡政徳（2002）.「ピジン文化としてのカヴァ・バー—ヴァヌアツにおける都市文化をめぐって」『国立民族学博物館研究報告』26(4): 663-705.

第8章
「障害」をめぐる共存のかたち

サモア社会における障害支援NGOロト・タウマファイによる早期介入プログラムの事例から

倉田　誠

1 はじめに

　国際連合における「障害者の権利宣言（Declaration on the Rights of Disabled Persons）」（1975）と「アルマ・アタ宣言（Declaration of Alma-Ata）」（1976）によるプライマリ・ヘルスケアの推奨以降，世界各地で「地域社会に根ざしたリハビリテーション（CBR: Community Based Rehabilitation）」[1]に関わる活動が活発に展開されている。さらに，2001年以降の「障害者権利条約（Convention on the Right of Persons with Disability）」のコンセンサスから採択・批准にいたる過程で，障害者（Persons with Disability）に対する権利保障がマイノリティに関する普遍的な「人権」や「基本的自由」の問題であるという共通認識が形成され，CBRの普及やそれに対する国際的な援助がいっそう拡大する事態となっている。

　本章では，このような国際的な潮流のなかで障害者に対する支援活動が展開されてきたオセアニア地域のサモア独立国を対象として，国際援助やCBRの実践を通して導入されつつある「ディスアビリティ（disability）」という概念が，人びとの間でどのように受けとめられ，また現地社会の人間理解のあり方にいかなる影響を及ぼしているのかを検討する。

---

[1] 1994年に示された国際機関による共同指針にしたがえば，CBRとは「地域社会における，全障害者のリハビリテーション，機会の均等，そして社会共生のための戦略のひとつであり，障害者自身，家族，組織や地域社会，そして保健，教育，職業，社会またはその他の事業に関与する政府および非政府組織の連帯協力を通して遂行される」［ILO, UNESCO, WHO 2004］ものとされている。

本章であえて「障害」ではなく「ディスアビリティ（disability）」という語を用いるのには以下のようなねらいがある。CBRや「障害者権利条約」においては，「障害は社会的障壁によって能力を発揮する機会を奪われることによって生じる」とする「障害の社会モデル」の考え方が主な基盤となっている。したがって，CBRにおけるリハビリテーション（rehabilitation）も，「適応を要する対象（障害者）」が当該社会の変化を通して「適応不要な状態」となること，つまり「再－適応（re-habilis）」することが究極的な目標となる［Stiker 1999］。ところが，現実には，諸社会において「適応を要する対象」や「適応不要な状態」が同じように理解されているわけではない。多くの社会では，国際援助などを受けてCBRが展開されていく過程で，何／誰が「適応を要する対象」であり，どのような状態こそが「適応不要な状態」であるのかという「グローバルな共通認識」が人びとに適用され受容されようとしている。本章では，このような「グローバルな共通認識」を前提とした障害理解のあり方を指し示すために，あえで「ディスアビリティ」という語を用いたい。

　文化人類学者のホワイトは，すでに1990年代に「援助やリハビリテーションの言説のなかで，多面的な人格から特定の欠損が前景化され，人格の文化的側面を失わせる（＝障害そのものになる）」という趣旨の批判を行っている［Whyte 1995: 280-283］。確かに，「ディスアビリティ」をある種のマイノリティに対する権利保護と社会変革に関わる問題と捉える現代の思潮からは，「ディスアビリティ」概念が各社会において人びとの間にある無数で雑多な差異をいかに再編成し，人間理解のあり方をどう変容させているかという問題意識が欠落している。このような問題に対して，カテゴリーとしての「ディスアビリティ」に検討を加えたロジャーズとスワデナーの論考は，重要な視点を提供している。彼らは，「誰が"dis/abled"で，何が"dis/ability"か」，さらには「"difference"はいかにして"dis/ability"となるのか」と問うことで，「ディスアビリティ」というカテゴリーが意味論的に構築される過程を検討した［Rogers & Swadener 2001］。この議論を進めるならば，究極的に「アビリティ（ability: 能力）」という思想そのものが問われることになるだろう。

　現代社会では，「アビリティ」は，例えば「身体能力（physical ability）」「職業能力（vocational ability）」「学力（academic ability）」といったように，人間の

規格化や序列化に広く用いられている。本章で「グローバルな共通認識」としての「ディスアビリティ」が特定社会に浸透する過程を具体的に検討することは，より大局的にみるならば，このような人間の規格化や序列化のメカニズムをも現前化させる作業となるはずである。

以下では，まず国際条約や開発援助を契機としてサモア社会に「ディスアビリティ」が紹介され，それとともに民間組織による障害者支援サービスが拡大していった経緯を説明する。次に，「ディスアビリティ」概念として同社会における人間の能力をめぐるさまざまな考え方を検討する。その後に，ロト・タウマファイという同国最大規模の障害者支援 NGO の活動を事例として，そこに関わるさまざまな主体がいかなる思考のもとに支援対象となる人びとを捉えているか，また人びとの側はこれらの活動をいかに理解し利用しているのかを明らかにする。そして，最後に，それまでの検討を踏まえ，同国の社会において「ディスアビリティ」概念の導入と浸透がいかなる意味をもちうるのかを考察する。

なお，本章で用いるデータは，主に筆者が 2002 年から継続的に調査しているサモア独立国の N 村落と 2011 年から 2014 年にサモア独立国の首都アピアとその周辺の NGO 施設やそれら NGO の訪問先村落で 2 週間程度ずつ 4 回にわたって行ったフィールドワーク，さらにはサモアの政府機関やオーストラリア国立図書館での資料調査から得たものである。

2　サモア社会における障害者支援の展開

本章で取り上げるサモア独立国は，南太平洋のほぼ中央にあるサモア諸島の西半分を占める総面積約 2,800 平方キロメートル，総人口約 193,000 人（2015 年推計）の島嶼国家である。1899 年にアメリカ合衆国とドイツ帝国との間でサモア諸島を東西で分割統治することが決定され，東側は現在もアメリカ合衆国内の準州にとどまっているのに対し，西側は第一次世界大戦後のニュージーランド統治を経て 1962 年に独立しサモア独立国となっている。1970 年代以降は，ニュージーランド，オーストラリア，アメリカ合衆国などへの出稼ぎや移住が盛んになり，現在では国内人口を上回る移民が国外に居住している。

サモア独立国に「ディスアビリティ」に該当する現地語が登場したのは 2001

年のことである。それ以前のサモア社会では，すでにさまざまな政府機関や民間の障害者支援組織が活動していたにもかかわらず，それらを包括的に捉える「ディスアビリティ」というカテゴリーは人びとの間でほとんど普及していなかった[2]。

サモア独立国における障害者支援の動きは，ほぼ国際的な障害者関連活動の動向に呼応している。まず，1975年に国際連合で「障害者の権利宣言（Declaration on the Rights of Disabled Persons）」が採択されたことを受け，国外での生活や就学を経験したサモア人たちが関与して1979年に知的障害児（主に精神遅滞児）を対象とした特別教育（Special Needs Education）を行う民間組織アオガ・フィアマラマラマ（Aoga Fiamalamalama: 光を求める学校）が設立された。また，1981年の「国際障害者年」には，あらゆる障害者のための学校運営を行う民間組織ロト・タウマファイ（Loto Taumafai Society for People with Disability: 障害者のためのチャレンジ精神協会）も設立された。さらに，1990年代に入ると，国際ロータリークラブの支援を受け1991年に視覚障害者への教育支援を行うサモア視覚障害者協会（Samoa Society for the Blind Prevention, Rehabilitation and Education for the Blind）が，また翌1992年にはオーストラリア人ボランティアが主導して聴覚障害児や知的障害児（主に自閉症）への特別教育を行う民間団体セネセ（SENESE）が設立された［MaCullough 2000］。このような流れを受け，サモア政府は1992年に「義務教育法（Compulsory Education Act 1992）」を制定し，障害児を含めたすべての児童への教育提供と，大学での特別教育のための教員養成を図ることとなった［Government of Samoa 1995］。こうして2000年頃までに，首都アピア周辺を中心に公教育における障害児教育の欠如を国外からの影響を受けた各種民間組織が個別的に補う状況が出現していた。

2001年に行われた国連での「障害者権利条約」のコンセンサス採択は，サモア社会の障害政策に大きな影響を与えた。採択に先立つ2000年には，当時

---

2) 1962年の独立以前に，サモア独立国の制度には「精神障害（mental defective）」という用語が登場している。国家独立にあたって近代的な司法制度を導入するうえで，個人の「責任能力」を保証するためであった［精神の健康に関する法令（Mental Health Ordinance 1961）］。しかし，1980年代まで続く精神科医療の拡充のなかで，「精神障害」は次第に現地語の「病気（ma'i）」概念に包摂されていった［倉田 2012］。

の教育省（Department of Education, 現教育スポーツ文化省 Ministry of Education, Sports and Culture）により障害者の実態把握のための全国調査が実施され，2002 年にその結果を「障害者種別」「居住地」「性別・年齢構成」「教育水準」といった項目ごとに集計した報告書が作成された［Government of Samoa 2003］。また，2001 年には，政府の女性省（Ministry of Women's Affairs, 現女性コミュニティ開発省 Ministry of Women, Community and Social Development）内に障害政策に関するタスクフォースが設置され，上記の 2 省に保健省（Department of Health, 現保健省 Ministry of Health）などを加えた政府諸機関と障害関連 NGO との間で初めての会合が行われた［Government of Samoa 2009］。

この会合は二つの点で重要である。まず一つは，それぞれが対象としてきたものを「ディスアビリティ」として包括し，それに「マナオガ・ファアピトア（*manaoga fa'apitoa*）」という現地語をあてると合意した点である。サモア語で「マナオガ」とは「要求」や「欲求」を，「ファアピトア」は「他とは異なる」や「特別な」を意味する。つまり，サモア語において，「障害」概念は，「スペシャル・ニーズ（Special Needs）」の現地語訳というかたちで受け入れられることになった。さらに，もう一つは，この会合にむけて障害者による当事者団体ヌアヌア・オ・レ・アロファ（*Nuanua o le Alofa*: 愛の虹）が設立された点である。この団体は，「あらゆる特別な要求をもつ者（Any person with special needs）」［Nuanua o le Alofa 2002, 2011］に対して開かれており，現在に至るまで政府の障害政策に対する提言と当事者の権利擁護（advocacy）を行っている。

2006 年に国連で「障害者権利条約」が採択されると，サモアに対する諸外国や国際機関による障害関連の国際援助が本格化した。なかでも，オーストラリアは，2010 年以降，「ユニバーサルな初等教育の達成」をかかげてサモア政府や NGO に対する障害関連の援助を拡大し，その影響によりサモア社会では同時期から障害関連 NGO の活動が急激に拡大した[3]。それに伴い，国際援助が

---

3) 2010 年に，オーストラリア政府（AusAID）は，インクルーシブ教育に関する奨学金 "Australia Scholarship in Disability-Inclusive Education" や実演プログラム "Samoa Inclusive Education Demonstration Program" を設けている。翌 2011〜2012 年度のオーストラリア政府（AusAID）のサモア独立国に対する援助額は 4 億 1900 万オーストラリア・ドルに達し，その 3 割程度が教育分野へとあてられている［AusAID 2012］。

関わる現場では，活動や手続きにおいて「ディスアビリティ」に関するさまざまな基準に沿うことが強く要求されるようになっている。現在のサモア社会では，「マナオガ・ファアピトア」という言葉のもとに人びとの間にあった特定の差異が取り出され，それが国際援助を受けた支援活動のなかで「ディスアビリティ」として編成され外部に提示されるという事態が進行しているのである。

3 サモア社会における能力観

2001年に「マナオガ・ファアピトア」という言葉が登場する以前，サモア社会の多くの人びとが障害というものをいかに捉えていたかは，1990年代前半に養護教員として日本から西サモア[4]に派遣されたボランティアの報告書の記述からうかがうことができる。以下は，このボランティアが1994年に西サモア全土における障害者の実態把握をしようと村落を巡回した際に書いたものである。

> （ある村落で「障害」について調査を始めると）たくさんの高齢者が集まってきた。ひざが痛い，腰が痛い，耳が遠いなどということと「障害」との区別を理解してもらうことは難しく，具体的な障害のタイプを並べたり絵を使って説明したのだが，理解は得られなかった。［久芳 1995: 5］

この記述は，当時の西サモアの村落社会において，「障害」に類した概念のもとで特定の人びとを括るという考え方がなかったことを示唆している。

また，それよりはるか以前の1925年から1926年にかけてアメリカ領サモアで調査を行った文化人類学者のミードは，その民族誌のなかでサモア人のパーソナリティに対する説明の例として，ある少女の次のような語りを紹介している。

> ラウウリのことね？　あの人は年をとった女，とても年をとっているのよ。彼女はおとうさんの母親よ。片目でやもめなの。年をとりすぎて島の奥地へ行け

---

4) 現サモア独立国。1997年に国名を変更した。

ないから，一日じゅう家に座ってタパを作っているのよ．［ミード 1993: 121］

　ここでは，パーソナリティの説明になかに年齢，性別，関係性，身体的特徴，日常行為や役割といった要素とともに，例えば「片目」といったような特徴も並列されている．他者に対するこのような説明のあり方は，私が調査を続けてきた 2000 年代のサモア独立国の N 村落でも頻繁に耳にした．また，例えば脳性麻痺による特異な歩行の様子や難聴による応対の不自然さなども，他の身体的特徴や日常行為の特徴などと同様に冗談の題材にされ，特別に秘匿したり忌避したりする様子も見られなかった．また，もしそのような子どもたちが何か問題を起こした場合には，事情は考慮されるものの，他の子どもたちと同様に殴打をともなうような懲罰（sasa）が加えられることもあった．このようなことからも，パーソナリティを構成するさまざまな特徴のなかから特定の身体的な欠損などを取り出して，それによって人間を範疇化するという考え方は，「マナオガ・ファッアピトア」という言葉が登場した 2001 年以前のサモア社会では決して一般的ではなかった．

　では，サモア社会において，「アビリティ」にあたるような事象はいかに捉えられてきたのであろうか？

　まず，サモア社会における子どもの社会化の一場面を紹介したい．サモア社会では，子どもたちは 4〜5 歳を過ぎると，大人からさまざまな「用事（fe'au）」を言いつけられる．「用事」の内容は，プランテーションの管理や収穫，家畜の世話，親族や他の村人への伝言，近くの商店へのおつかいなど多岐にわたる．アーイガ（'aiga）と呼ばれる共系的な家族／親族集団内において，年長の子どもは年少の子どもの面倒をみながら仕事を見せ，年少の子どもはそれのまねをしながら徐々に「用事」をこなすようになってゆく．もしできないことがあれば別の子どもがそれをやり，子どもたちの間で大まかな分担ができてゆく[5]．この過程では，そもそも「できないことをやらせる」ということ自体があまり問

---

[5] 私の調査村落である N 村にいた，ろうの子どもたちは，村内の決まった商店でのおつかいや家畜の世話などを行う一方で，村人への伝言などは彼／彼女のキョウダイが行っていた．また，ろうの子どもたちの間でも年齢に応じた役割分担があり，より年長の子どもが家畜を世話することになっていた．

題とならない。実際に，ある者が「用事」を「やらない（できない）」のであれば，そのキョウダイなどがそれをやるようになり，その者が「やらない（できない）」理由は特に追求されない。

次に取り上げるインタビューは，サモア社会において，「できる／できない」ということがいかに捉えられてきたをかなり的確に示している。私が2012年に行ったインタビューにおいて，先に述べた2001年の会合に参加したある障害関連NGOの代表者は，次のように述べた。

> （2001年の政府諸機関と障害関連NGOによる）会合で，「マナオガ・ファッアピトア」という言葉が公式に採用された。「スペシャル・ニーズ」の意味だ。……サモア語に「ディスアビリティ」にあたる言葉はない。

ここで彼が言いたかったのは，サモア語にはもともと「（ディス）アビリティ」に相当する概念がなかったため，「スペシャル・ニーズ」の訳としての「マナオガ・ファッアピトア」を「ディスアビリティ」に相当する語として採用したということである。

サモア語において，「できる（mafai）／できない（le mafai）」という動作は，様態としては「アガヴァアである（agava'a）／ない（le agava'a）」と表現される。「アガヴァア（agava'a）」の「アガ（aga）」とは「行為の様式」や「行為の型」という意味があり，一方の「ヴァア（va'a）」には「舟」や「乗り物」，あるいは「器」という意味がある。例えば，子どもに森から薬草を採ってくるように言いつけ，正しいものを持ってこなかった場合，「この子はアガヴァアではなかった（E le agava'a le tamaiti.）」と言われる。このように，「アガヴァア」という言葉は，個人と状況に応じて極めて個別的かつ結果的（帰納的）に見積もられる，各個人のそれぞれの役割や仕事に対する「適合性（fitness）」，あるいは「適性（competence）」のようなものとして用いられている。これは，一般的に「アビリティ」がより包括的かつ演繹的な視点から推定され，さらには本来「人間として」どうあるべきかという理念までをも含みこんでいるのとは大きく異なっている。

以上のことからもわかるように，サモアの人びとにとって，「ディスアビリ

ティ」の受容は，従来とは異なる人間理解のあり方や想像力を要求するものであった。次節では，主にロト・タウマファイという NGO の障害者に対する早期介入プログラムを取り上げながら，その対象の構築に「ディスアビリティ」や「マナオガ・ファッァピトア」といった概念がいかに用いられているのかを検討する。

4 ロト・タウマファイによる早期介入プログラムの実践

● 4-1　ロト・タウマファイの組織と活動

　本節で取り上げるロト・タウマファイは，ニュージーランドで大学在学中に筋ジストロフィーを発症したサモア人女性を中心として有志が集まり，1981年の「国際障害者年」を契機として「サモアのすべての障害者に良質な教育とサービスを（Quality education and services for all People with Disabilities in Samoa）」という理念のもと設立された［Loto Taumafai 2012: 1］。設立当初から，自らを障害者支援の「包括団体」と規定し，障害種別を問わずあらゆる障害者を対象として活動を展開していった。その結果，2015 年時点でサモア独立国において最多数の支援対象者をもつ障害関連 NGO となっている。2014 年時点での全体の職員数は，事務運営 2 名，学校教職員 18 名，巡回支援員 8 名（うち 1 名は国際協力ボランティア）の 28 名となっている。

　ロト・タウマファイの活動に必要な資金や資材は，サモア政府による教育プログラムからの交付金とオーストラリア政府，ニュージーランド政府，日本政府，中国政府等の外国政府からの援助によってまかなわれている。ロト・タウマファイは，まずそれらの国々の現地出先機関に援助を申請し，承認されれば援助の資金や資材を受け取りつつ，年度やプロジェクトごとに報告を行うことになる。援助国側の示す条件には，組織規約の明文化や会計監査の設置以外にも，スタッフ教育のためのワークショップの実施や奨学金付き海外研修プログラムへの応募，利用者である子どもたちの人権に配慮した「子ども保護室（Child Protection Office）」の開設，施設内での子どもの虐待などを発見・防止するための「事故報告書（Incident Report）」の作成と提出などが含まれている。ロト・タウマファイは，このような援助提供者側の基準に基づく条件や勧告を

できるだけ受け入れることが,継続的な援助につながると考えている。

　ロト・タウマファイの主な活動は,(1) 早期介入プログラム (Early Intervention Program),(2) 学校（フリースクール）運営 (School),(3) 職業訓練 (Vocational Training Unit),(4) ろう劇団 (Silent World Theatre) の4つで構成されている [Loto Taumafai 2012: 1-2]。そのうち,主となるのは (1) と (2) であり,(3) は主に (2) の卒業者に対して「土産品」となるような木彫作品の制作や「エレイ (*elei*)」と呼ばれる独特の模様の布の染め上げる訓練を行っており,(4) は (2) のろう者の生徒を中心として演劇や伝統的な踊りを練習してさまざまな行事の際に上演する活動を行っている。なかでも,(1) の早期介入プログラムは,組織としてのロト・タウマファイやそのスタッフ,ロト・タウマファイに援助を提供している諸外国や国際機関,そして,利用者やその家族といった多様な主体の異なる思想や考え方が交錯する場となっている。

　以下では,まず,早期介入プログラムの内容を紹介したうえで,そこでの諸外国や国際機関といった援助提供者と実際に支援活動を行うサモア人スタッフと間の「ディスアビリティ」概念の適用をめぐる齟齬を描き出す。次に,支援の現場での早期介入プログラムのスタッフとそれを利用する住民たちとの関係に注目し,グローバルな概念としての「ディスアビリティ」とそれと対応した現地語概念としての「マナオガ・ファァピトア」の間にある対象認識の違い,さらには,そこから生じる人間を範疇化する原理の違いを指摘したい。

● 4-2 「ディスアビリティ」をめぐる齟齬

　早期介入プログラムでは,サモア全土の各村落を特定のスタッフが定期的に巡回 (outreach) し,そこに居住する者に対して「ストレッチやマッサージの実施」「リハビリ機材や補装具の提供・調整・保守」「学習支援」などのサービスを提供している。通常は,熟練したコーディネーター1名を中心として,それを補助する数名のワーカーたちから成る巡回チームが二つ編成される。ワーカーは毎年のように数名が入れ替わるため,多くが数年程度の経験しかない。巡回チームは,その日ごとにあらかじめ決められた地域を訪れ,各ワーカーに割り振られた利用者の住居を訪問することになっている。巡回は週に2〜3日程度行われ,残りの日は器具の製作やカンファレンスなどにあてられる。その

結果，特定の村落を巡回するのは月1回程度にとどまっている。

利用者の大半は就学年齢前後の子どもで，2014年時点ではサモア全土で250〜300名が登録されている。その8割近くが「脳性麻痺」によって占められ，残りは「筋ジストロフィー」「ダウン症」「二分脊椎症」「水頭症」「自閉症」「癲癇」「聴覚障害」などとされている。ただし，すべてのケースが医療機関などの診断を受けたうえで利用しているわけではなく，知人のすすめや家族の判断で利用しているケースも多い。また，利用者のなかには，ただ「暴れる」といった理由で利用しているケースもみられる。

早期介入プログラムの全体像は，図8-1のような構図となっている。サービスの提供は，基本的に利用者の家族からの依頼により開始される。多くの場合，病院からの紹介や他の利用者に対する支援の様子を見たことをきっかけに利用依頼が行われている。依頼を受けると，巡回チームが近隣を巡回するときに立ち寄ってアセスメントを行う。その後，その情報に基づいて必要なサービスが決められ，以後，担当のワーカーがいる巡回チームが定期的に住居を訪問して必要なサービスを提供することになっている。そして，利用者側が停止を申し

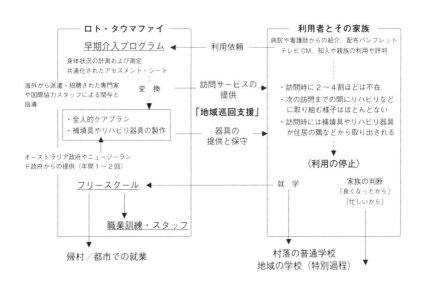

図8-1　ロト・タウマファイと利用者との関係

228　第II部　新たなマイノリティの生成

出ない限り，このような訪問が継続されてゆく。

　この過程において，援助提供者側の意図に沿うかたちで，対象である利用者を「ディスアビリティ」と読み替えるためのさまざまな仕掛けが導入されている。なかでも，軸となっているのが，各巡回チームが必ず持参することになっている英文の「アセスメント・シート」（図8-2）や毎回の巡回支援や支援の各段階で作成することになっている「レポート」である。これらの文書は援助提供者側の指導により詳細なフォーマットが作成されており，なかでも，アセスメント・シートの紙面には「家族状況に関する質問項目」「姿勢のメモ欄」「日常生活活動（ADL: Activities of Daily Living）に関する自由記述欄」以外に，下記のような国際的な障害基準に基づく評価を記載する欄が設けられている。

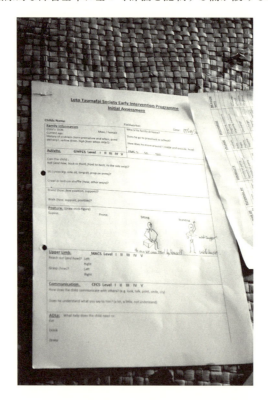

図8-2　最初の訪問時に用いられるアセスメント・シート
巡回支援の段階や状況に応じて複数の異なるシートが用意されている。

> - 活動（Activitiy）：粗大運動能力分類システム（GMFCS: Gross Motor Function Classification System）による5段階評価
> - 上肢（Upper Limb）：手指操作能力分類システム（MACS: Manual Ability Classification System）による5段階評価
> - 意思疎通（Communication）：コミュニケーション機能分類システム（CFCS：Communication Function Classification System）による5段階評価

　つまり，依頼を受けて最初の訪問時に各ワーカーがこのシートの項目を埋めることで利用者個人の身体機能や能力が国際基準のもとに計測・記録され，即座に「ディスアビリティ」として同定される仕組みになっている。さらに，ここで得られた情報は，その後のレポートと合わせて，利用者のためのケアプランの決定やリハビリ器具や補装具の作製などに活用されることが想定されている。

　ケアプランの作成は，年に数回，国外から障害者支援の専門家を招聘して行われるワーカー向けワークショップのテーマとして取り上げられている。例えば，2012年に行われたワークショップでは，巡回チームごとに特定の利用者のケースを対象としたカンファレンスが行われ，対処計画を示すポスター（図8-3）が作成されている。これらポスターを見ると，まず中心に利用者の名前や心身の状況が記入され，そこから放射状に生活全般におけるさまざまな問題や困難が，さらにそれらの下にそれぞれの対処が記入されるという構図となっている。このようにして，ワーカーたちには，アセスメントで得られた情報から「ディスアビリティ」を中心とした生活全般にわたるケアプランを具体的に想像させることが求められるのである。

　また，ワーカーたちには，このアセスメント・シートやさまざまなレポートの情報をもとに，オーストラリア政府やニュージーランド政府から提供されたリハビリ器具や補装具を適切に利用者に配分し，必要な調整を継続していくことも要求されている。これらの器具は主に両政府からの援助として無償で提供され，年に数回，コンテナで輸送されてくる。ただし，提供される器具は，援助提供者側の社会で収集されたものや標準的なもので占められており，必ずしも現地の具体的な需要を反映した構成とはなっていない。そのため，国際協力ボランティアや経験者スタッフが中心となって，それらの部品を活用しながら

230　第Ⅱ部　新たなマイノリティの生成

図 8-3　研修で作成されたポスター
中心に利用者の名前と障害の状況が記載され，そこから放射状に日常生活で生じる具体的な問題とそれへの対処が記されている。

必要な器具を製作する訓練が行われている。

　ただし，このような援助提供者側のねらいは，巡回支援を行うワーカーたちの活動に必ずしも反映されているわけではない。例えば，2012年から2014年の間に私が同行した3度の初訪問の際に，アセスメント・シートの国際的な障害基準に基づく評価欄が記入されたことはなく，そのことが問題となる様子もなかった。一方で，最初のアセスメントの際や状況に大きな変化があった際には，コーディネーターや国際協力ボランティアによって「家族状況」や「日常生活活動」に簡単なメモが書き込まれていた。また，新たな器具を提供したり提供器具を調節したりする時には，理学療法士である国際協力ボランティアが

アセスメント・シートの「姿勢のメモ欄」を利用して，利用者の身体部位のサイズや関節の可動状況に関する簡略的なスケッチを記入していた。

この状況に関して，この当時，1年ほど前からこのプログラムで働いていた男性ワーカーは，このアセスメント・シートが研修指導に訪れた海外の障害者支援専門家によって導入された経緯を説明したうえで，次のように述べた。

> このシートはとてもよい。でも，あまり使わない。依頼されれば私たちが訪問する。そして，（コーディネーターとワーカーが）何をするか話し合って決める。その後もそうしていく。

このように，支援の現場では，アセスメント・シートが「ディスアビリティ」の状態を特定し，その後のケアの方針を決定するための手立てとして用いられているとは言い難い。また，レポートの方も，状況や情報の確認に用いられることはあるものの，巡回支援を実施した記録として国外からの専門家や援助提供者に提示することが意識されている。

実際の支援では，依頼があれば即そのまま支援の対象となるのであり，その後も，包括的なケアの方針を策定するというよりは，ほぼルーティン化されたストレッチや器具の提供・調整などを続けるなかで，その都度，利用者の状況や巡回時の時間的余裕に応じて学習支援などの個別の対応を追加するようになっている（図8-4）。そのため，利用者が病院での診断などを受けていない場合，ワーカーたちも具体的な「ディスアビリティ」の名称を言えない（知らない）ことも多い。また，リハビリ器具や補装具を提供する際も，利用者の「ディスアビリティ」の程度や状況をあらかじめ計測してそれに基づいて作製するというより，提供された器材からさまざまな部品を流用してとりあえず自前の車椅子やスタンディング・テーブル（立位補助具）を作製し，訪問時に装用して合わなければまた持ち帰って作り直すという方法をとっている。

以上のことから，援助提供者と現場のワーカーたちは，一見，「ディスアビリティ」という対象を構築する過程において協働しているようにみえながら，現実にはかなり異なる思考のものに動いている。少なくとも，現場のワーカーたちは，援助提供者側が意図しているように，各種の国際基準に則って「ディス

232　第Ⅱ部　新たなマイノリティの生成

図8-4　巡回支援の様子
以前に提供された自前のスタンディング・テーブルを用いて立位訓練を行っている。
手前では，コーディネーターがレポートを記入している。

アビリティ」の程度やその意味を把握し，全人的想像力のもとにサービス提供しようとはしていない。彼／彼女らにとっては，そういった分類や理解よりも，利用者やその家族との関係性の継続や進展こそが重要であり，結果として援助提供者側が提示するさまざまな仕掛けは，その意図とは異なるかたちで支援活動の実践のなかに取り込まれている。

● 4-3　「圏」としての「マナオガ・ファアピトア」

　一方，ロト・タウマファイとそれを利用する住民たちとの間にも少なからぬ齟齬がみられる。調査中に計4日にわたって巡回チームに同行した際，それぞれの日に訪問した十数名の利用者のうち2〜4割程度は不在であり，多くの場合，親族訪問といった他の日常生活上の事象が優先されていた。訪問先では，各世帯で応接などに使われる大きな居間などで利用者が一人で待っていることも多く，ストレッチや学習支援の様子を家族が見守っている世帯はそのうちの半数ほどであった。また，提供されたスタンディング・テーブルや車椅子などの器具も，普段はシャツや布などがかけられたまま居間の隅に置かれており，

スタッフが訪問した時にそこから運びだされてくるという光景も何度も見られた。つまり，ほとんどの利用者の家族は，早期介入プログラムが提供するサービスや器具は訪問時に受け取るものであって，日常的に取り組むものとは考えていない。

脳性麻痺の子どもをもち，ロト・タウマファイの早期介入プログラムを2年近く利用しているF村の30歳代の女性は，ロト・タウマファイによるサービスについて筆者に次のように語った。

> 看護師による村落巡回（*asiasiga*）のときにロト・タウマファイのことを聞いた。（村内の）他の家族（'*aiga*）のところに（ロト・タウマファイの早期介入プログラムが）来ていたので頼んだ。……私たちは（子どもに対して）何をすべきか知らないが，彼／彼女らはよく知っている。彼／彼女らはたまに来て，私たち家族を助けて（*fesoasoagi*）くれる。

注目すべき点は二つある。まず一つは，巡回で訪れた看護師がロト・タウマファイによる支援の対象と言ったことで利用が始められ，それから2年近くたった時点でも「私たちは何をすべきか知らないが，彼／彼女らはよく知っている」と述べている点である。ここには，住民自らが対処すべき問題を見出すというより，保険医療制度のなかで問題が取り出され，ロト・タウマファイをはじめとする障害者支援NGOがそれを引き継ぐことで，障害者支援の対象が構築されている実情が現れている。

そして，もう一つは，ロト・タウマファイによる支援を，障害をもった個人としての子どもへの「ケア（*tausi*）」ではなく，「家族（'*aiga*）」に対する「支援（*fesoasoagi*）」として語られている点である[6]。このような認識に立つなら

[6) サモア語の "*tausi*" という言葉は，主に「家族成員を世話する（*tausi*）」や「病人を看病する（*tausi*）」といった文脈で用いられる。また，「物が良い状態を保つように（継続的に）関与する（*tausi*）」ような場合にも使われる。一方，"*fesoasoagi*" という言葉は「互いに（*fe-*）」「パートナーとなる（*soa*）」という意味であり，「儀礼時に財を援助する（*fesoasoagi*）」や「他の家族が家を建てるのを手伝う（*fesoasoagi*）」といった場合に用いられる。"*tausi*" が継続的で一方的な依存も含めた親密な関係性を示しているのに比べ，"*fesoasoagi*" はより一時的で対等な関係性を含意しているといえる。

ば，住民にとって日常的なリハビリの実践や支援の継続が大きな意味をもつとは限らないことや，「忙しい」や「良くなったから」といった家族の一方的な判断や都合による利用の中断や停止が頻繁に生じる事情も理解できる。こうして，利用者が就学年齢に達すると，ほとんどが村落の小学校（Primary School）やロト・タウマファイなどの障害者支援 NGO が運営する学校（Free School）に通学し，早期介入プログラムの利用は打ち切られる。

では，他の住民たちは，このようなサービスの対象となっている者たちをどのように見なしているのだろうか？

私が継続的に調査してきた N 村落において，2014 年の調査時に 50 歳代の首長（*matai*）に「マナオガ・ファッアピトア」という言葉を知っているか尋ねると，彼は「マナオガ」と「ファッアピトア」に分けて，即座に次のように説明し始めた。

> 「マナオガ」とは，何かが欲しい，したいということ。食べ物を食べたい。女性を手に入れたい。「マナオガ」とはそういうものだ。「ファッアピトア」とは…（しばらく間をおいて）…たとえば，司祭だけに給仕される食べ物があれば，それは「ファッアピトア」な食べ物だという。

そこで，私が改めて「「マナオガ・ファッアピトア」とは人を指す言葉ではないのか？」と尋ねると，彼は意を得たという表情をして改めて次のように述べた。

> それは新しい言葉だ。誰かが創ったのだと思う。どのような者をそう呼ぶのか私には判断できない。……（この村では）家族（'*aiga*）A や B にロト・タウマファイが来ている。私が思うに，彼／彼女ら（家族 A や B の利用者）はマナオガ・ファッアピトアなのだろう。

このように，早期介入プログラムをはじめとする支援活動が，その対象となる人々をある種の「まとまり」として浮かび上がらせることがわかる。

この状況は，「ディスアビリティ」に関する一般的な理解のあり方とは逆

転している。「ディスアビリティ」では，あらかじめ制度的に規定された対象 (persons with disabilities) が存在し，それに対してリハビリテーションも含めた各種のサービスが提供されることになっている。しかし，サモア社会では，NGOによるリハビリテーションの実践とその利用が，逆に「マナオガ・ファッアピトア」という対象を浮かび上がらせている。つまり，誰が「マナオガ・ファッアピトア」かということは，「アビリティがどのような状態にあるか？」というよりは，「どのような組織のサービスを利用しているか？」という認識によっているのである。

このため，人々によって認識される「マナオガ・ファッアピトア」は，「ディスアビリティ」のように統一的な基準によって境界づけられる対象とはなりえない。それは，障害者支援を謳う特定の組織との関係性を指標として識別される「圏」のような広がりを通して想像されている。人々は，それら組織のサービスを現に利用している者を特別であるとみなし，全国的な活動の展開に伴うそのような人たちの広がりを漠然と想像している。そして，それぞれ障害者支援組織の活動に関連づけられたこれら「圏」を重ね合わせることで，ようやく全体として「マナオガ・ファッアピトア」という対象が想像されうるのである。

5 おわりに

サモア社会では，「ディスアビリティ」という概念が普及する以前にさまざまな民間組織による障害者支援が開始され，その後「ディスアビリティ」に対応した現地語として「マナオガ・ファッアピトア」という言葉が創り出された。ロト・タウマファイによる早期介入プログラムは，援助提供者側が提示する「ディスアビリティ」としての理念や基準を受け入れ，それに則って展開されているようでありながら，その実践においてはサービスの提供や利用を通して「マナオガ・ファッアピトア」という対象を生み出している。そして，この「マナオガ・ファッアピトア」という対象理解のあり方が，人びとによる「日常生活の具体的状況に基づいた差異の捉え方（「アガヴァァア」）」と「人間として何ができるべきかという制度化された差異の捉え方（「アビリティ」）」の間にあるズレを媒介する図式になっている。

世界規模での公衆衛生や社会福祉の普及は，各社会に根づいた多様な差異の捉え方を「人間」としての同一性やそれを前提としたモラルのなかに回収する方向性をもっている。「ディスアビリティ」という問題も，このような「人間」としての同一性の俎上に載せることで，はじめて「人間」としてあるべき「アビリティ」の阻害や欠如として認識される。しかし，本章の事例は，この「アビリティ」もまたある種の基準や測定手順を経て見出される特定の想像様式の産物に過ぎないことを示唆している。それにも関わらず，現在では，この想像様式が普遍化されることで逆にそこから「人間本来のアビリティ」といったものが措定され，その阻害や欠損がマイノリティの権利保障，さらには人間全体の共生に関わる問題とみなされるようになっている。

　2013年に筆者が当事者団体ヌアヌア・オ・レ・アロファの代表者に対して行ったインタビューにおいて，彼女は「マナオガ・ファアピトア」という用語を批判して，「（われわれの要求は）決して「ファアピトア（特別）」ではない！」ということを繰り返し述べた。これは，彼女らの問題関心が，障害者としていかなる権利を獲得するかということ以上に，自分たちがどのように捉えられようとしているかという点にあることを感じさせる。

　すでに「ディスアビリティ」という想像様式が広く受け入れられた社会では，障害者として峻別されたマイノリティを社会に統合 (integrate) し包括 (include) してゆくことが大きな課題となっている。それに対して，本章で取り上げたサモア社会の事例は，マイノリティとしての障害者の「統合」や「包括」といった問題よりも，そういったマイノリティが世界各地の個別社会で立ち現われる過程，言い換えるならば，「人間」の同一性を前提としたある種の想像様式のなかに個別社会の人びとを取り込むという世界規模での「同化」作業の内実を明るみに出すものではないだろうか。少なくとも，現在のサモア社会において問題となるのは，「ディスアビリティ」問題の世界的拡大をめぐるそのような側面なのである。

【引用文献】
Australia Government (AusAID) (2012). *Samoa annual program performance report*

2011.
Government of Samoa (1995). *Eduation policies 1995-2005*.
Government of Samoa (2003). *Samoa disability report: Population 15 years and over 2002*.
Government of Samoa (2009). *National disability policy*.
ILO, UNESCO, WHO (2004). *CBR: A strategy for rehabilitation, equalization of opportunities, poverty reduction and social inclusion of people with disabilities*. (Joint Position Paper on CBR 2004).
Loto Taumafai (2012). *Education development in Samoa (An offical guide of Loto Taumafai)*. (unpubilshed).
MaCullough, R. S. (2000). *Special needs education survey project report & recommendations (Prepared for Samoa Department of Education and United Nations)*. Sumac Consultants.
Nuanua o le Alofa (2002). *Nuanua constitution*. Nuanua o le Alofa (unpubilshed).
Nuanua o le Alofa (2011). *Governing process policies and procedures*. Nuanua o le Alofa (unpubilshed).
Rogers, L. J. & Swadener, B. B. (eds.) (2001). *Semiotics and dis/ability: Interrogating categories of difference*. Albany: State University of New York Press.
Stiker, H. J.; Sayers, W. (trans.) (1999). *A history of disability*. Ann Arbor: The University of Michigan Press.
Whyte, S. R. (1995). Disability between discourse and experience. In B. Ingstad, & S. R. Whyte (eds.), *Disability and culture*. Berkeley: University of California Press.
久芳尚子（1995）．「西サモアにおける障害児・者調査について」（海外青年協力隊活動報告）
倉田　誠（2012）．「グローバル化する精神科医療とサモアの精神疾患―マファウファウの病気をめぐって」須藤健一［編］『グローカリゼーションとオセアニアの人類学』風響社，pp.235-254.
ミード，M.／畑中幸子・山本真鳥［訳］（1993）．『サモアの思春期』蒼樹書房

第Ⅲ部

差異をめぐる記憶と感情

第9章
帝国の記憶を通した共生

ミクロネシアにおける沖縄人の慰霊活動から[1]

飯髙伸五

1 はじめに

　2009年6月10日，戦後の沖縄で長きにわたって，太平洋戦争中にミクロネシア（旧南洋群島）で亡くなった人々に対する慰霊活動に尽力してきた宜野座朝憲氏が亡くなった。宜野座氏は，1931年にマリアナ諸島（Mariana Islands）のテニアン（Tinian）島で生まれ，初等教育を終了後，パラオ（Palau）に設立されたばかりの中学校に第一期生として入学したが，当地で太平洋戦争に巻き込まれ，終戦はフィリピンでむかえた。同氏は，戦時中に沖縄およびミクロネシアにいた家族・親族の多くを亡くしたことから，戦後は同地域での慰霊活動を熱心に行ってきた。日本の敗戦とともにミクロネシアから帰還した沖縄出身者は，沖縄で「南洋帰り」と呼ばれることがある。かれらは，1960年代末以降，南洋群島帰還者会を通じてこうした慰霊活動を主催してきた。宜野座氏は同会の会長職も長期間つとめ，指導的立場にあった。

　宜野座氏は，2009年5月末，マリアナ諸島のサイパン（Saipan）およびテニアンで実施された南洋群島帰還者会主催の慰霊墓参に病を押して参加した。そして，数日の現地滞在の旅程を終え，那覇空港到着後にそのまま救急搬送され，短い入院生活を経て亡くなった。この年の同地への慰霊墓参は，節目となる第40回の事業であったが，近年は同会のメンバーの高齢化に伴って活動の維持が

---

1) 本章は，飯髙［2014a］およびIitaka［2015］の一部を加筆修正した記述を含んでいる。また，本章で示唆した戦争の記憶に関する議論は，Iitaka［2015］で詳細に検討している。

困難になり，慰霊祭への参加人数も減少してきたため，最後の慰霊墓参団派遣になるともいわれていた。宜野座氏は同会の現状を病床で心配しつつも，思いのほか集まった参加人数に満足しながら，最期の時をむかえたという［沖縄タイムス 2009: 29］。宜野座氏の活動は，沖縄県内，日本国内にとどまらず，現地社会でも広く認知されていた。その死の翌月には，当時の駐日パラオ共和国大使館全権大使で，同氏のパラオ中学校の同級生でもあり，日本人移住者を父親にもつウエキ・ミノル（Ueki, Minoru）氏が沖縄を訪問し，弔問している［琉球新報 2009: 23］。

近代の戦争は，国境を越えた営為であり，近代国家内外のさまざまな民族集団を巻き込むという点で，不可避的に国際的な性格をもっているが［White 1995］，慰霊や顕彰は国家主義的な観点から実施されることが多い。そのため，日本と近隣アジア諸国との緊張関係の発達にみられるような，戦争の記憶をめぐるさまざまなコンフリクトが発生し続けている。戦後日本における戦没者慰霊には，帝国への郷愁を強くもち，アジア・太平洋の人々の観点が等閑視されたものも多い。昭和の終焉に続いてなされた，村山政権のアジア諸国への「お詫び」の後に，反動的な動きとして歴史修正主義が台頭してきたのは，こうした背景に鑑みれば当然といえよう［cf. 小森・高橋 1998］。

一方で，個人の直接的な戦争体験やその記憶が，国家主義的な戦争の記憶を相対化する潜在力をもつこともある。例えば，ヨネヤマ・リサは，戦後日本の平和主義的言説のなかで原爆投下の生々しい記憶が「飼い慣らされて」いくのに対して，ナショナルな言説に回収しきれない被爆者の証言に可能性を見出している［Yoneyama 1999: 97］。ショーン・オドワイヤーもまた，靖国神社における戦没者慰霊が，人々の生の戦争体験と乖離していると指摘し，国家主導の公的記憶に抗する個人的記憶の潜在的な力を，沖縄出身者の苛烈な戦争体験などに言及しながら論じている［O'Dwyer 2010: 170］。

戦後日本の戦没者慰霊活動は，慰霊の主体が軍人であるのか，それとも民間人であるのか，日本遺族会のような政治目的をもった組織であるのかによって，国家との距離感はさまざまであり，性格が異なる［cf. Seraphim 2006］。南洋群島では，多くの日本人移住者が戦争に巻き込まれた。宜野座氏が率いてきた南洋群島帰還者会は，戦前ミクロネシアに居住していた沖縄出身の民間人を中心

とした組織であり，戦火に巻き込まれたことによる補償を限定的に受けているものの，日本遺族会のように政界にも影響力を保持し，大々的に補償を受けているような団体ではなかった。ここに，国家主導の公的な記憶に抗する潜在的な力をみてとることができる。

　また，近代日本における沖縄の周辺性——明治期以降，制度的には国家に統合されながらも，太平洋戦争末期には戦場となり，戦後は基地問題に直面してきた——を背負ってきた人々の経験の特異性にも留意する必要があろう。「南洋帰り」の経験も，近代日本のなかの沖縄の周辺性と深く関連していた。かれらは，地場産業の乏しさから外地へ移住し，帝国の前線で差別的な処遇を受けながらも拓殖や開発に従事し，太平洋戦争のなかで前線に残され，甚大な被害を受けた。かれらの南洋群島での生活，その帰結としての戦争体験は，その周辺性ゆえに劇的で，当事者たちに鮮明に記憶されている。

　宜野座氏の死に際してパラオ人のウエキ氏が沖縄を訪問したというエピソードは，国家的な枠組みのもとで「日本」や「日本人」の慰霊に収斂しがちな一部の戦没者慰霊活動とは対照的に，南洋群島帰還者会の慰霊活動が，国境を越えた国際的な性格をもっていることを示唆している。これは，沖縄人がミクロネシアに移住した帝国期から，日本の敗戦とともに引き揚げを余儀なくされた帝国崩壊を経て戦後に至るまでの歴史過程のなかで，沖縄人とミクロネシア人との間に他の日本人とは異なる関係性が醸成されていったためである。

　以下で示すように，沖縄人とミクロネシアの人々は，ともに帝国日本の周辺的存在として，労働の現場や生活世界のなかで緊密な接触状況に置かれたこともあり［飯髙 2009a］，そのなかで一定の共生関係が育まれていった。そして，現在，慰霊活動を通じて両者が相互に交流しているのは，そうした帝国時代の共生の記憶を分有しているためである。本章では，両者が日常的に物理的空間を共有し，共生していた帝国時代の関係性に加えて，日常的には遠隔にあり，ときおりの相互訪問を通じて一時的にしか物理的空間を共有しない現在の関係性もまた，郷愁的に想起される旧帝国の仮想空間を舞台として，帝国や戦争の記憶をわかちあうことでなりたっている一種の共生関係と捉えておく[2]。

2 沖縄人とミクロネシア人の邂逅

● 2-1 歴史的背景

　第一次世界大戦中の1914年，日本は日英同盟を根拠にドイツに宣戦布告し，日本海軍はドイツ領ミクロネシアを領有した。軍政の司令部はヤルートに設置され，サイパン，パラオ，ヤップ（Yap），トラック（Truk：現Chuuk），ポナペ（Ponape：現Pohnpei），ヤルート（Jaluit）の6支庁のもとで施政が行われた。1919年のヴェルサイユ条約で日本によるミクロネシア統治が国際的に承認されたのを受けて，守備隊は漸次撤退，1922年4月にはパラオのコロール（Koror）に南洋庁が設置され，国際連盟下の委任統治領としての施政が始まった。1933年に日本が国際連盟脱退を宣言しても日本のミクロネシア統治は依然続けられ，1930年代中葉以降は，現地住民の皇民化，日本人移住者による経済開発など，国際連盟の常設委任統治委員会で現地住民の福利を脅かすと批判されていた政策が強化されていった［今泉 1994］。

　日本の南洋群島統治の大きな特徴は，多くの日本人移住者が現地にわたり，さまざまな経済開発に従事したことであった。とりわけ，マリアナ諸島とパラオ諸島には現地人を上回る数の日本人移住者が流入した。南洋庁設立以前から製糖業が導入されていたマリアナ諸島では，早くも1923年の時点で日本人移住者数が現地人人口3,261人を上回る3,764人にのぼり，1930年には15,656人，1935年には39,728人と増加の一途をたどった［南洋庁長官官房 1932; 南洋庁 1937］。当初は沖縄出身者を中心に甘蔗栽培の労働者が導入されていたが，ストライキが起きたことを契機に1920年代後半以降は鹿児島や東北地方からも

---

2) 一般に文化人類学をはじめとする人文社会科学において共生関係に言及する場合，coexistenceなどの用語でモデル化されることが多いが，ここでは生態学などで用いられているモデルで，寄生の関係なども含み，異なる生物種が異なる目的のもとで共生している状況を指示するsymbioticを念頭に置いている。カロリン・ストレンジは，このsymbioticモデルを用いて，ハワイ諸島のモロカイ（Molokai）島のハンセン氏病患者のコミュニティ，カラウパパ（Kalaupapa）の国定歴史公園化において，人々と行政とが異なる意図のもとに相互の利益を確保しながら関係を構築していった過程を分析している［Strange 2004］。ここで検討する沖縄人とミクロネシア人の共生関係も，異なる目的や意図のもとで図らずも共生しているという関係である。

移住者が募られた［今泉 1992: 160-168］。それでも，1930 年代中葉の時点で沖縄出身者は全体の約 60% を占めていた。

統治の中心地であったパラオでは，1922 年に 585 人だった日本人の数は，1935 年になってパラオ人を上回る 6,553 人にのぼった［南洋庁 1937］。パラオに居住していた日本人移住者は，役所勤務の公務員のほか，コロールの商店経営者，バベルダオブ（Babeldaob）島の拓殖従事者，アンガウル（Angaur）島のリン鉱石採掘従事者，カツオ漁や真珠貝採取などに従事する漁業関係者など多様であった。沖縄出身者は漁業や農業のほか自営業などに従事し，1935 年の時点で日本人移住者数 6,553 人のうち 3,023 人を占めていた［南洋庁 1937］。

行政上，日本統治下ミクロネシアの住民は，「島民」「邦人」「外国人」に区分されていた。「島民」とはミクロネシア地域が内包する社会文化的多様性を捨象して用いられたカテゴリーであった。かれらはマリアナ諸島の先住民チャモロと，それ以外の地域に住む無知蒙昧とされた「カナカ」とに二分され[3]，日本国籍を付与されることはなかった。「邦人」すなわち日本人移住者は，沖縄出身者のほか東北地方や小笠原の出身者も多かったが，朝鮮半島など外地出身者も一部含まれていた。日本統治期末期には労働者や軍夫として連行され，当地で終戦をむかえた外地出身者もいた［今泉 2004; 2005］。

上記の行政上のカテゴリーとは別に，日本人移住者の間では，住民をさらに差異化するヒエラルキーが存在した。それによれば，日本人移住者のなかでも内地人は「一等国民」とされ，沖縄人や朝鮮半島出身者は「二等国民」，現地人である「島民」は「三等国民」と弁別されていたという［冨山 2006: 96］。沖縄出身者に対する差別的処遇は，賃金体系に反映されるなど，顕在的であった。例えば，1930 年代初頭の時点で，アンガウルのリン鉱石採掘に従事した鉱山労働者の賃金は，内地出身者 3.45 円，沖縄出身者 2.53 円，チャモロ 1.40 円，「カナカ」0.76 円と階層化されていた［矢内原 1935: 112-115］。沖縄出身者が日本人移住者と現地人の中間に位置づけられていたことがわかる。

また，沖縄出身者を熱帯で過酷な労働にあてようという政策的意図もあった。

---

3)「カナカ」には差別的な含意があり，社会文化的な集団の単位としても，現在では正当性が認められていない。本章では当時の行政資料などに言及する場合に限り，カッコ付きでこの用語を用いる。

マリアナ諸島の甘蔗栽培に初期から沖縄人が導入されたのは，かれらが内地人よりも熱帯での作業に適していると認識されていたためであった［今泉 1992;飯髙 1999］。また，過酷な鉱山労働の主力には，農作業などを計画的にできない無知蒙昧な現地人をあてるという考え方が，政策レベルから学術的言説に至るまで，日本統治期を通じて認められたが［飯髙 2009a: 347］，これとともに，ミクロネシア人を保護するために沖縄人を労働にあてることが必要だという考え方もあった。植民政策学者の矢内原忠雄は 1930 年代初頭にミクロネシア各地を視察し，アンガウル島のリン鉱石採掘のために，人口減少が問題視されていたヤップおよびその離島から労働者があてられていることに懸念を表明しつつ，「比較的生活程度低き沖縄県人の自由渡航者多数に上りつつあるが故に，之を以て島民の半強制的出稼労働に代ふることは決して困難ではない」という見解を示している［矢内原 1935: 459］。

● 2-2　コンタクトゾーン

　上記のように位置づけられた沖縄人は，他の日本人移住者に比して，移住先の労働現場や生活世界で現地人とより密接な接触状況に置かれることもあった。日本のミクロネシア統治は，現地人を上回る数の日本人移住者を流入させつつ，現地社会の状況を度外視して帝国発展のための経済開発を行うことにあったが［Purcell 1976; Peattie 1988: 153-197］，その過程で流入した沖縄人の生活実態は，帝国の支配者である日本人の面子を脅かしかねないものとして，内地からの視察者や統治者に問題視された。ミクロネシアで帝国日本の利益を追求しようとすればするほど，帝国の支配者としての「日本人」の自己同一性は危機にさらされたのである［飯髙 2009a: 356］。

　例えば，マリアナ諸島の甘蔗栽培の現場では，先住民チャモロの家の土間を間借りして生活する沖縄出身の甘蔗栽培労働者が少なからず存在した。1933 年にミクロネシア各地を視察した著述家はかれらのことを「さながらチャモロ土人に征服されているような姿」で，「この群島の土人を統治する位置に立っている日本人」にふさわしくないと批判している［能仲 1990: 18］。また，日本人移住者のみならず，現地人も沖縄出身者を「日本のカナカ」とよび，差別的な感情を伴いながら，他の日本人移住者と弁別していた様子も描写されている

［能仲 1990: 18］。

　こうした差別が生活世界のなかでなされていたことは，沖縄人のオーラルヒストリーからも確認できる。現在那覇市在住のK氏（80代，男性）の父親は，1920年頃にサイパン島に渡ったが，沖縄人同士の互助組織で家を建設するまでは，しばらくチャモロの家の一角を間借りしていたという。K氏は1931年にサイパンで生まれたが，チャモロとは非常に親密な関係にあり，親切もいろいろしてもらったことを覚えている。しかし，戦後になって再会した折に，沖縄人は「カナカ」と呼ばれていたと告げられ，予想していたこととはいえ，ショックを受けたという［飯髙 1999: 4-5］。

　パラオの人々の間には，かれらと近接して生活していた沖縄人の記憶が深く刻印されている。家族単位での移住が主流であったマリアナ諸島とは対照的に，単身者の入植も多かったパラオでは，現地人の村落ないしその近隣で，マングローブの木を利用した炭焼きや製材などに，ほぼ単身で従事していた沖縄人の存在がいくつかの村落で記憶されている。多くの日本人移住者が入植村で集住していたのに対して，どれほどの移住者が単独で行動していたのか，そのうちどれほどが沖縄出身者であったのかは定かではないが，内地人から差異化され，賃金面でも差別を受けていた沖縄人が，生活向上のために単身で入植せざるを得なかった事情は想像できる。

　現在のパラオのゲサール（Ngechar）州には，1930年代半ばに清水村と名づけられた大規模な日本人入植村が形成された。入植者の子弟が通う小学校も設置され，パイナップル栽培をはじめとする農業が導入された。パイナップルの缶詰工場やデンプン加工工場なども建造され，更なる入植の促進のために入植村の成功例として言及されることもあった［南洋庁拓務部農林課 1940; 南洋拓殖株式会社 1939］。清水村は，現地人の村落から一定の距離がある入植地に形成されたが，現地人村落で単身で生活していた日本人移住者もわずかながら存在した。かれらは現地人女性と婚姻ないし同居関係にあった人々で，沖縄出身者が中心であった。現在でも，かれらが居住していた場所には，炭窯の跡が部分的に残存しており，村落の年長者の間では沖縄人の存在の証として記憶されている（図9-1）[4]。

　沖縄人の記憶は，集合的なレベルでも保持されている。パラオ語の借用語の

図9-1 沖縄人の炭窯跡と記憶されている場所。ゲサール州の村落部。(2014年8月,筆者撮影)

なかには,小舟を意味するサバネ (*sabane*) などの沖縄口(ウチナーグチ)由来の外来語も含まれており,沖縄のサーターアンダーギーによく似たお菓子がタマ (*tama*) と呼ばれて広く消費されている。また,1940年代初頭の短期間に,軍事用に需要があったボーキサイトの採掘に,多くの沖縄出身者が従事していたバベルダオブ島ガラスマオ (Ngardmau) 州では,沖縄民謡アサドヤユンタのメロディーを借用した歌がある。鉱山労働の現場を描写したこの歌は,現在でも州を代表する歌として現地人に歌われている。このことは,鉱山労働の現場で過酷な労働に配置された沖縄人が,同じような肉体労働に従事していたパラオ人や他のミクロネシア人と,内地人の移住者よりも緊密な接触状況に置かれていたことを示唆している［飯髙 2009a: 354-355］。

---

4) 沖縄出身の移住者とパラオ人女性との間に生まれた人々のなかには,戦後引き揚げずにパラオに残留し,パラオ人として生活している者もいる。かれらは日本人の父親の姓を名乗っており,沖縄にいる父方親族との通信も維持している。パラオ人のF氏 (80代,女性) は,清水村の国民学校に通った経験もあるが,終戦時には父親が亡くなっていたため,パラオに残留した。F氏は戦後,沖縄人の父親の遺骨の一部を密かに沖縄に運んで埋葬し,パラオに残した遺骨の一部はゲサール村落の公共墓地に,自身の他の家族の遺骨とともに埋葬している［飯髙 2009b］。

3 戦後の慰霊活動

● 3-1 「南洋帰り」の形成

　太平洋戦争が始まり，南洋群島が日本の防衛ラインと位置づけられるようになると，日本人移住者は女性と子どもを中心に引き揚げを命じられた［今泉 2005: 10］。しかし，多くの移住者が現地に残され，戦争に巻き込まれた。成人男子は現地徴用されて戦闘を経験し，民間人として戦場をさまよう者もいた。サイパン島の通称バンザイクリフでは，沖縄出身者を含む多くの民間人が投身自殺を図り，パラオ諸島のバベルダオブ島では軍人・軍属とともに飢餓によって死亡した民間人が多くいた。

　旧厚生省によると，中部太平洋方面における軍人・軍属の戦死者数は197,600人と概算されているが，そのうち激戦地であったサイパン島では41,244人，パラオ諸島のペリリュー（Peleliu）島では10,022人が死亡している［防衛庁防衛研究所戦史室 1967: 添付図1］。民間人の死者数は定かではないが，サイパンでは2万人程度の民間人が戦闘に巻き込まれ，半数近くは死亡したという概算がある［防衛庁防衛研修所戦史室 1967: 508］。パラオでは，他のアジア人とミクロネシア人を含む5千人程度の民間人が死亡したとする概算もある［Murray 2013: 52-54］。

　民間人死者のうち，沖縄人の割合は高かったと考えられるが，これは移住者に占めるその割合が高かったことによる必然の結果であるだけではなく，帝国の前線で差別的処遇を受けつつも南進政策を担わされてきた沖縄人のミクロネシアにおける生活の一つの帰結であったといえる。1963年に，那覇市識名霊園に建設された「南洋群島沖縄県人戦没者ならびに開拓殉難者慰霊碑」には，軍人・軍属および民間人をあわせて，太平洋戦争期のミクロネシアにおける沖縄人の死者数が1万2,826名と刻印されている。

　戦後のアメリカ軍政は当初，生き残った移住者のうち沖縄出身者に関してはミクロネシア残留を認める方針であった［Richard 1957: 34-41］。多くの沖縄人が残留を望んでいたというが，一箇所に集住させる構想であったために希望者が少なくなり，結局すべての移住者は引き揚げを命じられた。1945年10月24日のヤップ島からの引き揚げにはじまり，翌年5月7日のテニアン島からの引

き揚げに至るまで，延べ約6万人が内地，沖縄のほか，朝鮮半島や台湾などの旧外地へと帰還した［今泉 2005: 13］。

沖縄に引き揚げた（あるいは本土を経由して沖縄に引き揚げた）旧南洋群島移住者は，戦後の沖縄では「南洋帰り」として知られるようになった。かれらは1948年に南洋群島帰還者会を設立し，琉球政府にミクロネシアへの帰還つまり再移住を誓願している。再移住誓願の背景には，地上戦によって沖縄本島が荒廃し，生活そのものが困難であったこと，軍用地接収に伴って沖縄中心部で帰還者が利用できる土地が不足していたことなどがあった［今泉 2005: 28］。再移住の現実可能性が低くなると，同会は南洋群島への慰霊墓参の実現に目的を転換し，琉球政府への働きかけを行った。そして，1968年，最大規模の移住者がいたサイパンおよびテニアンに戦後初の慰霊墓参団を派遣したのを皮切りに，ミクロネシアに慰霊団を派遣するようになった。

ミクロネシアで慰霊墓参を実施するなかで，南洋群島帰還者会は慰霊碑の建立にも尽力した。1968年には当時の琉球政府に対する働きかけにより，サイパン島のススペ（Susupe）に「おきなわの塔」が建立されている。この塔は，都市計画により，同島北部の通称スーサイドクリフのあるマッピ（Marpi）山のふもとに，1974年に移転され，現在は日本政府による「中部太平洋戦没者の碑」や韓国の任意団体による慰霊碑群と隣接して立っている。パラオでは，1977年になってコロールの日本人墓地に，1988年には激戦地であったペリリュー島とアンガウル島に「沖縄の塔」が南洋群島帰還者会の名義で建造されている。例年の慰霊祭は，これらの慰霊碑の前で実施されるのが慣例となっている。

すでに1952年以降，旧厚生省による遺骨収集が行われ，1960年代後半以降は旧軍人・軍属による慰霊祭も太平洋戦争の戦場で行われるようになった。これらの活動とは異なり，南洋群島帰還者会の慰霊活動は，民間人の旧移住者を中心とした活動で，終戦直後の再移住運動を基盤としている。また，多くの慰霊活動が現地社会とは遊離した形態で実施されているのに対して，「南洋帰り」の慰霊活動は，現地社会と一定の関係を保持しながら実施されている。慰霊祭の実施や慰霊碑の建立には現地社会の協力や承認が不可欠であるが，南洋群島帰還者会は現地社会の人々と緊密に意思疎通をしながら活動を行ってきた。

現地慰霊祭に際して，同会はパラオ・サクラカイ――日本人移住者を父に

もつパラオ人の集まりで，戦後日本からやって来たさまざまな慰霊団の対応にあたってきた——による支援を受けてきた［飯髙 2009b］。この点は，軍人・軍属によるものも含め，他の日本からの慰霊団と共通している。同時に，同会は，戦後生まれの現地人にも活動を理解してもらうように努めてきた。例えば，1980年代末から2000年代にかけて，6月23日の慰霊の日にあわせてミクロネシアの高校生を沖縄に招待し，観光地や戦跡を案内している。また，ミクロネシアの少年野球チームを同様に招いて交流戦を実施している。こうした平和教育や文化交流を通じて密接な関係性が構築・維持されてきたこともあり，現地慰霊祭にはパラオの高校生や教員が一部列席してきた［Iitaka 2015: 136］[5]。

1970年代末以降，「南洋帰り」はかつて居住していた島ごとに任意団体——沖縄テニアン会，沖縄ロタ会，沖縄サイパン会，沖縄パラオ会，沖縄ポナペ会など——を組織し，南洋群島帰還者会はそれらを下部組織に従えるようになった。そして，これらの下部組織の会長から南洋群島帰還者会の役員をあてるなど，組織として整備されていった。1976年，戦没者の33回忌にあたる年には1,000人規模の慰霊団が派遣されるなど，戦後しばらくの間活動は活発であった。しかし，1990年代末以降，旧移住者の高齢化や死去が進むにつれて，活動規模は縮小していった。2007年には下部組織の一つである沖縄パラオ会が解散し，2009年にマリアナ諸島で実施された第40回慰霊祭が「最後の慰霊墓参」といわれるなど，2000年代に入ってこうした傾向は顕著になった。

しかし，沖縄の「南洋帰り」は，南洋群島帰還者会を中心に一定の組織力を維持し，活動の継続や次世代への継承を強く意識している。慰霊墓参は2009年以降も「慰霊と交流の旅」という文化交流を含意する名称のもとで継続されており，解散した沖縄パラオ会のメンバーも模合（無尽）などを通じて旧移住者同士の親睦を続け，小規模ながら不定期に現地慰霊祭にも赴いている。こうした傾向は，旧軍人・軍属による慰霊が，節目の慰霊祭などを例外として，戦

---

[5] 2003年にコロールの日本人墓地内で実施された南洋群島帰還者会主催の慰霊祭に際しては，日本人移住者を父にもつパラオ人が20名程度，現地の高校の生徒代表も数名参加していた。2013年の慰霊祭に際しては，こうした人々の参加人数が大きく減少した。ここには，パラオ・サクラカイの会員の高齢化や死去，南洋群島帰還者会による現地高校生招聘事業の終了などが影響している。

友に向けた，当人の一世代限りの営為にとどまりがちであること，他地域出身の旧移住者による現地再訪や慰霊が次世代への継承の困難に直面していることなどに比べると特徴的である。

● 3-2 「記憶の継承」事業
　「南洋帰り」の高齢化や死去に伴って，現地社会での慰霊活動の縮小や，戦前のミクロネシアでの生活の記憶の忘却が懸念されるなかで，南洋群島帰還者会は「記憶の継承」という事業を構想した。冒頭で言及した宜野座朝憲氏と近縁で，現在南洋群島帰還者会および「記憶の継承」事業の中心を担うＳ氏（70代，男性）は，戦前パラオにいたが幼少であったために記憶がおぼろげで，年長者の説明がなければ当時の様子がまったくわからないという。このため，沖縄出身者が多く暮らしていた日本統治期のマリアナ諸島やパラオ諸島のありようを直接知る人物がいなくなってしまえば，慰霊祭の実施や現地訪問に際して支障をきたすのではないかと危機感を抱き，この事業を構想するに至ったという。
　「記憶の継承」事業は，「南洋帰り」の二世や三世を対象として，かつての南洋群島での「一世」の暮らしの実態を学んで記憶を継承するとともに，一世が高齢化ないし死去するなかで現地慰霊祭を継続させることを目的としている。2011年に構想されたこの事業では，ミクロネシアに残る沖縄出身移住者の痕跡を紹介するガイドブックの作成や，沖縄出身者が生活していた場所への簡易な標識の設置などが企画された。ここ数年マリアナ諸島とパラオ諸島を中心に実現されているのが，標識の設置である。
　この事業は，当面サイパン，テニアン，ロタ（Rota），パラオを対象として，沖縄出身移住者とゆかりのある日本統治時代の公的建築物跡に石材の標識をたて，当時の移住者の暮らしの記憶を後世に継承していくというものである。経費は南洋群島帰還者会が会員から広く寄付金を募って捻出し，公的機関からの援助は一切受けていない。標識の設置にあたっては同会の下部組織が責任をもって現地交渉に当たるという形態で進められている。また，現地社会の人々に広く理解を得られるように，標識には日本語だけではなく英文でも碑文が刻印されている。なお，沖縄出身移住者の居住地跡など私的な建造物跡に関しては，特定が難しかったり，特定できたとしても対象が無限に広がってしまったりする

ことなどを理由に同事業の対象外とされた。

　標識の設置はまずマリアナ諸島で実施された。南洋群島帰還者会の理事が現地に赴いて十分な事前交渉を行ったうえで，サイパン島ではサイパン実業学校跡，南洋庁サイパン病院跡，戦後日本人が収容されていたキャンプ・ススペ跡，日本統治期の港の桟橋跡に，テニアン島ではテニアン実業学校跡，戦後日本人が収容されていたキャンプ・チュル（Chulu）跡，日本統治期の港の桟橋跡に標識設置の許可を得た。そして，2013年6月の慰霊祭に際して御影石のプレートが持参され，現地社会の協力のもとで事前に設置されたセメントの土台の上に埋め込まれた。これら標識の設置に際しては，現地協力者や行政関係者を招いて式典が実施された。なかでもテニアンのキャンプ・チュルの標識設置に際しては，米軍関係者も招かれるなど，米軍上陸70年記念を先取りするようなイベントとなった。一連の動向は，現地新聞でも報道され，注目を集めていた［Mariana Variety 2013］。

　マリアナ諸島における「記憶の継承」事業の様子は，南洋群島帰還者会のFacebookページでも随時紹介された。こうした情報発信は，もともと「南洋帰り」を取材していた戦後世代の編集者（40代，女性）が中心となって実施された。彼女は，同会の活動に対する継続的な貢献が認められ，同会の理事の一人として活動にあたっており，英語による現地との通信や標識設置に際する事前交渉などにもあたってきた。この事例のように，南洋群島帰還者会は近年，ミクロネシアの歴史や戦没者慰霊などに興味をもつ若い世代を積極的に取り込んで活動を維持している。

　「記憶の継承」事業は，パラオでも2013年から実現されている。コロールにあった日本統治期の国民学校（小学校）[6]の跡地2か所が標識の設置場所として選定された。これらはともに日本人移住者の子弟が通っていた初等教育

---

[6] 1922年の南洋庁設置以降の初等教育は，現地人子弟を対象とした公学校および日本人移住者子弟を対象とした小学校によって担われた。公学校は国語を常用しない現地人子弟のための初等教育機関で［南洋群島教育会 1938: 197-198］，本科の修業年限3年，一部の学校に置かれた補習科の修業年限2年と限定的であった。小学校での教育は内地の初等教育と同等であったが，中等教育を受ける機会が一部の地域に限られていたため，内地進学者も多かった。1941年に国民学校令が発布されると，南洋群島の小学校は国民学校に改称された。

機関であった。第一国民学校は現在のパラオ・コミュニティカレッジ（Palau Community College）の敷地内にあり，第二国民学校は現在のエマウス高等学校（Emaus High School）の敷地内にあった。現地社会との交渉にあたっては，南洋群島帰還者会の下にあった沖縄パラオ会がすでに解散していたため，同会解散後に親睦組織として機能していた沖縄パラオ友の会の会長Ｊ氏（80代，男性）に委ねられた。

　現在那覇市在住のＪ氏は，父親に呼びよせられてパラオにわたり，当地で小学校および中学校に通った。程なく戦局が悪化してきたため，コロールの居住地からバベルダオブ島のアイミリーキ（Aimeliik）に疎開し，軍事目的の飛行場建設のための勤労奉仕に従事した。しかし，疎開先の防空壕も空襲にあい，山中をさまようことになり，食糧の確保に苦労することになった。そして「外を歩きまわって何でも口に入れられるものは入れて」過ごしたという。日本兵も多くいたために，イモなどの農作物にはなかなかありつけなかったが，空襲にあう危険性がない夜中にカタツムリや食べられそうな植物などを食して，生きのびた。戦時中のパラオで，餓死する日本人移住者や日本兵も少なくなかったなかで，何とか生きのびることができたことに対して，Ｊ氏は強い思いがある。それだからこそ，慰霊墓参は絶やさずに続けていきたいと考え，「自分を生かしてくれた」パラオに対する感謝の念も常に忘れないのだという。

　Ｊ氏は，駐日パラオ共和国大使館の前大使で当時既にパラオに帰国していたウエキ氏に協力を要請した。既述のように，ウエキ氏は日本人移住者を父親にもつパラオ人で，宜野座氏とパラオ中学校の同級生で戦後も親交が深く，Ｊ氏にとっては同校の先輩であった。こうした背景もあり，Ｊ氏はウエキ氏の全面的な協力のもとで上記２校との交渉を円滑に進め，標識設置のための許可を得ることができた。

　2013年9月には戦後34回目となるパラオ現地慰霊墓参が実施された。上記２カ所に設置される予定の標識も慰霊祭の際に現地に持ち込まれ，後日設置されることになった。5泊6日で組織されたこの慰霊ツアーには合計19名が参加した。その内訳は，「南洋帰り」（一世）8名，「南洋帰り」の子ないし孫（二世および三世）5名，旧南洋群島と直接関わりがない沖縄人1名，僧侶1名，私を含めた研究者3名，那覇の旅行社の添乗員1名であった。「南洋帰り」一世

のなかにはパラオで暮らしていた者だけでなく、マリアナ諸島で暮らしていた者も含まれていた。また、近年現地慰霊祭に参加する「南洋帰り」一世が減少するなかで、南洋群島帰還者会をはじめとする慰霊祭の実施主体は、新聞広告などを通じて広く参加者を募っている。これまで帰還者会の活動に関わっていない人でも、新聞広告をみて参加を決めた者もいた。

　5泊6日の旅程のうち、慰霊祭は2日目にコロールの日本人墓地の敷地内にある慰霊碑「沖縄の塔」の前で、3日目にペリリュー島の公共墓地の敷地内にある慰霊碑「沖縄の塔」の前で実施された（図9-2）。コロールでの慰霊祭には、パラオ・サクラカイの会員が数名列席した。また日本人移住者を祖父にもつ現コロール州知事は、ウエキ氏の要請のもと式典に列席したほか、州政府のもとで公共事業に従事する者数名に事前に日本人墓地を念入りに清掃させるなど、慰霊祭の実施に全面的に協力した。これら慰霊祭以外の日程は比較的自由に組まれており、ツアーの参加者19名は各々に現地観光などに参加した。一方で、J氏および参加者で最高齢の元沖縄パラオ会会長Z氏（90代、男性）は、ウエキ氏同行のもとで上記2校を表敬訪問した。かれらは、標識設置の趣旨を改めて直接説明したうえで、同校に対して設置許可に対する謝意を述べ、感謝状およ

図9-2　ペリリュー島での慰霊祭の様子。現地の若者が設営を手伝う。（2013年9月、筆者撮影）

図9-3 パラオ・コミュニティカレッジ内に設置された標識。(2016年2月, 筆者撮影)

び寄付金や土産物などを贈呈した。

　後日, パラオと日本の国旗とともに設置された標識には, 図9-3のような刻印が施された。

4　帝国の記憶を通じた共生

　戦後日本の復興と共に, 日本にとってミクロネシアは帝国時代の入植地から「南国リゾート」に生まれ変わり, サイパンやパラオは日本からの手近な海外旅行先となっている。こうしたリゾート観光の裏側で, 旧移住者が入植地を再訪し, かつて居住していた地域を散策したり, かれらの子孫が祖先のルーツを探したりする旅は小規模ながら実施されてきた。観光人類学の分野では, こうした入植地再訪は, 典型的なコロニアル・ノスタルジアと位置づけられてきた [Yamashita 2000: 10]。かれらは, 自らの過去の生活の痕跡を帝国時代の幻影

とともに追い求めているのであり，日本統治が現地社会にもたらした影響や太平洋戦争が現地社会に与えた損害に関しては十分に考慮していないという点で，ナイーブな態度で旅に臨んでいるのである。

　ここで検討してきた沖縄の「南洋帰り」のミクロネシア再訪もまた，そうしたコロニアル・ノスタルジアとしての側面をもっていることは否定できない。また，広島・長崎の被爆者や沖縄戦の生存者の経験が，戦後日本の平和の礎になったという平和主義的言説のなかで飼い慣らされてきたように［Yoneyama 1999: 97］，沖縄人がミクロネシアで体験した苛烈な戦争体験もまた，大衆の感情に訴えかける悲劇談として，戦後の新たな国家主義的言説のなかに包摂される危険性もはらんでいる。事実，サイパンにある「おきなわの塔」の碑文には，以下のような文言が含まれている。

　　われわれ沖縄住民は第二次世界大戦終戦二十三年にあたり祖国の繁栄と世界平和を祈って南洋群島において戦没した沖縄出身将兵及び住民並びに大戦前南洋開拓の途中に死没した同胞の英霊に謹んでこの塔を捧げます。

　1968 年に建立されたこの塔は，南洋群島帰還者会の働きかけで当時の琉球政府により建立されたものある。建立主体が琉球政府であるため，当時の行政主席・松岡政保の名義で碑文が刻印されているが，建立以来，南洋群島帰還者会主催の慰霊祭はこの塔の前で実施されている。帝国日本崩壊から 23 年後に立てられたこの慰霊碑には，「祖国の繁栄」「南洋開拓」「同胞の英霊」など帝国の記憶を想起させる言葉が並んでいる。これらの文言は，沖縄の本土復帰の機運が高まっていった当時の歴史的背景をよく反映している。南洋群島帰還者会の慰霊活動は，「南洋帰り」個々のミクロネシアでの生活の記憶や戦争体験に基づいて実施されてはいるが，同時に時代の政治情勢に絡めとられていた様子がうかがえる。

　日本統治期の公的建造物に標識を立てるという「記憶の継承」事業の方針もまた，少なくともその目的だけに注目すれば，過去の帝国の痕跡を旧植民者が確認するような営みにみえる。ミクロネシアに生きた証を後生に伝えるために，「南洋帰り」は会誌の発行などを通じて個々人の証言や家族アルバム収録の写

真資料などを広く共有しようとしてきた［e.g. 沖縄パラオ会 1993; 沖縄サイパン会 1986］。そして今回は，部分的にでも物理的な痕跡が残っていて，より目につきやすい現地の建造物の跡地に注目して，後生への「記憶の継承」を構想するようになった。

　ここには，同事業が「南洋帰り」個々の記憶を継承するよりもむしろ，帝国日本の痕跡を再確認する営為に陥りかねない危険性が潜んでいる。言い換えれば，沖縄人を差別的に扱いながらも，帝国の前線で利用しつくしてきた帝国日本の構図が，「記憶の継承」事業のなかで，皮肉にも再生産されるおそれがある。「南洋帰り」の活動は，公的な記憶を相対化するような鮮明な個人的記憶に基づいて実施されていたとしても，結局は偏狭なナショナリズムに取り込まれてしまう危険性をかなりの程度もっているといわざるをえない。

　しかし，それでもなお，沖縄の「南洋帰り」による実践は，単なるコロニアル・ノスタルジアには回収しきれない側面をもっている。本章で検討してきたように，そのもっとも顕著な特徴は，越境的側面である。沖縄人は，ミクロネシアの人々と帝国時代に労働現場や生活世界のなかで共生関係にあった記憶を保持することによって，帝国の崩壊に伴う引き揚げによって空間的に隔絶して生活している現代においても，一種の共生関係にある。そして，沖縄とミクロネシアの両地域で，次世代への「記憶の継承」を構想している。これは，軍人・軍属のように，ミクロネシアを戦後再訪する他の個人や団体が，現地社会と継続的に緊密な関係を築いてこなかったか，関係を築いたとしても，日本統治期を知る現地人協力者が存命中の一代限りの関係で終息しがちであったことに比べれば，特徴的である［Iitaka 2015: 127］。

　日本による遺骨収集活動に象徴されるように，戦後のミクロネシアにおいて，太平洋戦争に関連する遺跡・遺物は，戦争当事国であった日本やアメリカに一義的に帰属するものと考えられてきた。しかし，近年では，遺骨収集に際して，現地社会から科学的な根拠の提示が厳格に求められるようになり［石村 2010］，戦争遺跡も現地社会の歴史遺産として認識されるようになっている。こうしたなかで，戦後日本側の個人や団体が建立してきた多数の慰霊碑群の存在意義が問われるようになっている。アンガウル島では戦後世代の現地人地主から，「沖縄の塔」を含む慰霊碑群の立ち退きが求められ，2010 年に公有地への

移転を余儀なくされている。また，ミクロネシアに建造された慰霊碑のなかには設立主体の高齢化や死去によって，管理が行き届かなくなっているものもあり，現地社会では景観や環境への影響を問題視する声も一部あがっている［飯髙 2014a: 17; 飯髙 2014b: 16］。

　こうした状況下で，「記憶の継承」事業によって新たな標識を設置することが現地社会で承認されているのは，異例ともいえる。それが可能なのは，沖縄人とミクロネシア人がともに周辺的存在として帝国時代に共生関係にあり，現在でもその記憶をわかちあっているからである。かれらは，帝国の記憶を通じて，戦後日本の主流社会とは別のかたちで戦争の記憶を想起している。これもまた，旧帝国という仮想空間を舞台として，帝国や戦争の記憶を分有することで成立している一種の共生関係である。

　戦後の慰霊活動のなかで，沖縄の「南洋帰り」は一方的にミクロネシアを再訪するのではなく，ミクロネシアの人々の意向に配慮してきた。日本統治期を直接知る高齢者に限らず，高校生を中心とした若い世代を沖縄に招き，平和教育や文化交流を通じて慰霊活動に対する理解を得ようとしてきた。こうした働きかけの成果もあってか，少なくとも 2000 年代初頭まで，沖縄人の現地慰霊祭には，日本人移住者を父にもつパラオ人から構成されるパラオ・サクラカイのメンバーのほか，戦後生まれのかれらの子孫や上記のような高校生も参加していた。近年では慰霊団の規模も縮小し，現地からの参加者も少なくなっているが［Iitaka 2015: 140］，「記憶の継承」事業で協力を得た現地関係機関の訪問を行うなど，現地社会との関係を何とか継続しようとしている。

　冒頭で指摘したように，近代の戦争は国際的性格をもっている一方で，慰霊や顕彰は国家主義的な観点からなされがちであるために，現代でも戦争の記憶をめぐるさまざまなコンフリクトが発生している。戦没者慰霊がこうした偏狭な性格を帯びやすいことを考慮すれば，沖縄人の慰霊活動の越境性は注目に値する。もちろん，慰霊をめぐる沖縄人とミクロネシア人の立場は同一ではない［cf. Strange 2004］。例えば，パラオ・サクラカイのメンバーが，日本からの慰霊団を受け入れてきたのは，かれらを通じて日本の父方親族との関係を維持しようとする実利的な関心があったためでもある［飯髙 2009b］。同様に，ミクロネシアの人々にとって，沖縄への招待旅行に参加することは，観光地めぐりをは

じめとする貴重な異文化体験としての魅力もあり，平和教育に限定されない性格をもっていたと予想される。

　ミクロネシア人の観点からみた太平洋戦争をめぐる記憶に関しては[7]，さらなる論証が必要だが，キース・カマチョがマリアナ諸島における現地人，日本人，アメリカ人の記憶のせめぎあいと「顕彰の文化」の形成を事例に論じたように [Camacho 2011]，かれらの記憶はもつれあいながら相互に作用しあっている。ミクロネシアの人々は，日米によってひき起こされた戦争が自社会に与えた影響を，日米の記憶を参照しつつも，それとは異なる観点から内省している。近年ミクロネシアの側から戦争遺跡を歴史遺産とみなし，日米による戦争の記憶の独占に抗する動きが出てきたのは，こうした相互作用の帰結である。沖縄人の慰霊活動に関しても同様に，記憶がせめぎあう場となっている [cf. Camacho 2011]。

　もちろん，沖縄人を一枚岩に対象化することは適切ではない。かれらのなかには，南洋興発株式会社など国策会社に勤務していた者もいれば，移住後に現地で個人商店を開くなどして経済的に成功して帰郷した者もいた。沖縄以外にも北海道や東北地方から入植した貧困な農民が少なからず存在した。また，差別の重層的構造の周辺部分では，弱者が相互に嫌悪しあい，かえって差別が強化されるという可能性もある。先に紹介したように，沖縄からの移住者が，現地人によって「日本のカナカ」と呼ばれていたというエピソードは，こうした差別の重層性を想起させる。

　それでも，沖縄人が「二等国民」と呼ばれて差別的な待遇を受け [冨山 2006: 96]，移住先で「三等国民」と呼ばれた現地人と比較的近い距離に置かれることも少なくなかったという事実は注目に値する。沖縄人が戦後の慰霊活動のな

---

[7] ミクロネシア社会における戦争の記憶に関する研究は，1980 年代からメラネシア地域の事例とあわせてアメリカの研究者によって行われた [e.g. White & Lindstrom 1989]。2000 年代にはミクロネシア地域に特化した研究も行われ [Poyer et al. 2001; Falgout et al. 2008]，日米という外来者によって引き起こされた戦争は人々にとって一過性の台風のようなものと認識されていたことが解明された。その証拠に，過去を想起するために景観に意味を見出すミクロネシア社会にあって，戦争遺跡には重要な意味が付与されてこなかったことなどが指摘されている [Falgout et al. 2008: 33]。

かで，現地社会への配慮を欠かすことなく，慰霊活動に越境的な性格を付加することが可能であったのは，現地人と比較的近くにいた沖縄人の位置性にも起因している。マリアナ諸島ではチャモロの家を間借りして生活する者が，パラオでは現地人の村落内やその近辺で単身生活する者がいた。沖縄人もミクロネシア人もともに周辺的な存在として帝国日本の片隅で，排除しあうことなく共生していた。それゆえに，戦後再び，沖縄人の慰霊活動のなかで出会ったとき，帝国時代の記憶を通じて共生関係を（再）構築しやすかった。

　沖縄人を特異な存在として対象化する妥当性は，ミクロネシアの側でも沖縄人の慰霊活動が，他の日本人のそれとは性格を異にするものとして認識されているという事実によっても裏付けられる。パラオのウエキ氏は，沖縄人による現地慰霊祭での挨拶に際して，他の日本人移住者と沖縄人とでは慰霊祭に臨む態度が異なることによく言及する。筆者が参与観察を行った2003年および2013年の慰霊祭では，同氏が「毎年パラオに来るのは沖縄の人だけ」であることを強調し，パラオを再訪し続ける沖縄人の勤勉さを賞賛する一幕もあった。そして，駐日パラオ共和国大使館全権大使在任期間中の2009年に，同氏が宜野座氏の弔問のために沖縄を訪問した際にも，新聞紙上でこの点を改めて強調している［琉球新報 2009: 23］。こうした発言は，近年の慰霊碑問題に示されるように，一方的に都合よく訪れては消えていく旧移住者も少なくないことを示唆している。また，パラオの人々にとって，沖縄の「南洋帰り」はよそよそしい訪問者ではなく，敬意に値するゲストとしてむかえ入れられている様子がうかがえる。

5　おわりに

　今上天皇は，戦後60年の節目にあたる2005年にサイパン島を，70年の節目にあたる2015年にパラオ諸島ペリリュー島を訪問し，それぞれの地で日本政府が建立した戦没者の碑の前で式典を行っている。サイパン島にあるのは1974年に建立された中部太平洋戦没者の碑，ペリリュー島にあるのは1985年に建立された西太平洋戦没者の碑である。前者には「さきの大戦において中部太平洋の諸島及び海域で戦没した人々をしのび平和への思いをこめてこの碑を

建立する」，後者には「さきの大戦において西太平洋の諸島及び海域で戦没した人々をしのび平和への思いをこめてこの碑を建立する」と刻印がある[8]。両碑文とも英訳も併記され，後者には現地語訳も併記されている。邦文のニュアンスからは伝わりにくいが，国籍に関わらず太平洋戦争で亡くなったすべての人々を追悼するために建立されたもので，一見して国家の枠組みにとらわれた偏狭さは想像できない。

　しかし，旧厚生省，厚生労働省の事業として実施されてきた戦没者慰霊や遺骨収集は，不可避的にナショナルな性格を帯びており，上記の碑文の文言がしめすような越境的な性格を獲得するには至っていない。これは，ペリリュー島の西太平洋戦没者の碑が「日本と既存立木を結ぶ軸線上に配置」され，「碑が日本の方向を向いている」[9]ことに象徴されている。これらの公的な戦没者の碑を訪問する慰霊団や観光客もまた，太平洋戦争中の日本人の受難を想起して容易に感情を動員されてきた。近年，軍人・軍属や戦争体験者のみならず，戦後世代の若い作家が，戦地を訪問して日本人の悲劇に思いを馳せた旅行記を記すなど [Nishino n.d.]，当時者性を離れて，戦争の記憶が国家主義的な観点から消費されるようになっていることも注目に値する。

　沖縄人の慰霊活動も，国家主義的な記憶による包摂の危険性に常にさらされていることは既述の通りである。また，沖縄人も「おきなわの塔」や「沖縄の塔」の前で慰霊祭を実施すると当時に，これら政府建立の太平洋戦没者の碑を訪問することもしばしばある。沖縄人とて，ナショナルな戦争の記憶から自由とはいえないのである。それでも，かれらの実践には，周辺的存在としてミクロネシアの人々と帝国の記憶を分有することで育まれた共生関係をもとにした，越境的な性格が認められる。この特徴は日本統治期ミクロネシアにおけるかれらの周辺的な位置性に由来していることを改めて確認しておきたい。

　「おきなわの塔」や「沖縄の塔」も，たしかに沖縄人のための慰霊碑であり，

---

[8] 碑文の邦文は，厚生労働省ホームページ，戦没者慰霊事業実施の項目参照。〈http://www.mhlw.go.jp/stf/seisakunitsuite/bunya/hokabunya/senbotsusha/seido01/（2016年12月1日最終確認)〉。

[9] 厚生労働省の説明参照。〈http://www.mhlw.go.jp/bunya/engo/seido01/ireihi09.html（2016年12月1日最終確認)〉。

現地人にとっては太平洋戦没者の碑と同様によそよそしいモノであるが，ミクロネシアの人々は，ミクロネシアと沖縄の双方で慰霊祭に参加してきたことも事実である。かれらは受動的に参加させられたとはいいきれない。沖縄の人々と帝国の記憶を分有しながら，しかし沖縄人とは異なる観点から，主体的な意味づけを行い，参画していることが予想される。この点については今後さらなる実証が必要となろう。

　帝国の記憶が中心から想起されるとき，そこには暴力の到来の予感がある。一方で帝国の記憶が周辺から想起されるとき，帝国の矛盾がさまざまなかたちで暴露され，帝国を内破する潜在的な力が秘められている［モーリス＝スズキ 2000］。ミクロネシアにおける沖縄人の記憶実践は一見して帝国の枠組みをなぞっているだけにみえるが，実際には周辺からのまなざしで，中央からの帝国の記憶とは異なる記憶を喚起する営為になっている。そうした営為の必然的な帰結として，帝国の記憶を通じた，現地人との共生関係が形成されたと考えられる。

［謝　辞］
本研究の実施にあたっては，JSPS 科研費 23251021, 24720393 による助成を受けた。また，沖縄およびパラオでの現地調査に際しては，南洋群島帰還者会の方々，パラオ・サクラカイの方々にご協力頂きました。記してお礼申し上げます。

【引用文献】
Camacho, K. L. (2011). *Cultures of commemoration: The politics of war, memory, and history in the Mariana Islands*. Honolulu: University of Hawai'i Press.
Falgout, S., Poyer, L., & Carucci, L. M. (2008). *Memories of war: Micronesians in the Pacific War*. Honolulu: University of Hawai'i Press.
Iitaka, S. (2015). Remembering *Nan'yō* from Okinawa: Deconstructing the former Empire of Japan through memorial practices. *History and Memory* 27(2): 126–151.
Mariana Variety (2013). Okinawans to build monuments on Tinian next month. *Mariana Variety*. April 28, 2013. 〈http://www.mvariety.com/cnmi/cnmi-news/local/55493-okinawans-to-build-monuments-on-tinian-next-month（2016 年 12 月 1 日最終確認）〉.

Murray, S. (2013). The Palauan Kirikomi-tai suicide bombers of World War II and the siege of Babeldaob: A reconsideration. *Pacific Asia Inquiry* 4(1): 30-57.

Nishino, R. (n.d.). Commemorative tours of Pacific War battlefields. Onna hitori gyokusai no shima o yuku (English title: Toward the Island of Graves). A paper presented at the Pacific History Association 21st Biennial Conference 2014, National Taiwan University.

O'Dwyer, S. (2010). The Yasukuni Shrine and the competing patriotic pasts of East Asia. *History and Memory,* 22(2): 147-77.

Peattie, M. (1988). *Nan'yō: The rise and fall of the Japanese in Micronesia, 1885-1945.* Honolulu: University of Hawai'i Press.

Poyer, L., Falgout, S., & Carucci, L. M. (2001). *The typhoon of war: Micronesian experiences of the Pacific War.* Honolulu: University of Hawai'i Press.

Purcell, D. (1976). The economics of exploitation: The Japanese in the Mariana, Caroline, and Marshall Islands 1915-1940. *The Journal of Pacific History* 11(3): 189-211.

Richard, D. (1957). *United States naval administration of the trust territory of the Pacific Islands Volume II: The postwar military government era 1945-1947.* Washington, D.C.: Office of the Chief of Naval Operations.

Seraphim, F. (2006). *War memory and social politics in Japan: 1945-2005.* Cambridge: Harvard University Asia Center.

Strange, C. (2004). Symbiotic commemoration: The stories of Kalaupapa. *History and Memory* 16(1): 86-117.

White, G. & Lindstrom, L. (eds.) (1989). *The Pacific theater: Island representations of World War II.* Honolulu: University of Hawai'i Press.

White, G. (1995). Remembering Guadalcanal: National identity and transnational memory-making. *Public Culture* 7(3): 529-555.

Yamashita, S. (2000). The Japanese encounter with the South: Japanese tourists in Palau. *The Contemporary Pacific* 12(2): 437-463.

Yoneyama, L. (1999). *Hiroshima traces: Time, space, and the dialectics of memory.* Berkeley and Los Angeles: University of California Press.

飯髙伸五（1999）．「日本統治下サイパン島における沖縄県人移民とチャモロ」『日本オセアニア学会　NEWSLETTER』65: 2-8.

飯髙伸五（2009a）．「経済開発をめぐる「島民」と「日本人」の関係―日本統治下パラオにおける鉱山採掘の現場から」吉岡政德［監］遠藤　央・印東道子・梅崎昌裕・中澤　港・窪田幸子・風間計博［編］『オセアニア学』京都大学学術出版会，pp.345-359.

飯髙伸五（2009b）．「旧南洋群島における混血児のアソシエーション―パラオ・サクラ会」『移民研究』（琉球大学移民研究センター）5: 1-26.

飯髙伸五（2014a）．「沖縄の「南洋帰り」による「記憶の継承」事業」『日本オセアニア学会NEWSLETTER』110: 12-20.

飯髙伸五（2014b）.「パラオ諸島における日本統治期の鉱山採掘跡の現在―補償請求と観光活用の狭間で」『太平洋諸島研究』2: 1-19.
今泉裕美子（1992）.「南洋興発（株）の沖縄県人政策に関する覚書―初期の導入方針を中心として」『沖縄文化研究』19: 131-177.
今泉裕美子（1994）.「国際連盟での審査に見る南洋群島現地住民政策」『歴史学研究』665: 26-40, 80.
今泉裕美子（2004）.「朝鮮半島からの「南洋移民」―米国議会図書館蔵南洋群島関係史料を中心に」『アリラン通信』32: 1-11.
今泉裕美子（2005）.「南洋群島引揚げ者の団体形成とその活動―日本の敗戦直後を中心として」『史料編集室紀要』30: 1-44.
石村　智（2010）.「パラオにおける戦争の「記憶」と「遺跡」―戦没者遺骨収集と考古学」『金大考古』66: 1-3.
沖縄サイパン会（1986）.『サイパン会誌―想い出のサイパン』沖縄サイパン会
沖縄タイムズ（2009）.「追悼　宜野座朝憲さん」『沖縄タイムズ』6月12日朝刊: 27面
沖縄パラオ会（1993）.『沖縄パラオ会会誌　第2号』沖縄パラオ会
小森陽一・高橋哲哉［編］（1998）.『ナショナル・ヒストリーを超えて』東京大学出版会
冨山一郎（2006）.『増補　戦場の記憶』日本経済評論社
南洋群島教育会（1938）.『南洋群島教育史』
南洋庁（1937）.『第5回　南洋庁統計年鑑』
南洋拓殖株式会社（1939）.『南洋拓殖株式会社概要』
南洋庁拓務部農林課（1940）.『南洋群島植民地区画地移住案内』
南洋庁長官官房（1932）.『南洋庁施政十年史』
能仲文夫／小菅輝雄［編］（1990）.『南洋紀行―赤道を背にして』南洋群島協会（原著：1934，中央情報社）
防衛庁防衛研修所戦史室（1967）.『戦史叢書―中部太平洋陸軍作戦〈1〉―マリアナ玉砕まで』朝雲新聞社
モーリス＝スズキ, T.／大川正彦［訳］（2000）.『辺境から眺める―アイヌが経験する近代』みすず書房
矢内原忠雄（1935）.『南洋群島の研究』岩波書店
琉球新報（2009）.「故宜野座さんのお悔やみで来県　パラオ・ウエキ大使」『琉球新報』7月8日朝刊: 23面

第10章
狂気に突き動かされる社会

ニューギニア高地エンガ州における交換と「賭けられた生」

深川宏樹

1 序　論

● 1-1　問題提起

　2008年5月のある昼下がり，私は村人たちと道端のベンチに腰かけ，いつもどおり他愛のない世間話に興じていた。会話の途切れにふと目をあげると，遠くから60代男性ピリョがゆっくりとこちらに歩み寄ってきた。気がつくと，周りの男性も彼に視線を注いでいる。ピリョはわれわれの近くまで来ると，挨拶が済むか済まぬかのうちに，半ば唐突に「俺には力がある！　今回の選挙（地方議員選挙）で，俺は立候補する！」と大声を上げた。居合わせた男性の1人がぽつりと「それは良いことだ」と言って，その場は静まりかえった。私はピリョの言動に多少面食らいつつも，地方議員選挙に立候補するには地方行政への登録が必要であり，登録期間は2週間以上もまえに終わっているはずだ，などと考えをめぐらせていた。私の知る限り立候補者のなかに，ピリョの名前はなかった。彼が去った後，隣にいたデビッドに尋ねると，彼は気怠そうに答えた。「あいつは「気が狂っている (*kyagaenge*)」。まともに考えることができないんだよ」。

　こうした事態を前に，われわれは直感的に大きく二つの印象をもつ。一つは，理解が困難な言動への戸惑い，より強くいえば，自己と断絶した他者と対峙することへの不安。もう一つは，その人物の行動が「気が狂っている」，すなわち既存のカテゴリーに還元されることによる幾ばくかの安心感と，その裏返しとして，ある種の排除に自らが荷担しているかのような罪悪感。

われわれがこうした印象を抱くのは、決して偶然でもなければ、かといって人類普遍の倫理や価値観に基づくのでもない。近代社会の成立と発展の陰には、狂気を捕捉し、社会の外部へと排除することを通して、逆に理性の境界を定め、それを狂気から防衛する動きがあった。さらに、後には、狂気は単に排除されるものから、馴化し矯正することで再び社会の内部へと送り返すべき対象となる。この社会復帰の制度は、われわれの罪の意識を和らげるだけでなく、より生産的で統制のとれた社会を築くうえで不可欠の装置である。

これらの排除と包摂の運動は、「正常な」社会と「異常な」個人の関係として、多かれ少なかれわれわれにとって自明の事柄である。いや、むしろわれわれは狂気と社会の関係について、これとは異なるありようを想像することすらできないのではないだろうか。社会と個人、そして狂気をめぐるわれわれの思考は、狭い檻の中に閉ざされている。

人類学はこれまで異文化や異なる社会の理解を通して、われわれの想像力を拡張し、自分が他でもありえること、人間の存在様式の他なるあり方について考察を積み重ねてきた。それは「異常な」他者を前に理解の道を遮断し、相手を自らの外部へと排除することで安心を得る態度とは対照的な知的営みである。本章ではこの人類学の知見を活用し、パプアニューギニア（Papua New Guinea）の高地に位置するエンガ州（Enga Province）の事例から、社会と「気が狂った」個人との関係を再考する。そのために以下では、まず、社会観と人間観に関する人類学の研究を検討する。そこでは上述した、狂気の排除と包摂の前提となる「社会と個人」という枠組みそのものが疑問に付される。

● 1-2　先行研究

本章では人類学で人格性（personhood）と呼ばれる概念［Strathern 1988］に着目し、事例の記述と分析の枠組みを明らかにしたい。人格性は社会的に共有された人間の概念であり、本章ではこの枠組みにおいて捉えられた人間を、生物学的な人間とは区別して、人格（person）と呼ぶ。人格は多くの場合、心理的・身体的な人間であるが［Carrithers 1996: 419-420］、人間以外の動物、食物、土地、他の諸々のモノも地域と文脈によっては、人格、あるいは人格を構成する部分とみなされる[1]［Daniel 1984; Strathern 1988; Viveiros de Castro 1998］。

人類学の人格論の系譜において，その始祖にあたるモースは，われわれが生得的とみなす人格（perosonne）や自己（moi）のカテゴリーが，長い歴史のなかで形成されてきた社会的分類の一様態であることを明らかにした［モース 1995］。そこで彼が示したのは，人格が社会や集団の全体と一体となった状態から，法的な権利と義務をもち，意識的で自律的な個人として析出される過程であった[2]。

　彼によれば意識的で自律的な個人は，西洋において歴史的・社会的に構築された特殊な概念である。論文の末尾でモースは，時が過ぎれば「われわれとともにこの思想が消えてしまうこともありうる」［モース 1995: 52］とさえ述べる。人類学の使命の一つが，われわれが自明視する諸前提を突き崩すことにあるならば，モースはそれを人間の概念にまで掘り下げてラディカルな相対化を推し進めたのである。

　地域や時代によって，人格性は多様な形式を取りうる。モースの後続の研究者は，彼の議論を引き継ぎつつ，歴史資料や現地調査から得た経験的なデータに依拠して，西洋的な個人とは異なる人格性を明らかにしようと試みた。

　その一例としてフォーテスの議論がある［Fortes 1987］。フォーテスはガーナのタレンシの身体観や心理・感情の把握の仕方，霊魂観や死生観，祖先崇拝，葬儀，ライフサイクルを通じた法的・儀礼的な権利の獲得，行為の基準となる道徳的観念など，実に多彩なデータから，そこでの人格性について論じた。

---

1) 人格（person）と隣接する概念として，自己（self）の概念があげられるが，本章は前者のみに議論の焦点を絞る。先行研究における人格と自己の関係については，中川［2001］を参照のこと。なお，ストラザーンとスチュアートは，人類学において人格，自己，個人という用語の使用法に統一がみられず，研究者によって異なる仕方で定義される点を批判している［Strathern & Stewart 1998: 170-172］。混乱を避けるためには，個人を生物学的な個体，自己を心理学的な経験の中心，人格を社会的な行為者とするハリスの定義［Harris 1989］がまずは参考になる。ただし人格論では，個人は社会の最小構成単位にして自律性をもつ人格とされる。つまり，個人は，それ自体が社会的な人格であるとされるのである。それゆえ，人格としての個人と，生物学的な個体を区別すべきである。
2) 紙幅の都合により，本章ではモースの人格論に深くは立ち入らない。モースの人格論については，出口が名前と人格の結びつきに着目して，ギアーツやレーナルトの論と比較しながら考察を深めている［出口 1999］。また，モースの人格論を，彼の他の論文まで含めてより包括的に検討したものとして林の論考がある［林 1999］。

しかし，提示された数々の興味深い事例に反して，フォーテスは構造機能主義的な社会と個人の対立図式に囚われていた。彼によれば，タレンシの人格（nit）のあり方は当地の社会構造の正確な反映であり，個別の地位に付随する権利と義務，適切な行動様式によって構成される。彼が取り上げたタレンシのさまざまな慣習は，すべて個人に社会道徳を意識化させる機制に他ならない[Fortes 1987: 249-253, 264-265, 281-286]。人格とは，個人に外在する社会構造に徹底的に拘束された存在であり，そのように個々人が規範を内面化することではじめて社会構造が維持されるというのである。

構造機能主義的な立場を保持する以上，いくら地域固有の人格性に目をむけようとも，そこからみえるのは社会に順応的な個人か，あるいは反社会的な個人のみであろう。そうしたアプローチの問題は，一見したところ地域特有の文脈を重視しているようでありながら，あらかじめ用意された理論的枠組みに基づいた人格性を再生産する点にある。

フォーテスの過ちからわれわれが学べることは，人格性について考察する際，単に対象地域の観念や実践を明らかにするのではなく，観察する側のもつ思考の形式に内省的でなければならないということである。モースの人格論がもつ意義も，まさにこの点に求めることができよう。

そこでわれわれがもつ前提の可視化という点に重きを置き，よりモースに忠実な議論を展開したのはデュモンであった[デュモン 1993]。デュモンの主眼は，インドとの比較によって，人類学者が属する近代社会に特有の価値体系，すなわち個人主義の生成を明らかにすることにあった[デュモン 1993: 17-21, 25, 299, 369, 386]。ここでの比較とは，社会それ自体の比較ではなく，価値体系（価値のヒエラルキー）の比較であり，なかでも全体社会とその部分としての個人をめぐる序列的価値づけに焦点が当てられる[3]。

具体的には，西洋では全体社会より個人に至上の価値が置かれるのに対し，インドでは逆に，個人よりも全体社会に至上の価値が見出される。その意味で，前者の価値体系は個人主義と呼びうるのに対して，後者は全体論と呼ぶにふさ

---

3) ここでデュモンは，独自の比較社会学的な考察を行うために，西洋近代的な意味合いを最小限に抑えた「個人」の語を意図的に使っている[渡辺 1993: 458]。

わしい。個人主義と全体論は，ただ比較によってのみ可視化される価値体系である。デュモンはこうした比較を，人類学者自身の思考の形式を問い直す，根源的な比較と名づけた[4][デュモン 1993: 17-19, 41, 176-177, 374-375]。

一方，デュモンは，本章の対象地域であるパプアニューギニアに関しては，彼のいう意味での個人主義と全体論の観点から記述することができないと論じる[デュモン 1993: 311]。「徹底したしかも確固たる価値の比較研究は，全体としてつき合わされる二つの体系の比較以外にはない」[デュモン 1993: 350]と主張するデュモンからすれば，パプアニューギニアには別の「価値体系＝全体」が見出されなければならない。だが果たして，彼の通文化比較の根拠となる価値体系，全体社会とその部分としての個人という参照枠は，普遍的な妥当性をもつのだろうか。

こうした枠組みに対して，パプアニューギニアの事例から異議を唱えたのが，ストラザーンである[Strathern 1988]。彼女は，全体社会と個人という図式がメラネシアの人格性と社会性の理解を歪めていると批判した。デュモンの「全体と個」という枠組みは，社会性のある側面を不可視化してしまう恐れがあるのである。

ストラザーンはメラネシアの社会性を，全体としての社会とその最小構成単位としての個人という枠組みでなく，財の贈与から生殖まで含めた，極めて広義の「交換」関係の連鎖（enchainment）として捉える。彼女によれば，すべての関係に先立つ自律的な個人を自明視する思考形式は，メラネシアの事例に適合的ではない。むしろメラネシアの人格性においては，まず交換関係の連鎖が

---

4) デュモンはここで記したより，はるかに精巧で複雑な理論を組み上げている。その最も大枠においては，彼はまず価値体系のなかで至上価値を付与されるもの（西洋近代の個人の自由と平等，インドの全体社会と宗教的地位の体系）を見極め，この至上価値に包摂され，統一性を与えられる諸価値の構造的布置を解明する。その際，個人主義と全体論の関係も単純なものではない。例えば，諸文化の多様性と平等性を肯定したヘルダーの主張は，国民（Volk）を全体として扱い，個人に分解しない点では全体論である。しかし，全体論はより上位の水準で，集合的個体（国民）の独立と平等性に至上価値を付与する「個人主義」に包摂される。この例では，個人主義は自らの反対物である全体論を包摂している[デュモン 2001: 296-299, 409-417；1993: 175-180, 334, 363-364, 374-376]。

先にあり，その限りで人格は行為能力をもち，さらなる関係を構築することができるのである。

そこでの人格は，関係から独立した個人ではなく，関係によって構成される人格である。これはレーナルトがニューカレドニアの事例から提示した「空白の中心」モデル（複数の役割＝人格）と部分的に合致する［レーナルト 1990］。しかし，ストラザーンによれば，レーナルトのモデルは，個人の中心性を維持している点で不十分なものであった［Strathern 1988: 268-274; 中川 2002: 209-211］。それに対して，ストラザーンはバタグリアがパプアニューギニアの事例から論じた，ある交換から別の交換への「支点」としての人格を評価する［Battaglia 1983, 1985, 1992］。「支点」としての人格は，行為の中心や出発点として主体的に関係を築くとは言いがたい。むしろ，それまでの関係の蓄積を前提として行為し，さらなる交換関係を築くなかで，ある関係から別の関係への移行の通過点として機能するのである。ゆえに，人格の行為能力も，他者との関係，すなわち広義の交換関係に内在することとなる。

こうした交換関係の連鎖から人格性を捉える際に，とくに身体の可塑性が注目される。メラネシアでは，身体は，交換関係によって構成される。生殖，成長，死といった身体の変容は，生物学的に決定されるのではなく，個体の身体の外部で展開する交換関係の影響を強く受ける。これは，人格・身体を，その人格が形成する関係とは別個に構成された存在とみなす視点とは対照的である。そこでの身体は交換関係から切り離されず，交換が身体を変容させ，身体の変容がさらなる交換を促す［Strathern 1988; 里見・久保 2013］。メラネシアでは，交換過程と身体の変容過程は，相互に埋め込まれているのである[5]。

このように交換関係の連鎖の内部に身体を（あるいは，身体の内部に交換関係の連鎖を）据える社会性の構想は，松嶋のいう，病いの意味ではなく，病いが為すことに焦点を当てるアプローチに通ずるものである。松嶋は，人類学者によって一般化された「全体」としての社会や文化の文脈で病いの意味を捉えるのではなく，「ある具体的な関係性や文脈において，人は病むことで何をしているのかを問う」［松嶋 2014: 9, 12］ことの重要性について説いている。そこから明らかになるのは，病いが「新たな行為と関係性の連関」［松嶋 2014: 11, 14］を創りだしていく側面，すなわち病いのポジティブで産出的な側面である。

だが，ある具体的な関係性や文脈で病いが為しうることを問うということは，とりもなおさず，社会規範や文化的な価値観と関連しながらも，それのみには還元できない，個別の人格の生のあり方を問うことにほかならない［松嶋 2014: 11-16］。それはジェルの言葉を借りるならば，個別具体的な人格の生涯にわたる関係性に光を当てる「伝記的な視点（biographical perspective）」［Gell 1998: 10-11; 中谷 2009］をもつことである。言うまでもなく，人の生涯は「ライフサイクル」として社会的・文化的に規定された側面をもつ。しかし，それを実際に生き，その個別具体的な実現を追求していく「生の企て（life project）」［Gell 1998: 11］の担い手は，個々の人格である。

そこでさらに問われるべき事柄は，個々の人格の生の特定のライフステージにおいて「〔something〕is at stake（何かが問われている／懸かっている／賭けられている）」［松嶋 2014: 13, 437; 小田 2009: 17-18, 25; cf. Abu-Lughod 1991: 156; Kleinman & Kleinman 1991: 277-280, 284, 288, 293-295, 297］ことである。個別の局面で「問われている／懸かっている／賭けられている」ものを「伝記的な深み（biographical depth）」［Gell 1998: 11］において捉えること。この視点に立つとき，人類学的な記述は，「民族誌（ethnography）」であるだけでなく，「生-誌（bio-graphy）」とでも呼ぶべきものになるだろう。

以上のような視点から，本章ではニューギニア高地エンガ州ワペナマンダ地方（Wapenamanda District）サカ谷（Tsaka Valley）の村落における「呪い」の事例を取り上げる[6]。そこから，「気が狂った」とされ，日常的には周囲から十

---

5) こうしたストラザーンの理論は，明らかにインド研究のマリオットの民族社会学（ethnosociology）に通ずる［Gell 1999: 74-75; Marriott 1990］。前述したように，デュモンにおいて，インドの人格は，全体と個という枠組みで捉えられていた。これに対してマリオットは，社会全体を包摂する価値を想定することを拒絶し，連続した取引行為（transaction）の流れ（flow）と，その過程で自らの振る舞いと身体を変えてゆく，流動的な人格モデルを提示した［Marriott 1976a, 1976b; Marriott & Inden 1974］。この流動的な人格モデルは，カーストを個人が埋め込まれた固定的かつ静態的な全体構造としてではなく，交換行為の連続的な継起から成る社会性として描くことを可能とした。このマリオットの理論は，ストラザーンの研究と極めて親和性が高いものである。なお，マリオットと後続の研究者の議論の全体像に関しては，竹村が詳細に論じている［竹村 1989］。また，インドの人格論とメラネシアの人格論の関連性については中空・田口［2016］を参照のこと。

274　第III部　差異をめぐる記憶と感情

図10-1　エンガ州サカ谷の村落風景

全な人格とは認められない人物が、いかなる契機に行為能力を獲得／喪失するのか、そしてそこにおいて病いが為すこと、さらにはそこで「問われている／懸かっている／賭けられている」ものについて記述・分析する。

2　狂気の民俗理論

2-1　クラン内／クラン間の関係

ここでは、まず、村落の基礎的な社会関係について説明しておく。対象地域で人々を区分する最大範疇は現地語でアガリ・タタ（*agali tata*）と呼ばれ、概ねクランに相当する。サカ谷にある18のアガリ・タタは、外婚や土地所有の最大単位となっており、戦争や殺人代償の支払いを共同で行ううえでの最大単

---

6) 本章で提示する資料は2007年5月から2009年1月にかけてニューギニア高地のエンガ州で行った実地調査に基づく。調査対象地域は、エンガ州のワペナマンダ地方に位置するサカ谷のM村である。エンガ州の人口は295,031人、ワペナマンダ地方は53,547人、サカ谷が15,604人、M村落は1,303人である［Papua New Guinea National Statistical Office 2000］。言語はエンガ州のほとんどの地域で使用されるエンガ語である。

位でもある。また、アガリ・タタはそれぞれ特定の男性始祖をもつ。

　居住様式は概して夫方・父方居住であり、土地も父系に沿って相続される。ただし、妻方・母方居住、そして母親の兄弟から姉妹の息子への土地相続もみられ、成員には母親とのつながりによって組み込まれた非男系成員が少数ながら含まれる。

　アガリ・タタは父系出自に沿って数段階にわたり分節化する。アガリ・タタの各分節には個別の男性祖先がおり、その祖先の名が個々の分節の名称となる。概して上位分節には「一つの男性小屋」を意味するアガリ・アンダ・メンダイ (*agali anda mendai*) の語があてられ、より下位の分節には「一人の祖先」を意味するユンバンゲ・メンダイ (*yunbange mendai*) の語があてられる。本章では便宜的に、アガリ・タタをクランと訳し、アガリ・アンダ・メンダイと呼ばれる上位分節をサブクランとし、ユンバンゲ・メンダイと呼ばれる下位の諸分節を、文脈に応じてリニージ、サブリニージと訳しわける。

　サブクランは婚資や補償の支払いにおいて、成員が財を供出し、受け取った財を分配しあう基礎的な単位である。サブクランの成員は一つの集落に集住し、家屋建築・木の伐採・畑の開墾において協働し、共食や贈与交換を行う。こうした傾向は、サブクランのなかでも特に同一リニージ内でより強くなり、さらに同一サブリニージ内で最も緊密となる。

　クランに属する人々は「一つの血 (*taeyoko mendai*)」を共有するといわれる。「一つの血」は、クランの始祖である一人の男性祖先に由来するものであり、その始祖の名前がクランの名称ともなっている。クランに属する人々が「一つの血」を共有するのに対し、その外部である他クランの成員は基本的に「異なる血 (*taeyoko waka*)」をもつといわれる。

　婚姻に際し、配偶者は他クランの成員、すなわち「異なる血」の人から探される。クランの成員は他のクランから女性を得て、その返礼として婚資を与える。その後、姻族は、相手が婚資や補償を支払う時に、豚や現金などの財を援助したり、互いの家を訪問し共食するなどして友好関係を維持する。この友好関係は、夫婦に子どもが産まれ、その子どもが成長して死ぬまで続き、葬儀時に死者のクランから母方クランの成員に、豚と現金の贈与がなされる場合もある［深川 2011］。

276　第Ⅲ部　差異をめぐる記憶と感情

図10-2　婚資の支払いの場面

　婚姻がクラン間の友好関係を形成し維持するものならば、その対極にあり、クラン間の友好関係を否定するのが戦争や争いである。エンガ州では、戦争で敵対し婚姻が稀なクランと、戦争で同盟し婚姻を頻繁に行うクランの区別が曖昧であり、クラン間の敵対と同盟の歴史は複雑に入り組んでいる。調査対象のクランの場合、婚姻は、戦争で激しく敵対するクランとの間でも密であった。
　このようにクラン間の関係は、友好性と敵対性の双方をあわせもつ［深川 2016a］。他のクランは、豚や現金からなる婚資と引き換えに女性を与え、子どもを産み、クランの「一つの血」の継続に貢献する。しかし同時に、戦争や争いでクラン成員を殺害する危険な存在でもあり、敵対的な側面をもっている。

● 2-2　狂気の諸原因
　本章冒頭のエピソードで触れた「気が狂っている」という表現は、エンガ語では「キャガエンゲ (kyagaenge)」という。キャガエンゲは、日常的に村落で頻繁に耳にする語であり、必ずしも「気が狂っている」という強い意味合いで使われるとは限らない。
　例えば、村ではサツマイモが主食であり、それに対して商店で購入される米

はご馳走にあたる。その米を，とくに複数世帯で共食する機会に，女性が調理に失敗して焦がしたりすると，その夫から「お前はキャガエンゲだ」と叱られることがある。この場合，キャガエンゲは「馬鹿者」「愚か者」といった意味であり，叱責や非難，罵倒の言葉である。他にも，度がすぎた悪戯をした子ども，些細な事柄に怒ってトラブルを引き起こした男性，姦通を繰り返す者など，例をあげればきりがないが，それらの人々もキャガエンゲと呼ばれる。この意味でのキャガエンゲは，概して，酷い失敗や規範からの逸脱行為に対して，怒りをこめて叱責したり罵倒する際に用いられる言葉である。

この用法とは別に，常軌を逸した行為をとり続ける者や，挨拶や日常会話などコミュニケーションをとるのが困難な者をキャガエンゲと呼ぶこともある。この場合，キャガエンゲは「気が狂っている」という意に近い。しかし，その意味範囲は広く，さまざまな行動様式をもつ者がその指示対象となる。また，コミュニケーションが可能か否かの度合いも個別のケースに応じて大きく異なる。それらは総じて「場違いの／（通常のやり方から）外に出た（out of place）」[Goddard 2011] 言動であるとされる。

ここでは，それらの人々を，「気が狂った（*kyagaenge inji*）」原因から四つに分類しておく。四つの原因とは，①生霊（*imamp*）による憑依，②マリファナの吸引，③両親や祖父など先行する世代が犯した「悪い行い（*mana koo*）」がもたらす悪影響，④エンガ語で「重み（*kenda*）」と呼ばれる，心に抱えた重大な悩み，ストレス，鬱積した感情である。以下，本節ではこれらの原因について詳述するが，原因④については次節で取り上げる「呪い」の事例と密接に結びつくため，原因④のみ次節で別箇に論じることとする。

まず，①生霊による憑依からみていくと，エンガ州サカ谷では，人格は身体（*yonge*）と霊（*imamp*）から成ると考えられている。身体と霊は，その人が生きている限り一体である。だが，死ぬと霊は身体を離れ，死霊（*imamp koo*）となる。しかし，稀に存命の期間であっても，死期が近づくと霊が身体を離れてゆくことがある。これが本章を執筆するにあたり「生霊」と訳した霊の状態である[7]。例えば，夕方や夜に，ある者が存命中の男性Aの影（*imamp*）のようなものを朧げながら目撃したとする。これはA本人ではなく，彼の生霊に遭遇したことを意味する。その噂を聞きつけた人々は，Aの死期が迫っていること

278　第Ⅲ部　差異をめぐる記憶と感情

を予期し，実際にAが4～5年の内に亡くなれば，かの生霊の目撃談に言及するわけである。

　この生霊が，他者に憑依することが過去にあったといわれる。例えば，1970年代後半，Tクランの50代（当時）の男性Lは「気が狂った」と言われていた。彼は自らの家を破壊し，他の男性を理由なくブッシュ・ナイフで切りつけ，通常の会話も成り立たず，「まさに野生の状態であった（*etete tae lenge*）」という。Lは，幹線道路で行きかう自動車を止め「誰がお前らに行けと命令した」と尋問したり，州都ワバグの役所で国旗と書類を奪って村に持ち帰ったこともあった。しかし，4～5年経って，彼の実兄Nが病死すると，Lは通常の状態に戻った。それを見た村人たちは，死期が近づいたNの生霊がLに憑依したことが，彼が「気が狂った」原因であったとわかったという。

　こうした事例は稀ではあったが，サカ谷で植民地期（1950年代～1975年）以前からみられ，1970年代後半までみられたとされる。私が調査したPサブクラン（調査時点で人口494人）の内部では，1950年代から1960年代にかけて2例のみ確認できた。

　しかし，近年，生霊による憑依の話は聞かなくなったといわれる。それに対して，1990年代から2000年代にかけてみられるようになったのが，②マリファナの吸引によって「気が狂った」男性である。例えば，2000年から2004年の頃，Yクランの40代男性Fは，マリファナを吸っていると疑われており，それゆえに「気が狂った」とされていた。

　当時，Fはいつも上半身裸で，人々が既に放棄した伝統的衣装である腰布をまとい，斧を垂直に高く掲げたまま歩く，という奇怪な行動をとっていた。垂直に立てられた斧は，柄の長さが通常の2倍ほどあり，村人たちは彼の歩く姿を見て恐れおののいていた。ただし，彼は他の村人と会話が成立しないほどで

---

7) エンガ語では霊と生霊は区別されず，ともに「イマンプ（*imamp*）」の語で呼ばれる。両者がエンガ語で区別されない背景の一つに，彼ら特有の夢（*konbe*）の観念がある。睡眠中の夢に現れる者は，すべてその人の霊（*imamp*）であると考えられている。そのため，人々にとって霊が身体から遊離した状態は，必ずしも特異なものではなく，日常的に生起する事象である。しかし，睡眠時ではなく，覚醒時に霊が身体を離れる事態は稀であり，本章では，この霊の特別な状態を明示するために，生霊の訳語を採用した。

はなく，妻も子ども（乳児）もいた。しかし，ある日，彼が「豚肉を茹でる」と言って炉に大鍋をかけていたとき，不審に思った妻が鍋の蓋をあけたところ，自らの子どもが入れられていた。この出来事をきっかけに，妻は子どもを連れて彼のもとを去った。その数年後，彼は更生し，現在は家に戻った妻と子どもと一緒に暮らしている。

村落におけるマリファナの吸引はあくまでも嫌疑であり，実際にその現場を見た者がいるわけではない。むしろ，人々から見て常軌を逸した行動をとり続ける者が，遡及的に，マリファナが原因で「気が狂った」とみなされていると解釈することもできる。なお，調査時点でPサブクラン内部でマリファナを吸っていると疑われていたのは，20代の男性1人だけであった。

これとは別に，③両親や祖父など，先行する世代が犯した「悪い行い」を原因として「気が狂った」とされる場合がある。その背景には，上世代の悪事が下世代の者に病いや事故などの災い（kenda）をもたらすという観念がある。この災いの一つとして「気が狂う」ことがあげられるのである。

具体的には，Pサブクランの50代女性Kは，父親の犯した悪事によって「気が狂った」とされていた。彼女の父親は1950年代にPサブクランの居住村に他クランの成員から得た「毒」を持ちこんだと疑われていた。彼自身，その悪事を原因として亡くなったとされ，さらにその後，娘のKにも悪影響が及び，1980年代初めにKは「気が狂った」と言われていた。それ以降，彼女はときに「気が狂い」，ときに通常の状態に戻るという具合であった。私が村落に滞在した期間は，村人が挨拶しても彼女は無言で足早に通り過ぎていき，会話をしても応答が噛みあわないなど，Kは他の村人と異なるコミュニケーションの形式をとっていた。なお，上世代の悪事を原因として「気が狂った」とされる例は，Pサブクランの内部ではこの一例のみであった。

以上，①〜③の三種類の原因で「気が狂った」者の共通点として，いずれの場合も（A）単発的な行為ではなく，比較的長期にわたり人々にとって奇異な行動をとる点，（B）先天的ではなく後天的に「気が狂った」とされる点があげられる。さらに三点目として（C）病い（yaina）になり衰弱するとされる点があり，この点に関しては，サカ谷ではそもそも「気が狂う」ことは精神だけの問題ではなく，身体の問題でもあると考えられている。それゆえ，その状態が

長く続けば、身体が蝕まれ、やがては死に至るといわれる。過去の事例で「気が狂った」者は皆、身体的に衰えたとされ、調査時点、上記の女性Kも確かに痩せ細っており、あと数年の内に亡くなるだろうと囁かれていた。

　また、四つ目の共通点として、(D)何らかの霊に憑依された状態にある点があげられる。この点に関しては、①生霊による憑依の場合は明らかだが、②マリファナの吸引、③上世代の悪事を原因とする場合も、その者には匿名の死霊あるいは悪霊（simoko）が憑りついており、その霊が「気が狂った」者に不可解な言動をとらせているとみなされている。それらの言動には、挨拶をしない、理由もなく暴言を吐く、暴力を振るうなど、「悪い行い」が含まれる。しかし、彼ら／彼女らの「悪い行い」は、本人の意図というよりは、死霊や悪霊の所業と解釈されるため、当人の責任が追及されることは少ない。

● 2-3　狂気の社会的な位置づけ

　本章の主題との関連で重要な点として、「気が狂った」者の社会的な位置づけの問題がある。まず、村落生活の大半において、「気が狂った」者に対する強い意味での排除はみられない。私が調査した範囲では、「気が狂った」者は経済的に独立した世帯を維持するか、実の兄弟姉妹の世帯に組み込まれているかのいずれかであった。

　その背景として、第一に、(a)彼ら／彼女らは多くの場合、男性であれば薪割りや土地の開墾、女性であればサツマイモ畑づくりや調理といった、日常的な仕事をこなすことができる。そのため、配偶者がいれば独立した世帯を維持でき、そうでない場合でも兄弟姉妹の世帯で一定の役割を担うことができるという特徴がある。

　第二に、上記の点と部分的に重なるが、(b)彼ら／彼女らは村落で生まれ育ち、親族関係の濃密なネットワークに組み込まれている。この点は、それらの人々が後天的に「気が狂った」ことと無関係ではない。つまり、「気が狂う」以前に、彼ら／彼女らはすでに親族間の相互扶助や贈与交換の網の目のなかで特定の位置をもっており、「気が狂った」後も、多少ではあるが周囲から気遣われ、薪や食物等の扶助を得ることができるのである。

　また、親族間の相互扶助や贈与交換の網の目の外部にいる場合でも、単に

図10-3　家屋の柱を作るために集まった男性たち（家屋建築は男性間の相互扶助の代表の一つである）

「親族（血縁者）である」という理由によって，周囲から助けられることがある。例えば，Lクランの50代男性Mは，私が調査したYクラン，Pサブクランの人々の母方親族である。彼は「気が狂っている」とされ，周囲の人々にとって日常的にコミュニケーションをとるのが困難である。くわえて，彼は他村に居住するため，Pサブクランの男性らと日常的な贈与交換や協働を過去にそれほど行っていなかった。それにもかかわらず，彼がPサブクランの居住地を訪れると，「母方親族であるから」という理由で，とくに系譜関係の近い男性はMを自らの家屋に泊め，共食することがあった。

このように「気が狂った」とされる者は，生まれながらに親族関係のなかで特定の位置づけをもっており，しばしばその位置づけは「気が狂う」より前の相互扶助や贈与交換の蓄積によって裏づけられている。「気が狂った」という理由で，そうした血縁者を完全に排除するという発想は，サカ谷の人々にはない。

だが一方で，彼ら／彼女らが他の人々とまったく同等に扱われるかといえば，やはりそうではない。まず，上述したように，（ⅰ）「気が狂った」者の「悪い

行い」は，生霊や死霊，悪霊の仕業とされるため，その行為の責任を追及されたり非難されることが少ない。しかし逆に言えば，彼ら／彼女らの行動は，通常の人のように，自らの意図に基づいた行為とはみなされていないのである。

また，（ⅱ）「気が狂った」者の言動は村人にとって奇異であるがゆえに，笑いの種にされる。本人が何か発言すると，周囲の人々がその当人の目の前で大笑いすることも珍しくない。この目の前で笑うという振る舞いは，相手に恥（*elya*）を与えるものであるため，通常の「気が狂っていない」者に対しては慎むべき行為である。

さらに，いわゆる社会的な排除に近い事態としてあげられるのは，（ⅲ）豚肉や現金を贈与・分配されない，（ⅳ）公の場での発言を許されない／軽視・嘲笑される，という二点がある。まず（ⅲ）村落では，豚肉や現金は貴重財であり，「気が狂った」者は日常的な仕事をこなせるとしても，多くはそうした財を所持していない。財をもたない者には返礼が期待できないため，周囲の人々は彼ら／彼女らに豚肉や現金を贈与・分配することを好まない。

また，本章冒頭のエピソードでも触れたが，「気が狂った」者は「まともに考えることができない（*masingi epu mina naenge*）」とみなされている。それゆえ，（ⅳ）争いの仲裁，キリスト教の集会，小学校運営の会合など，公の場での話し合いで発言しようとしても，周囲から制止されるか，仮に発言できたとしても軽視され嘲笑されるに終わる。なお，公の場で発言するのは男性に限られるため，この点は女性には該当しない。

以上，「気が狂った」原因①〜③の共通点（A）長期性，（B）後天性，（C）病いによる身体的衰弱，（D）霊による憑依と，彼ら／彼女らの肯定的な位置づけに関わる（a）日常的な仕事の能力の保持，（b）親族関係における位置と相互扶助・贈与交換の蓄積，および彼ら／彼女らの否定的な位置づけに関わる（ⅰ）自らの意図に基づく行為の否認，（ⅱ）笑いの種になること，（ⅲ）貴重財の非贈与・非分配，（ⅳ）公での発言の制限／軽視・嘲笑という諸点について確認した。これらの点はすべて，次節で説明する原因④「重み」と呼ばれる，重大な悩みやストレス，鬱積した感情により「気が狂った」場合にも当てはまる。

しかし，原因④に関しては，さらに事態が複雑となる。なぜなら，原因④「重み」によって「気が狂った」とされる場合には，現地特有の「呪い」の観念が

介在するからである。そして，この呪いの事例にこそ，序論で述べた「全体社会と部分」という図式には収まらない狂気の社会的位置づけが垣間見えるのである。

3 狂気と呪い

● 3-1 心臓の民俗理論

ここでは，まず，後に記述・分析する事例を理解する前提となる，感情と身体の民俗理論を取り上げる。とくに心臓の民俗概念から，「重み」と呼ばれる感情が人を「狂わせる」点について記述する。そのうえで，「重み」の感情が呪いとなって，血縁者の身体に悪影響を与えるという現地の認識を論じる。

エンガ語で，心臓は「モナ（*mona*）」と呼ばれる［深川 2016b］。本章との関わりで重要なのは，このモナが，思考や感情（*masingi*）を宿す部分とされる点である。例えば，不満，怒り，妬みなどは「悪いモナ（*mona koo*）」と総称されるのに対して，満足，好意，喜びなどは「良いモナ（*mona ep*）」と表現されることから，思考や感情はモナに宿ることが見て取れる。思考や感情はモナの状態であり，人とのやりとりのなかで常に変化するものと捉えられている。

基本的に，感情は身体の内側に「隠れている（*yatopetae silyam*）」とされる。だが，モナの状態すなわち感情は，身体の変化として「明らかになる（*panenge*）」。つまり，感情の変化は，身体の変容を導くのである。それゆえ，ある者の感情やその変化は，周囲にとってそれ自体は不可視であるが，成長，病い，老化といった身体の変化から読み取ることができる。

この観念に基づけば，感情は，本人の意図にかかわらず，身体の具体的な変化として現れる。概して肯定的な思考や感情，すなわち「良いモナ」は身体を良好な状態にする。それに対して，否定的な思考や感情である「悪いモナ」は，身体を悪化させる。

ここにきて，前節で言及した「気が狂った」とされる原因④「重み」と呼ばれる，心に抱えた重大な悩みやストレス，鬱積した感情についても理解が可能となる。エンガ語で「重み」を意味する語は，「ケンダ（*kenda*）」である。ケンダの語は，いくつかの意味をもつ。まず，ケンダは，（一）物理的な重さを意味

する。また、(二) 身体的な不調や疲労、病いによる体のだるさもケンダと呼ばれる。さらに、(三) ケンダは「辛苦」「苦境」「災い」を指すと同時に、(四) その時に人が抱く「陰鬱」「つらい」「重苦しい」といった感情をも意味する。例えば、親しい者を喪失して悲しみに暮れる状況は、ケンダである。また、重病にかかること、家屋が火事になること、都市で強盗に遭うこともケンダであり、さらには前節で述べた上世代の悪事によって次世代に降りかかる災いもケンダと呼ばれる。

　モナの観念ゆえに、「重み」を背負う者は、悩み続け、陰鬱な感情が持続するだけでなく、病いに罹り、身体が弱く重くなるとされる。「重み」を背負う者は痩せ細り、衰弱し、最悪の場合、死に至る。そうした過程は、「あいつは多くの考えをモナにもって、丸いキャベツのように膨らんで開いて壊れて死んだ (*Baa masingi tunbilya nyepala, kiabeji kauma injo, tokatala laa kumalam*)」と表現される。

　「重み」によって心身が朽ち果てゆく過程で、場合によっては「気が狂う」ことがあるという。調査時点で「重み」ゆえに「気が狂った」とされる者は、Pサブクランの内部に三人いた。そのうち二人は、2002年に他クランとの争いで長男を失った夫妻 (60代男性Pと50代女性N) であった。もう一人は50代女性Dで、彼女は2000年頃から「気が狂った」とされる。ただし、村人の多くは彼女の悩みの内容を具体的には知らなかった。しかし、彼女にはマリファナ吸引の疑いがないこと、上世代の悪事も知られていないことから、何か重大な悩みか心配事のために「気が狂った」のだと推測されていた。

　これらの人々は、通常どおり会話することが可能であり、過度に常軌を逸した行動もみられない。だが、やはり他の村人ならばとらないであろう奇異な行動をとることがあった。そのため、例えば、私が調査中に50代女性Dの名前をあげるだけで、周囲の人々が「キャガエンゲのDか」と言って笑い出すこともあった。なお、繰り返すが、前節で述べた「気が狂った」原因①〜③の共通点 (A) 〜 (D)、その肯定的な位置づけに関わる共通点 (a) 〜 (b)、否定的な位置づけに関わる共通点 (i) 〜 (iv) は、ここで詳述した原因④「重み」の感情によって「気が狂った」者たちにもすべて当てはまる。

● 3-2 呪いの概要

次項の事例の焦点となる「呪い」とは，モナに宿る思考や感情が，その人自身の身体だけでなく，「同じ血」をもつ血縁者の身体にも影響を及ぼすことである。ある者の思考や感情は，それ自体は周囲にとって不可視であるが，本人の身体のみならず，血縁者の身体の変化としても可視化するのである。そのため，健康を維持するには，血縁者と良好な関係を築き，自他の感情を良い状態に保つことが肝要である。ゆえに，人々の日常的なやりとりも，感情と身体への配慮をもって進められる。

本章で呪いと表記しているのは，エンガ語で「重みを置いた (kenda seta)」，あるいは「置いた (seta)」を省略して，単に「重み」と表現される事象である。サカ谷の人々は，「重みを置いた」というエンガ語の表現に，ピジン英語で「呪い (curse)」を意味する「ケイス (keis)」の語をあてる。現在，エンガ語の会話においても「重みを置いた」という表現だけでなく，ケイスの語が頻繁に用いられる[8]。

血縁者間の軋轢や争いに起因する強い怒りや深い悲しみといった感情は，とくに近親に，重い病いや死をもたらす。この呪いを解消するには，呪い手の否定的な感情を鎮めなければならない。具体的には，当事者と，リーダーや牧師が揃って話し合い，呪い手の怒りや不満を鎮める。話し合いでは，当事者が事の経緯を説明し，呪い手が自らの不満を打ち明けていく。そして，怒りや不満を向けられた者は，できる限り，呪い手の要望（食物や現金の贈与，負債の返済等）に応じなければならない。また，場合によっては，こうした話し合いを開かずに，単に呪われた者が，呪い手の要望に応えるだけのこともある。

前項で「重み」の感情によって「気が狂った」者について記したが，次項で提示するのは，その「重み」が血縁者への呪いに転化する事例である。しばしば，彼ら／彼女らが「重み」を抱くにいたった原因は，個人で完結したもので

---

[8] なお，「重みを置く」をケイスと呼ぶようになった経緯は不明だが，40代男性Dや40代男性の牧師Mによると，ケイスは聖書から借用した語であるという。ただし，私が調べた限り，ピジン英語の辞書にケイス (keis) の語は登場しない。日本語や英語の聖書で呪い (curse) の語が登場する箇所には，ピジン英語の聖書では「壊す」を意味する「バガラピム (bagarapim)」の語があてられるのが一般的である。

はなく，血縁者の行為と結びつく。

　例えば，「重み」ゆえに「気が狂った」とされる先述の50代女性Dに関しては，私が本人に尋ねたところ，その原因は，彼女の娘夫妻の行動にあった。ただし，彼女は自分が娘夫妻に「重みを置いた」とは明言しなかった。しかし，私がその話を村落の50代男性に語ったところ，彼は「それを聞く限り，Dは娘に「重みを置いた」。そのままいけば（娘がDの「重み」を解消する行動をとらなければ），娘は死ぬだろう。母親と娘だ。どうやって生きていられる」と言った。まさに「気が狂う」ほどに，狂おしく耐え難い「重み」は，血縁者を捕らえて放さず，いつの日か災厄をもたらすことになるのだ。

● 3-3　呪いの具体的事例

　以下では呪いの具体的な事例を記述する。事例の呪い手は，長男を失った「重み」ゆえに「気が狂った」とされる夫妻のうち，夫にあたる60代男性ピリョである[9]。彼は本章冒頭のエピソードで触れた男性でもあり，「まともに考えることができない」とされ，調査当時，彼が公の場で発言しても誰にも相手にされないか，笑われていた。

　彼は日常的に近隣の親族の家を訪れ，サツマイモなどの食物を共食することはあった。だが，私の知る限り，豚や現金の贈与・分配を受けることはきわめて稀なようであった。例えば，2009年1月に，私は自分のインフォーマントになってくれた人々に豚肉を分配するため，分配対象者リストを作成した。そのリストには，ピリョの名も記した。すると，リストを見たある男性は，そこにピリョの名を認めると，舌打ちしながら「こんな奴に与えて何になる」と言って，ピリョに豚肉を分配しようとする私に反感を示していた。

　しかしながら，日常的な文脈とは対照的に，以下で取り上げる事例では，ある出来事をきっかけに，彼の長男の死に起因する深い悲しみの表出が，呪いとみなされ，周囲の人々を突き動かしてゆく。

---

9) 本事例で取り上げる人物の名前は，すべて仮名である。

第10章 狂気に突き動かされる社会　287

【事　例】
　2008年9月，60代男性ピリョが，同一サブリニージの50代男性とその兄弟たちに対して呪いの言葉を発しているという噂が流れた（図10-4）。事の発端は，2003年にクラン間の争いで，ピリョの長男ルアが銃殺されたことにあった。その死に対して，相手のクランから，多額の殺人代償（豚60頭と現金20万円）が支払われた。しかし，殺人代償の分配を取り仕切った，ピリョと同一サブリニージの男性アンドリューが，その大部分を自分とその兄弟たち（以下まとめて，図10-4の「ヤマネの男性たち」とする）のものにし，長男を殺された本人であるピリョには少ししか分配しなかった。その後，ピリョは長男の死と殺人代償の横領に嘆き悲しみ，「気が狂い」，病いになり痩せ細ったといわれていた。
　5年後の2008年9月に，ピリョの次男パイスが，婚姻に際して，妻方の親族に婚資を支払う機会が訪れた。その際に，再び殺人代償横領の事件が話題にのぼるようになったのである。これをきっかけに，ピリョは殺人代償を横取りしたヤマネの男性たちに，次男パイスの婚姻に財を供出することをもって，過去の罪を償うことを要求したのである。
　だが，ヤマネの男性たちは婚資に財を供出しなかった。そこで，集まった

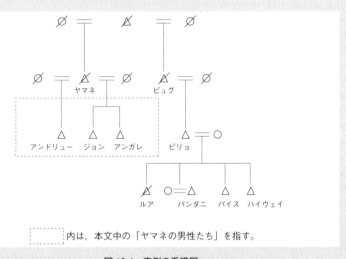

　　　　　　　　内は，本文中の「ヤマネの男性たち」を指す。

図10-4　事例の系譜図

婚資が少なかったこともあり，妻方は婚資の受け取りを拒否し，元の村に帰ってしまった。こうした状況下，ピリョは，婚資の支払いに集まった大勢の人前で，泣き声を上げながら歩きまわり，長男の死に言及し，悲しみと怒りの言葉を口にした。

　ピリョ：俺は行く。お前らは俺を言いくるめて，言いくるめて。俺は首を吊って死んでやる。
　周囲の男性たち：悪いことを言うな！
　ピリョ：何が悪いことだ！　俺は良い状態でいるか？　今，ピュグ（ピリョの父）とヤマネ（アンドリューらの父）は別れる（ピリョたちとヤマネの男性たちは別れて，今後，決して会うことはない）。…俺はいつ得るのか？　俺はいつ得る？　俺のもの，俺のもの，俺のもの…。俺はもう行く。俺はあいつらと別れたから，名前は置かれないだろう（ピリョとヤマネの男性たちは，ばらばらになり，両者が属すサブリニージは崩れ去り，後世にわたり，その名が残ることはないだろう）。

　このピリョの言動をうけて，その場に居合わせたピリョの娘の夫パンダニは皆の前で，ピリョがヤマネの男性たちを呪っている，と大声で言い放った。

　パンダニ：…お前ら（ヤマネの男性たち）は１頭の豚も供出していない！…次の機会に，お前らは豚を１頭ずつもって来て，あいつ（ピリョの次男パイス）の女に与えろ！　お前ら，あいつが泣いているのを止められるか？　あいつが泣いているから，お前らは死ぬべくして死ぬだろう（ピリョの「重み」の呪いのために，ヤマネの男性たちは死ぬべくして死ぬだろう）。…

　広場にいたリニージの男性らも，パンダニは「正しいことを言っている(too lelyam)」とし，ヤマネの男性たちに，次の機会にピリョの要求通りに，婚資に財を供出するように言った。つまり，周囲の男性たちは，ピリョの泣き声や言葉を呪いと断定し，ピリョを支持したのである。なお，この男性たちは，殺人代償の一部を受け取るはずだった，ピリョと同一サブリニージの

男性たちである。

　それから，村では ピリョがヤマネの男性たちを呪ったという噂が広まった。ある時は，呪われたとされる男性の一人であるジョンが，噂をしたらしきリニージの男性に怒り，人々が集まった広場で口論し，噂を流すのを止めようとしたこともあった。その際，彼は自分は殺人代償を受け取っておらず，他の兄弟たちが奪ったと言って，自らに呪いがかけられたことを否定していた。

　しかし結局，3か月後，再びピリョの次男パイスが，別の女性に婚資を支払う機会がきた時，ヤマネの男性らのうちジョンは現金220キナ（8,800円）を供出した。また，アンドリューの妻が婚資支払いの場に来て，現金200キナを供出した。その後，ピリョは何も言わなくなり，呪いの噂もなくなった。

　事例では，ピリョはヤマネの男性たちに怒りを抱いていた。その理由は，彼らが殺人代償を横取りしたことにある。彼らとピリョは同一サブリニージに属し，本来，婚資や補償の支払いを助け合い，財を分配しあう関係にある。それにもかかわらず，ヤマネの男性たちは，ピリョの息子が殺されたときに，その代償として支払われた豚や現金を奪った。つまり，彼らは，実の息子の死に際して，その代償を血縁者が奪うという二重の「重み」をピリョに与えたのである。

　こうした背景のもと，ピリョは，婚資の支払いのために大勢の人が集まった場で，泣き声で長男を失った悲しみを示した。それに対して，リニージの男性たちは，彼の泣き声を呪いと断定し，彼を支持する行動を取った。すなわち，ヤマネの男性たちに，婚資に財を供出するように言い，また，呪いの噂を流すといった行動をとった。

　こうしたピリョの言動に対する周囲の反応は，彼が日常的には自らの意図に基づいて行為する，十全な行為者とは認められず，公の場での発言を嘲笑され，豚肉や現金といった貴重財を贈与・分配されなかった点とは対照的である。

　事例で，ピリョがその主張を承認されるに至った要因は三つある。まず第一に，ピリョと同一リニージの男性たちは，ヤマネの男性たちによる殺人代償の横領により，財の分配を十分に受けられなかった人々である。その意味で，彼らはピリョと利害を共有していた。くわえて亡くなった長男ルアは，とても聡明な青年であったといわれる。「気が狂った」ピリョの言動を目にするとき，と

きに人々はルアとともに過ごした日々，葬儀のあの重苦しい雰囲気，棺にすがりついて泣き叫ぶ親や兄弟の姿を思い起こす。なかでも系譜関係の近い同一リニージの者たちはピリョの「重み」をある程度は，共有している。そのため，彼らは長男を失ったピリョに同情的であり，ヤマネの男性たちに対しては反感をもっていた。結果，彼らは婚資支払いの場でピリョが泣き声をあげるやいなや，彼を支持する行動をとったのである[10]。

　第二に，呪いは，不可視の心臓モナに宿る否定的な感情「重み」に端を発する。人格の内なる感情は他者にとって不可視であるが，それは本人や，その感情を向けられた血縁者の身体の変化として可視化する。事例の場合，呪われた者の身体変化（病い，怪我，死など）は未だ生じていなかったが，ピリョは長男を失い，殺人代償を横取りされた悲しみのために「気が狂った」行為をとり，病いになり痩せ細っていた。つまり，ピリョの泣き声は，「気が狂う」ことからくる心身の衰弱という身体変容を伴っていた。仮にピリョの泣き声が，長男の死と身体の変容という実質を欠いていれば，それは単なる「泣き真似（$sanbo\ ee\ lenge$）」とみなされうる。しかし，実の息子の死という「重み」で「気が狂い」痩せ細った身体を見て，リニージの男性らはピリョの言葉と涙を偽りなき呪いと判断し，それを支持する行動をとったのである。このようにしてピリョのモナの「重み」は，親族に力を及ぼし，彼らを突き動かしていったと解釈できる。

　第三に，ピリョが半ば誰にも相手にされない存在から，無視することのできない呪い手へと転換したポイントが，他でもない婚資支払いの機会であったことを見逃してはならない。婚資の支払いはサブクラン，なかでもリニージの多数の男性たちによる財の集積を前提としている。そして，婚資への財の供出は，単なる形式的な義務と権利の問題ではなく，それ自体，それまでのリニージ内の男性間の贈与交換の履歴に基づいている。つまり，ある男性Aの婚資に財を供出する者とは，過去のさまざまな機会に男性Aやその父親から財を贈与・分配されたり，婚資に財を供出してもらった人々なのである。事例の場合も，ピリョの次男の婚資に財を供出したリニージの人々は，ピリョが「気が

---

10) なお，ヤマネの男性たちがピリョの次男の婚資に財を供出したからといって，それを受け取るのは次男の妻方クランの人々であり，同一リニージの男性らに経済的利益がもたらされるわけではない。

狂う」以前，彼と家屋建築で協働したり，婚資への財の供出を含む贈与交換を相互に行いあう関係にあった者たちである。婚資の支払いとは，財が供出され，集積される機会であると同時に，それまでの数多くの負債が返済される機会でもあるのだ。

ヤマネの男性たちに対するピリョの要求は，この負債を返済するタイミングに，殺人代償の横領に対する償いを重ね合わせたものであった。長男の殺人代償が主に分配されるべきであった関係（リニージ）は，婚資に財を供出する関係（リニージ）と重なる。婚資への供出と殺人代償の分配という二種類の交換関係が結びつけられることで，集団内で果たされることのなかった取引（分配物の横領に対する償い）が成就したのである。

しかしながら，人々による利害と「重み」の感情の共有，身体の変容，婚資支払いのタイミングという，3つの要因が整っていたからといって，日常的には，常軌を逸した言動を繰り返し，「気が狂っている」と一蹴されるピリョの主張が，皆に自動的に受け容れられるという保証はどこにもない。事実，人々のほうも何らかの規則や因果の法則に従う自動人形のように，機械的にピリョの主張に追従したわけではなかった。彼の主張が真に認められ，急速に周囲の支持を集めたのは，「首を吊って死ぬ」「いつになったら自分は長男の死の埋め合わせを得られる？」「サブリニージなど崩れ去れ」という，彼の思いのすべてが賭けられた言葉が吐き出された，まさにその瞬間からであった。

では，彼が「気が狂っている」者には似つかわしくない「正しい」ことを述べたことから，人々の合理的な判断によって，その主張が支持されたのだろうか。そうではない。ピリョの娘の夫パンダニの言葉が「正しいことを言っている」と評価されたのに対して，ピリョの言葉はむしろ「悪いことを言うな！」と批判すらされていた。そもそも「自殺」や「サブリニージなど崩れ去れ」といった言葉は，通常，極端すぎ「強すぎる言葉（*pii etete keto*）」とされ，口にすべきではないといわれる。そのような言明はまさに「場違いの／外に出た」言葉なのであり，通常の人間ならば口にするのも躊躇う台詞なのである。だが，彼の言葉は「気が狂っている」者の戯言として切り捨てられず，多くの者たちに支持された。それは，彼自身による自制を越えた激情から発せられた言葉であり，非合理的ではあるかもしれないが彼の生のすべてが懸かった／賭けられ

た泣き声であった。そのような言葉は，本来，婚資支払いの広場で口にされないが，しかし，この「場違いの／外に出た」言葉こそが，その場に居合わせた男性たちを突き動かしたのである。それは彼が長男を失ってから，実に5年もの歳月が流れてからのことであった。

4 結論：狂気に突き動かされる社会

　ここまでニューギニア高地エンガ州サカ谷の村落における狂気の社会的な位置づけと，そのような位置づけがいかに個別の人格によって生きられているのか［松島 2014: 12-13; 小田 2009: 15-18, 22-25, 29-31; Abu-Lughod 1991: 153-157］を，具体的事例を含めて記述し，分析してきた。以下では，序論で提示した「全体社会と個人」のモデルを批判する人格論の枠組みのもとで，本章の事例を考察する。ストラザーンに倣って，交換を財の贈与，分配，供出から生殖まで含めて，きわめて広義に捉えたとき，メラネシアでは，交換過程と身体の変容過程は相互に埋め込まれている。そこでは，交換によって身体がつくられ，身体の変容がさらなる交換を促す。

　本章の第2節では，対象地域に特有の狂気の社会的な位置づけを明らかにした。その際，「気が狂った」者の肯定的な位置づけは，血縁のつながりと，過去の相互扶助や贈与交換の蓄積によると指摘した。逆に否定的な位置づけに関しては，「気が狂った」者が，現時点で，貴重財などをもたないがゆえに，贈与交換を十全に行なえる相手とはみなされない点にあると論じた。調査地における狂気の位置づけは，親族関係の内部での過去の交換関係の蓄積と，現時点での交換能力の有無によって規定されているのである。ここで保証されているのは明らかに「平等で自由な個人」の権利ではない。そうではなく，交換の連鎖のあるべき流れこそが保証されているのである。

　この点は，呪いの事例にも当てはまる。事例で「気が狂った」人物の主張が一時的に承認されたのは，過去の交換関係（殺人代償の分配）と現在の交換関係（婚資の供出と支払い）との重なりにおいてであった。親族関係の内部において蓄積された過去の交換関係と，現在進行中の交換関係が，「気が狂った」者たちの要求の，相対的な妥当性の度合いを定めていくのである。

ただし，交換の連鎖とは，滞りなく進行する安定したプロセスでは決してない。そもそも事例で男性が「気が狂った」原因は，（Ⅰ）長男の死にくわえて，（Ⅱ）血縁者による殺人代償の横領にあった。財の分配不履行という交換の滞り，あるいは財の横領という交換の否定が，彼の人生を狂わせ，彼に尽きることなき「重み」を抱かせたのである。

　その感情は，婚資支払い以前に，彼の心身を蝕んでおり，その体は痩せ細り，周囲の同情を集めていた。このようにして「重み」の感情により変容した身体は，過去の交換関係とその否定を体現し，それを周囲に想起させるものとなる。それゆえに，サカ谷の人々の視点からみたとき，彼の衰えゆく身体は，過去の社会関係（とその否定）を含み込んでいる。これは，周囲の人々が長い村落生活のなかで，病いの原因となった過去の出来事や複雑な交換関係を知り尽くし，当人の耐え難い感情をある程度共有する状況下でのみ可能となる視点である。こうした背景から，事例では，彼の身体の衰弱（病い）が，その主張を周囲に承認させ，過去の交換の滞りを解消し，否定された交換を再開させ，さらなる交換関係を取り結ぶことを可能にしたのである。

　しかし，ここで再度強調しておきたいのは，人々を突き動かした言葉が，ほかでもない狂気のうちに発せられたものであったという事実である。彼の「場違いの／外に出た」言葉には，長男の死，サブリニージの存続，そして彼の命のすべてが賭けられていた。婚資の支払いにしても，当地域では，いくつもの贈与交換の単なる一種に過ぎないものではない。第2節1項で述べたように，それは，同世代や異世代の男性たちの協力のもと，自らの息子が妻を得ることを可能にし，さらにその息子（孫）を自らのクランに所属させ，特定の名前（e.g. ヤマネ，ピュグ）をもったリニージやサブリニージを存続させる行為である（そしてそのリニージやサブリニージの子孫が増え，いつかはクランのように大きな親族の集団となることを男性は夢見る）。それは，まさに自らの人生のすべてが懸かった／賭けられた営みであり，各人に固有の「伝記的な生の企て（biographical life project）」[Gell 1998: 11] の欠くことのできない重大なステージを成している。

　長男を失った時点で，ピリョの人生にはすでに狂いが生じていた，あるいはすでに狂わされていた。その原因となった者たちが，ほかでもない自らと親し

いはずの血縁者であったこと，その死が埋め合されることなく，その下の息子の婚資にも財を供出してもらえなかったこと。これらの窮状こそが，彼に涙を流させ，その生のすべてが懸かった言葉を発せさせたのである。そこで問われている／懸かっている／賭けられているのは，彼の伝記的な生の企ての総体である。そのような局面において「正常であること」，大人しく「内にとどまること」にどれほどの意味があろう。「気が狂っていない」人々の通常の約束事など，はなから度外視した地点／時点において，彼の生は「賭け」とならざるをえなかったのである。

われわれは，彼の主張が認められたことを「社会（性）への包摂」と解釈すべきだろうか。いや，そうではないだろう。確かに病いを「支点」として，交換過程は再開し，将来的に新たな身体（子ども）が産み出され，交換の連鎖が続いていく可能性は高い。しかし，「気が狂った」者が，通常の意味での十全な行為者として「気が狂っていない」者たちの仲間として迎え入れられたとする「社会復帰」，あるいは「社会統合」の物語として，ここで為し遂げられたことを理解しては，何か決定的なものを見逃してしまうことになる。その何かとは，あくまで狂気を引き受けざるをえない彼の人生が，「まともに考えることができない」者の生として足蹴にされた状態から，その「場違いの／外に出た」言動ゆえに，それを目にした者たちを突き動かす力をもつに至ったという，ひとつの価値の転換の瞬間である。それは社会を変えるほどの力は到底もちえない。しかし，一人の人間を貫くに十分な，ひとつの弾丸となった。

以上の考察から，本章の対象地域における社会と「異常な」個人の関係を考えるうえでは，個人の総和から成る（あるいは，その総和以上の存在としての）全体社会や，個別具体的な取引行為の連鎖を超越した価値体系を指定した上で，そこから「異常な」個人の排除と包摂を議論する枠組みは適切ではないことがわかる。むしろ，交換関係の連鎖において，いかなる契機に，どのようなかたちで，狂気と分類された人格が部分的かつ一時的事象としてであれ，価値を転換させるのかを見極めていかねばならない。こうした人間観と社会観は，われわれの固定観念を揺さぶるだけでなく，「全体とその部分」という枠組みを前提として，主流社会とマイノリティの共生を論ずる潮流に新たな分析視角を提供するものであろう。

【引用文献】

Abu-Lughod, L. (1991). Writing against culture. In R. G. Fox (ed.), *Recapturing anthropology: Working in the present*. Santa Fe; New Mexico: School of American Research Press, pp.137-162.
Battaglia, D. (1983). Projecting personhood in Melanesia: The dialectics of artefact symbolism on Sabarl Island. *Man* 18: 284-304.
Battaglia, D. (1985). We feed our father: Paternal nurture among the Sabarl of Papua New Guinea. *American Ethnologist* 12(3): 427-441.
Battaglia, D. (1992). The body in the gift: Memory and forgetting in Sabarl mortuary exchange. *American Ethnologist* 19(1): 3-18.
Carrithers, M. (1996). Person. In A. Barnard, & J. Spencer (eds.), *Encyclopaedia of social and cultural anthropology*. London and New York: Routledge, pp.419-423.
Daniel, V. E. (1984). *Fluid signs: Being a person the Tamil way*. Berkeley: University of California Press.
Fortes, M. (1987). *Religion, morality and the person: Essays on Tallensi religion*. Cambridge: Cambridge University Press.
Gell, A. (1998). *Art and agency: An anthropological theory*. Oxford: Clarendon Press.
Gell, A. (1999). Strathernograms, or the semiotics of mixed metaphors. In A. Gell, & E. Hirsch, *The art of anthropology*. London: The Athlone Press, pp.29-75.
Goddard, M. (2011). *Out of place: Madness in the highlands of Papua New Guinea*. New York: Berghahn Books.
Harris, G. (1989). Concepts of individual, self, and person in description and analysis. *American Anthropologist* 91(3): 599-612.
Kleinman, A., & Kleinman, J. (1991). Suffering and its professional transformation: Toward an ethnography of interpersonal experience. *Culture, Medicine and Psychiatry* 15(3): 275-301.
Marriott, M. (1976a). Hindu transactions: Diversity without dualism. In B. Kapferer (ed.), *Transaction and meaning: Directions in the anthropology of exchange and symbolic behavior*. Philadelphia: Institute for the Study of Human Issues, pp.109-142.
Marriott, M. (1976b). Interpreting Indian society: A monistic view alternative to Dumont's dualism. *Journal of Asian Studies* 36(3): 189-195.
Marriott, M. (1990). Constructing an Indian ethnosociology. In M. Marriott (ed.), *India through Hindu categories*. New Delhi: Sage Publications, pp.1-40.
Marriott, M., & Inden, R. (1974). Caste systems. In *Encyclopaedia Britannica* (third edition), *Macropaedia* 3. Chicago: Helen Hemingway Benton, pp.982-991.
Papua New Guinea National Statistical Office (2000). National censes, Census Unit Register, Enga Province. National Statistical Office.
Strathern, A. J., & Stewart, P. J. (1998). Seeking personhood: Anthropological accounts and local concepts in Mount Hagen, Papua New Guinea. *Oceania* 68(3):

170-188.
Strathern, M. (1988). *The gender of the gift: Problems with women and problems with society in Melanesia*. Berkeley: University of California Press.
Viveiros de Castro, E. (1998). Cosmological deixis and amerindian perspectivism. *The Journal of the Royal Anthropological Institute* 4(3): 469-488.
小田博志 (2009).「「現場」のエスノグラフィー——人類学的方法論の社会的活用のための考察」波平恵美子［編］『国立民族学博物館調査報告85　健康・医療・身体・生殖に関する医療人類学の応用学的研究』国立民族学博物館, pp.11-34.
里見龍樹・久保明教 (2013).「身体の産出，概念の延長——マリリン・ストラザーンにおけるメラネシア，民族誌，新生殖技術をめぐって」『思想』1066: 264-282.
竹村真一 (1989).「インド社会における身体観と家族」清水昭俊［編］『家族の自然と文化』弘文堂, pp.61-92.
出口　顕 (1999).「名前と人格の系譜学——マルセル・モース再読」上野和男・森　謙二［編］『名前と社会——名づけの家族史』早稲田大学出版部, pp.28-58.
デュモン, L.／渡辺公三・朝野房一［訳］(1993).『個人主義論考——近代イデオロギーについての人類学的展望』言叢社
デュモン, L.／田中雅一・渡辺公三［訳］(2001).『ホモ・ヒエラルキクス——カースト体系とその意味』みすず書房
中川　理 (2001).「人類学研究における人格と自己」『年報人間科学』22: 191-208.
中川　理 (2002).「植民地状況における行為——モーリス・レーナルトの人格論の扱いをめぐって」春日直樹［編］『オセアニア・ポストコロニアル』国際書院, pp.193-234.
中空　萌・田口陽子 (2016).「人類学における「分人」概念の展開——比較の様式と概念生成の過程をめぐって」『文化人類学』81(1): 80-92.
中谷和人 (2009).「「アール・ブリュット／アウトサイダー・アート」をこえて——現代日本における障害のある人びとの芸術活動から」『文化人類学』74(2): 215-237.
林　大造 (1999).「マルセル・モースの「全体性」の間身体的様態」『社会学史研究』21: 115-126.
深川宏樹 (2011).「サブスタンスと交換による親族関係の構築——ニューギニア高地における葬儀時の母方親族への贈与の事例から」『文化人類学研究』12: 90-112.
深川宏樹 (2016a).「敵と結婚する社会——ニューギニア高地における紛争の拡大と収束の論理」丹羽典生［編］『〈紛争〉の比較民族誌——グローバル化におけるオセアニアの暴力・民族対立・政治的混乱』春風社, pp.137-170.
深川宏樹 (2016b).「身体に内在する社会性と「人格の拡大」——ニューギニア高地エンガ州サカ谷における血縁者の死の重み」『文化人類学』81(1): 5-25.
松嶋　健 (2014).『プシコ　ナウティカ——イタリア精神医療の人類学』世界思想社
モース, M.／厚東洋輔・中島道男・中村牧子［訳］(1995).「人間精神の一カテゴリー——人格の概念および自我の概念」M. カリザス・S. コリンズ・S. ルークス［編］／厚東洋輔・中島道男・中村牧子［訳］『人というカテゴリー』紀伊國屋書店, pp.15-58.

レーナルト, M.／坂井信三［訳］（1990）．『ド・カモ――メラネシア世界の人格と神話』せりか書房
渡辺公三（1993）．「両義的西欧と「近代」への問い」L・デュモン／渡辺公三・朝野房一［訳］『個人主義論考――近代イデオロギーについての人類学的展望』言叢社, pp.446-472.

事項索引

A-Z
LGBT　25, 134, 139, 159, 193
MSG　42
NGO　26, 137, 178, 219
SPC　166

ア行
アイデンティティ　5, 23, 39, 44, 77, 88, 103, 107, 136, 183, 246
──ポリティックス　51
アクティヴィズム　22, 87
アセスメント・シート　230
安息日再臨派（SDA）　63, 196

イヴィ（iwi 部族）　22, 88
異化　25, 195, 203, 211
遺骨収集　250, 258
異性愛　160
逸脱行為　277
遺伝子　7
移動　20
移民　21, 55, 84, 119, 124
医療　107, 193
慰霊活動　27, 250
慰霊碑　257
イレズミ　136
姻族　275
インディアン　82, 194

英国国教会　37
エスニシティ　1, 12, 22, 88, 97
エスニック（民族的）ア

イデンティティ　39, 107, 137
エソロジー（動物行動学）　5
越境　258, 262
エリート　10, 23, 75, 107, 115

オールド・カマー　62

カ行
海外援助　111
介護　194
外国人労働者　168
階層　107, 142
開発　49, 117, 194, 243
　経済──　246
　──援助　219
カヴァ（kava）　26, 62, 207, 210
──バー　46, 207
家事　24, 155, 187
可視化　24, 133, 159
カストム（kastom）　26, 201, 205, 213
カストムネーム　46
カテゴリー　3, 11, 27, 58, 119, 127, 161, 218, 245, 269
カトリック　63, 120, 196
カナカ　245
カブリール（kebliil）　171, 182
貨幣経済　107, 127
カミングアウト　138
観光客　26, 170, 205, 262
観光業　25, 147, 170, 196, 211

観光船　26, 121, 200
感情　5, 7, 27, 262, 283
換喩的関係　119
寛容　14

記憶　9, 27, 78, 242, 263
──の継承　252
機械論　7
規格化　219
帰属　21, 89
──意識　35
基本的自由　217
教育　37, 45, 98, 107, 111, 136, 147, 168, 220, 253
饗宴　19, 26, 62
共感　7
狂気　28, 268, 275
共系　223
共食　19, 26, 57, 275, 292
共生　2, 3, 5, 18-20, 27, 55, 105, 107, 134, 148, 162, 195, 236, 244, 261, 294
共存　2, 3, 13, 18-20, 24, 52, 56, 79
キリスト教　19, 133, 205, 252
──化　136
儀礼　5, 12, 39, 49-51, 103, 108, 171, 207
近代化　3, 133, 161

クーデタ　21, 35, 42
鯨歯　21, 47, 67
クラン　40, 170, 274-276, 293
グローバル・スタンダード（標準）　25, 165, 190
グローバル化　1, 19, 36,

51, 141, 148, 165
ケアプラン　229
ゲイ　134, 146
携帯電話　26, 151, 199
系譜　22, 78
契約労働　36, 59, 63
現金収入　24
言語　35, 135
原住民　85
権力　14, 142, 177, 213

行為者　289
交易パートナー　108, 126
公学校　181
交換　19, 28, 108, 128, 205, 271-273
交錯　3, 24, 29
公衆衛生　110, 236
構造機能主義　270
構造的弱者　203
貢納　113
　　——関係　23
公務員　107
高齢者　25, 193, 214
国際援助　218
国際基準　229
　　→グローバルスタンダード
国際条約　219
国際政治　81
国際連合（国連）　23, 110, 168, 172, 217
国際連盟　244
国勢調査　22, 84, 135
国籍　22, 66
国民学校　253
国民統合　57
互酬交換　128
互酬性　205
個人　8, 28, 136, 269, 292

——主義　270
コスモポリタン　22, 58, 72, 79
国家主義　242, 259
コブラ　59, 68, 147
コミュニケーション　18
コロニアル・ノスタルジア　27, 256
婚姻（結婚）　28, 72, 82, 276
混血　14, 22, 27, 35, 52, 58, 78, 81
混淆　13, 78
婚資　28, 276, 288

サ行
差異　13, 58, 78, 97, 101, 136, 158, 218, 236
裁判　22
サウェイ　23, 107, 126
殺人代償　28, 287
サトウキビ栽培　52, 59
サブクラン　275
サブリニージ　275
差別　56, 138

ジェノサイド　52
ジェンダー　1, 133, 166
　　——役割　156
自己　269
　　——形成　41
　　——同定　88, 104
自己同一性　246
　　→アイデンティティ
資本主義　127
社会構造　88
社会資本　110
社会進化論　84
社会性　271
社会的資源　109

社会福祉　162, 236
集会所　210
シューカン（siukang）　171
集合的記憶　78
集積　121
周辺（縁）化　38, 103, 195
自由連合　109, 124
祝宴　203
呪術　109
首長　46, 50, 142, 165, 234
　　——位獲得儀礼　44
　　——会議　23, 113, 170
　　——制　23, 25, 136, 142, 166
出自　22, 87
純血　91
障害　1, 27
障害者　4, 193
　　——支援　220
　　——の権利　217
称号　21, 46, 50
少数民族　35, 49, 193
象徴　9
植民政策　246
植民地　12, 23, 38, 55, 56, 81, 133, 167, 205, 278
　　——行政官　83
　　——主義　89
女性　15, 25, 133, 142, 147, 165, 193, 209
　　——エンパワーメント　178, 188
　　——間格差　189
　　——性　142
　　——の権利　25, 165
女装　24, 134, 146
序列化　219
人格　20, 28, 116, 218, 268-274, 277

——性（personhood） 268
シングルマザー 188
人権 217, 225
人口移動 112
人口統計 35
——調査 84
人口比率 135, 142
人種 15, 41, 81, 101
人種主義 22, 81, 104
親族集団 108, 136, 171, 223
身体機能 229
身体的形状 35
身体変容 290
信託統治 107, 168
心理学 1, 5, 7-9
人類学 2, 5, 8, 11, 56, 81, 195, 256, 268-273

スーサイドクリフ 250
スティグマ 12, 58
ステレオタイプ 3, 7, 97, 158

西欧（洋）近代 16, 29, 57
西欧接触 133
政治的同盟 109
政治哲学 18
性自認 24, 138, 148
精神障害 220
性的指向 133, 138, 160
性的マイノリティ 4, 133, 161
生物学 8, 81, 88, 133, 269
性別役割分業 143
世界女性会議 25
セクシュアリティ 24, 133
世代間対立 203
セックスワーカー 147

宣教師 83
センサス 21, 58, 78, 84, 111
→国勢調査
先住性 22, 57
先住民 55-57, 82, 97, 137, 246
——運動 81, 89
戦争遺跡 258
戦争体験 242
全体論 270, 271

葬儀 23, 125, 172, 275
早期介入プログラム 226, 227
相互扶助 25, 187, 203, 211
葬送慣行 119, 126
贈与 23, 57, 109, 121, 125
——交換 19, 28, 205, 280, 290
ソーラーパネル 199, 202
祖先 89, 92, 256, 275
存在証明 16
村落共同体 136

タ行
第一子誕生儀礼 171
第三の性 140
タイトル 170, 176
→称号
第二次世界大戦 63, 84, 115
台風 109, 119
太平洋諸島フォーラム 42
太平洋戦争 168, 241, 262
タパ（tapa 樹皮布） 136, 223
タプ（tapu） 143
多文化主義 13, 55
多民族国家 35

タロイモ 171, 186, 196, 204
男女平等 165, 189
ダンスグループ 155
男性性 5, 144
タンブア（tabua） 47, 67
→鯨歯
血 22, 29, 81, 275
チャモロ 245, 246
——語 183
中間カテゴリー 119
調停 22
長老派 196
賃労働 25, 78

通婚 56, 92

ディアスポラ 76
帝国の記憶 27, 256
ディスアビリティ 26, 218
提喩的関係 119
デゥミ 139, 159
→混血
伝統性 24
伝統文化 56, 77, 136, 205
——復興運動 137

同一性 236
同化 13, 38, 57, 81, 236
——政策 84
統計 35, 84, 91, 135
統合 236
同質性 196
同性愛 15, 24, 138, 145
同性カップル 135
同性婚 135, 178
独立運動 137
都市中間層 75
土地 20, 40, 57, 83, 116,

事項索引　301

　　　120, 213, 275
　　──権原　22
　　──購入　122
　　──所有権　39, 50
土着　77, 196
トランスジェンダー　24, 138
トランスナショナル　60, 72, 76

ナ行

名指し　42
ナショナリティ　1
ナショナリズム　10, 27, 76, 78, 194, 258
名づけ　119, 139
名乗り　42, 119
南洋群島帰還者会　241, 250
南洋神社　168
南洋庁　114, 244

二文化主義　87
日本遺族会　242
日本人町　168
人間観　20, 29

ネイション　55
ネオコロニアリズム　148
ネットワーク　22, 39, 72, 107, 126, 138, 280

呪い　28, 283, 285

ハ行

パーケハー（*pākehā*）　22, 83, 100
パーソナリティ　223
ハーフカースト　85
排外主義　53

排除　1, 14, 29, 136, 203, 268, 282
排斥　1, 57, 195
バイセクシャリティ　139
パイナップル　247
ハイブリッド　105
バウンティ号　144
パッシング（なりすまし）　138
ハプー（*hapū* 準部族）　88
パラオ・サクラカイ　250
バンザイクリフ　249

非貨幣経済　127
ピジン　45
ビスラマ　45, 201
ビッグ・キリング　46, 49
憑依　277
平等　137, 212
　　──主義　203, 206
貧困　39, 108, 260

ファーナウ（*whānau* 拡大家族）　88
ファカパパ（*whakapapa* 系譜）　22, 90
フェミニズム　165
不可視　55, 58, 78, 133, 137, 283
福祉　194
父系出自　274
部族　22, 88
豚　21, 35, 46, 275
不動産　57, 122
不平等　135, 193
ブラックバーディング　37, 59, 63
プランテーション　21, 37, 52, 59, 63, 68

フリーホールド　60, 72
紛争　1, 35

平和主義的言説　242, 257
北京宣言　172
ベラウ女性会議　25, 172
包括　103, 236
包摂　29, 195, 213, 268
暴力　1, 5, 7, 149, 158, 263
ボーキサイト　248
母系社会　25, 165, 171
母系親族集団　171
保険医療制度　233
補償　22
ホモセクシャリティ　146
ボランティア　222
本質主義　21, 23, 77

マ行

マイノリティ　2, 4, 15, 29, 55, 81, 134, 165, 187, 193, 218, 236
　　マイナー・──　55, 60
マオリ　22, 81, 104
マタンガリ　40, 46
マット　46
マフ（*māhū*）　24, 133, 148, 161
マルチ・エスニック　87

民主化　107, 113
民主主義　115, 181
民族　35, 81, 88, 119, 126, 166, 196, 242
　　──対立　35
民族誌　140, 222
民族社会学　273
民俗理論　283

メソディスト教会　21, 62, 65, 71
メディア　9, 136
メルティング・ポット　91
綿花栽培　59

ヤ行
ヤップ帝国　108

養子　90, 135
──縁組　57, 74, 154

ラ行
ライフ・サイクル　12
ラエラエ（raerae）　24, 134, 148, 161

リース　60, 120
リニージ　40, 171, 275, 291, 293
リベラリズム　2, 136
領土　58
リン鉱石　63, 70, 168, 245
歴史修正主義　242

レズビエンヌ（レズビアン）　25, 134, 146, 159
労働移民　37
労働力　112, 142, 184

ワ行
ワイタンギ条約　83
ワカ（waka　船団氏族）　88

人名索引

A
Abu-Lughod, L.　273
Akin（エイキン，D.）　127
Alexeyeff（アレクセイエフ，K.）　136, 140
Alkire, W. H.　109, 120
Anderson, M.　7
Appadurai（アパドゥライ，A.）　2, 12-14

B
Babadzan, A.　143, 144
Battaglia（バタグリア，D.）　272
Bentley, T.　83
Besnier（ベスニエ，N.）　50, 136, 141, 144
Bird, D.　114
Bligh, W.　145, 146
Bloch（ブロック，M.）　5, 108, 127

Blok, A.　2
Broch-Due, V.　12
Brubaker, R.　13
Butler, R.　195

C
Callister（カリスター，P.）　84, 87, 92
Camacho, K. L.　260
Carrithers, M.　268
Cerf, P.　143, 144
Cormack, D.　85, 86

D・E
Daniel（ダニエル，V. E.）　268
Didham（ディッドハム，R.）　92

Elliott（エリオット，J. L.）　85, 87, 88
Elliston（エリストン，D.）　143, 144

F・G
Falgout, S.　260
Fleras（フレラス，A.）　85, 87, 88
Fortes（フォーテス，M.）　269, 270

Gell, A.　273
Gillion, K. L.　37
Glover（グロバー，M.）　90
Goddard, M.　277
Gregory, C. A.　127

H・I
Halapua, W.　36-38
Harré, J.　87
Harris（ハリス，G.）　269
Herdt, G.　140
Hermann, E.　56

人名索引　303

Hezel, F. X.　*111*
Howard（ハワード, S.）
　92
Inden, R.　*273*
Itintaake Etuati　*63, 68, 69*

K
Keesing, R. M.　*50*
Kirkpatrick, J.　*143*
Kleinman, A.　*273*
Kleinman, J.　*273*
Koyama, E.　*139*
Kukutai（ククタイ, T.）
　84, 89, 90, 92
Kumar, S.　*60*
Kuva, A.　*36-38*

L
Laqere, W.　*43*
Lee, Y-T.　*9, 11, 13*
Lessa, W.　*109*
Levin, M. J.　*111*
Levy（レヴィ, R.）　*144, 146*
Lindstorm, L.　*260*
Lingenfelter（リンゲンフェルター, S.）　*114*
Linnekin, J.　*20, 104*
Lockwood, V. S.　*56*
Lutz, C. A.　*20*
Lynch, J.　*203*

M
MaCullough, R. S.　*220*
Madraiwiwi, J.　*53*
Marcellin, A.　*48*
Marriott（マリオット, M）　*273*
Meredith, P.　*83*

Metge, J.　*87*
Moala, K.　*52*
Morgan, L. M.　*140*
Morrison（モリソン, J.）
　142, 143
Murray, S.　*249*

N・O
Naidu, V.　*36*
Nanda, S.　*140*
Narotzky, S.　*50*
Nishino, R.　*262*

O'Dwyer（オドワイヤー, S.）　*242*
Oliver, D. L.　*144*
Otto, T.　*56*

P
Pakoasongi, R.　*40*
Parnaby, O. W.　*59*
Parry（パリー, J.）　*108, 127*
Peattie, M.　*246*
Pedersen, P.　*56*
Peoples, J.　*111*
Pool, I.　*84*
Poyer, L.　*20, 104*
Prasad, S.　*36*
Purcell, D.　*246*

R
Rapport, N.　*58*
Richard, D.　*249*
Riddell, K.　*85*
Robbins, J.　*127*
Rogers, L. J.　*218*
Roscoe, W.　*140*
Rousseau（ルソー, B.）　*90*

Rubinstein, D.　*111, 122*

S
Schmidt（シュミット, B. E.）　*10, 11*
Schoeffel（ショエフェル, P.）　*144*
Schröder, I. W.　*10*
Seraphim, F.　*242*
Shennan, J.　*62*
Shore, B.　*143*
Siegel, J.　*37*
Stevenson（スティーヴンソン, B.）　*90*
Stewart（スチュワート, P. J.）　*269*
Stiker, H. J.　*218*
Strange, C.　*244, 259*
Strathern（ストラザーン, A. J.）　*269*
Strathern, M.　*268, 271-273*
Swadener, B. B.　*218*

T・V
Taussig（タウシグ, M.）　*127*
Teaiwa（テアイワ, K. M.）　*76*
Tekenimatang, M. C.　*62*
Tepahae, P.　*203*
Thomas（トーマス, N.）　*205*
Towle, E. B.　*140*
Tsuneo, R. K.　*170*

Viveiros de Castro, E.　*268*

W・Y

Wanhalla, A. *83, 84, 86*
Wara, A. *42-44*
Weiner, A. B. *127*
White, G. *242, 260*
Whitehead, N. L. *10*
Whitehouse, H. *5*
Whyte, S. R. *218*
Wilson, J. *143, 145*

Yamashita, S. *256*

ア行

アイブル＝アイベスフェルト, I. *5*
青柳清孝 *193, 195*
青柳真智子 *58*

飯髙伸五 (Iitaka, S.) *27, 241, 243, 246-248, 251, 259*
石川　准 *16, 17*
石村　智 *258*
井上紘一 *35*
井上達夫 *18, 19*
今泉裕美子 *244-246, 249, 250*
岩間暁子 *135, 193*

ウエキ, ミノル (Ueki, Minoru) *242, 243, 254, 255*
ウェルズ, ジョージ (Wells, George) *42*
ヴォルカン, V. D. *9, 10*
鵜飼　哲 *16*
牛島　巌 *110*
内堀基光 *118, 119*
宇野邦一 *15, 136*

遠藤　央 *167, 170, 171, 186*

大橋洋一 *138, 139*
大渕憲一 *2, 9*
岡　真理 *193*
小柏葉子 *43*
小田博志 *273*

カ行

風間計博 *2, 18-21, 58, 63, 75, 78*
春日直樹 *127*
柄木田康之 *23, 113, 120*
ギアーツ, C. *269*
宜野座朝憲 *241, 242, 254*
ギボンズ, ユタカ (Gibbons, Yutaka) *177*
キャソレイ, キャシー (Kesolei, Kathey) *181, 188, 189*
キルマン, サト (Kilman, Sato) *42*

久保明教 *272*
久芳尚子 *222*
熊谷智博 *8*
倉田　誠 *26, 220*
栗原　彬 *194*
桑原牧子 (Kuwahara, M.) *24, 133, 137, 142-144, 149*

ケネディー, J. F. *110*

ゴッフマン, E. *16*
小森陽一 *242*
紺屋あかり *174, 175*

サ行

佐川　徹 *195, 196*
作道信介 *8*
里見龍樹 *272*

塩原良和 *2, 15*
潮村公弘 *8, 9*
清水昭俊 *55*
白川千尋 *207*

杉浦郁子 *138*
須藤健一 *167*

ソロモン, A. *110*

タ行

高橋哲哉 *242*
田口陽子 *273*
ダグラス, M. *14*
竹村和子 *136*
竹村真一 *273*
田中雅一 *5*

ティカマタ, F. *198*
ティンバーゲン, N. *6*
出口　顕 *269*
デュモン, L. *270, 271*
冨山一郎 *245, 260*

ナ行

中川　理 *269, 272*
中空　萌 *273*
中谷和人 *273*
中力えり *135*
ナンシー, J-L. *19*
丹羽典生 *3, 21, 35-38, 40, 67*

能仲文夫 *246*

ハ行
ハージ, G. *14*
ハウオファ, エペリ（Hau'ofa, Epeli）*52, 76*
橋本和也 *59*
バタ・テイナマシ（Bata Teinamati）*61*
林 大造 *269*
原ひろ子 *194*
バルト, F. *11*
パルモア, E. B. *195*

廣瀬淳一 *186*

深川宏樹 *28, 275*
深山直子 *22, 87, 90, 91, 93, 102, 103*

福井栄二郎 *25, 196, 200, 203, 207, 213*
ブラッシュ, ドン（Brash, D.）*91*

マ行
マーセラ, A. J. *9*
松嶋 健 *272*

ミード, M. *222*
三橋順子 *139*
宮島 喬 *135*

モース, M. *269, 270*
モーリス＝スズキ, T. *263*
モハダム, F. M. *9*

ヤ行
安井眞奈美（Yasui, M.）*25, 180, 183, 187*
八ッ塚一郎 *9*
矢内原忠雄 *245, 246*
山本真鳥 *57*

ユ・ヒョヂョン *135, 193*

吉岡政徳 *46, 207*
ヨネヤマ, リサ（Yoneyama, L.）*242, 257*

ラ行
レーナルト, M. *269, 272*
ローレンツ, K. Z. *6*
渡辺公三 *270*

地名索引

アメリカ（米国）*23, 27, 107, 109, 167, 219*

イギリス *68, 83*

インド *21, 35, 59, 83*

インドネシア *168*

ヴァヌアツ *21, 25, 35, 59, 193, 197*
　アネイチュム *25, 196*
　アンバエ *39, 45, 46*
　アンブリム *40, 46*
　サント *39, 46*

タンナ *202*
ペンテコスト *39, 46*
ポートヴィラ *45, 197, 200*
マエオ *39, 46*
メレ・ラヴァ *39, 46*

エンガ州 *28, 268, 273*

オーストラリア *3, 26, 43, 52, 55, 67, 197, 219, 225*
　アデレード *197*
　シドニー *197*
　ブリズベン *197*

メルボルン *76, 197*

沖縄 *27, 168, 241*
　那覇 *241, 249*

カナダ *55, 194*

カロリン諸島 *108, 167*

キリバス *17, 42, 59, 63*
　タビテウエア *61, 68, 76*
　バナバ *59, 63*

ギルバート・エリス諸島 *63*

→キリバス，ツバル

グアム　111, 124, 183

クイーンズランド州　52

クック諸島　96
　ラロトンガ　96

クロアチア　83

サイパン　241, 247

サモア　26, 94, 219
　アメリカ領——　222
　アピア　220

スコットランド　71, 98

スペイン　120, 168

ソサエティ諸島　133
　タヒチ　24, 133, 141
　パペーテ　141
　ボラボラ　24, 141

ソロモン諸島　3, 36. 59

チューク州　108, 116

台湾　167

中国　52
　北京　165

朝鮮半島　250

ツアモツ諸島　150, 151

ツバル　22, 59, 63, 67

フナフチ　71

テニアン　241

デンマーク　83

ドイツ　168, 219, 244

トラック　244
　→チューク

トンガ　3, 52, 94, 103, 197

ナウル　67

日本　27

ニューカレドニア　197, 272
　ヌーメア　197

ニュージーランド（アオテアロア）　22, 43, 82, 197, 219, 225
　オークランド　82, 87, 93, 197

ニューヘブリデス諸島　35
　→ヴァヌアツ

パプアニューギニア　3, 36, 268

パラオ（ベラウ）　25, 27, 111, 126, 165, 245
　アンガウル　168, 245
　コロール　168, 245
　コロール州　169
　バベルダオブ　169, 245, 254

ペリリュー　168, 249
マルキョク州　169

ハワイ　76, 82, 111, 124, 183, 244

バングラディシュ　186

フィジー　21, 35, 55, 197, 205
　ヴァヌア・レヴ　38, 67, 76
　ヴィチ・レヴ　38, 73
　ヴェイサリ　62-74
　オヴァラウ　38
　キオア　67
　サヴサヴ　67
　スヴァ　38, 60, 197
　タヴェウニ　38
　ナウソリ　38, 63
　ラウ諸島　65
　ランビ　59, 63
　ロトゥマ　36, 59

フィリピン　124, 168, 187, 241

ブーゲンヴィル　3

フランス　24
　——海外準県　133

フランス領ポリネシア　24, 133
　→ソサエティ諸島，ツアモツ諸島

ベラウ　25
　→パラオ

ポーンペイ　111, 124

ポナペ　244
　→ポーンペイ

マーシャル諸島　78, 175

マリアナ諸島　175, 241,

245
テニアン　241, 252

ミクロネシア連邦　23, 107

メラネシア　20

ヤップ　23, 109, 246
　コロニア　112

ヤルート　244

執筆者紹介（*は編者）

風間計博***（かざま・かずひろ）
京都大学大学院人間・環境学研究科教授
博士（文学）
専門：人類学，オセアニア社会研究
主要著書・論文：
『窮乏の民族誌―中部太平洋・キリバス南部環礁の社会生活』大学教育出版（2003），『共在の論理と倫理―家族・民・まなざしの人類学』［共編］はる書房（2012），『オセアニア学』京都大学学術出版会［共編］（2009），「序 現代世界における人類学的共生の探究」『文化人類学』81巻3号（2016）
執筆担当：はじめに，序章，第2章

丹羽典生（にわ・のりお）
国立民族学博物館研究戦略センター准教授
博士（社会人類学）
専門：社会人類学，オセアニア地域研究
主要著書・論文：
『脱伝統としての開発―フィジー・ラミ運動の歴史人類学』明石書店（2009），『〈紛争〉の比較民族誌―グローバル化におけるオセアニアの暴力・民族対立・政治的混乱』［編］春風社（2016），『現代オセアニアの〈紛争〉―脱植民地期以降のフィールドから』［共編］昭和堂（2013）
執筆担当：第1章

深山直子（ふかやま・なおこ）
首都大学東京社会科学研究科准教授
博士（社会人類学）
専門：社会人類学，先住民研究，オセアニア研究，沖縄研究
主要著書・論文：
『現代マオリと「先住民の運動」―土地・海・都市そして環境』風響社（2012），「先住民と暴力―マオリ像の変遷に関する試論」丹羽典生［編］『〈紛争〉の比較民族誌―グローバル化におけるオセアニアの暴力・民族対立・政治的混乱』春風社（2016）
執筆担当：第3章

柄木田康之（からきた・やすゆき）
宇都宮大学国際学部教授
文学修士
専門：文化人類学，オセアニア地域研究
主要著書・論文：
『ミクロネシアを知るための60章』印東道子［編］明石書店（2015），『オセアニアと公共圏』［共編］昭和堂（2012），「ヤップ州離島から見た国家と国民のスケッチ」須藤健一［編］『グローカリゼーションとオセアニアの人類学』風響社（2012），「ミクロネシア連邦離島社会の主流派島嶼への統合と異化」『文化人類学』81巻3号（2016）
執筆担当：第4章

桑原牧子（くわはら・まきこ）
金城学院大学文学部准教授
Ph.D.
専門：文化人類学
主要著書・論文：
Tattoo: An Anthropology. Oxford: Berg.（2005），"Living as and Living with Mahu and Raerae: Geopolitics, Sex, and Gender in the Society Islands". *Gender on the Edge: Transgender, Gay, and Other Pacific Islanders*. N. Besnier, K. Alexeyeff eds., Honolulu; University of Hawai'i Press.（2014）
執筆担当：第5章

安井眞奈美（やすい・まなみ）
天理大学文学部教授
博士（文学）
専門：文化人類学，日本民俗学
主要著書・論文：
『怪異と身体の民俗学―異界から出産と子育てを問い直す』せりか書房（2014），『出産環境の民俗学―〈第三次お産革命〉にむけて』昭和堂（2013），"The Participation of Youth and the Transmission of Arts at the 11th Festival of Pacific Arts, Solomon Islands 2012". *The Festival of Pacific Arts: Celebrating over 40 years of Cultural Heritage*. K. Stevenson with K. Teaiwa eds., USP Press.（2016），「パラオ共和国における出産のグローカリゼーション―出産儀礼に関する近年の動き」須藤健一［編］『グローカリゼーションとオセアニアの人類学』風響社（2012）
執筆担当：第6章

福井栄二郎（ふくい・えいじろう）
島根大学法文学部准教授
博士（学術）
専門：社会人類学
主要著書・論文：
「つながる思考としての多配列」白川千尋・石森大知・久保忠行［編］『多配列思考の人類学―差異と類似を読み解く』風響社（2016），「名の示すもの―ヴァヌアツアネイチュム島における歴史・土地・個人名」『文化人類学』77巻2号（2012）
執筆担当：第7章

倉田　誠（くらた・まこと）
東京医科大学医学部講師
博士（学術）
専門：医療人類学，障害学，生命倫理学
主要著書・論文：
「類似性から知識の動態へ　サモア社会の病気概念からみた多配列分類にもとづく社会分析の再検討」白川千尋・石森大知・久保忠行［編］『多配列思考の人類学―差異と類似を読み解く』風響社（2016），「グローバル化する精神科医療とサモアの精神疾患―マファウファウの病気をめぐって」須藤健一［編］『グローカリゼーションとオセアニアの人類学』風響社（2012）
執筆担当：第8章

飯髙伸五（いいたか・しんご）
高知県立大学文化学部准教授
博士（社会人類学）
専門：社会人類学，オセアニア研究
主要著書・論文：
「パラオ・サクラカイ―『ニッケイ』と親日言説に関する考察」三尾裕子・遠藤央・植野弘子［編］『帝国日本の記憶―台湾・旧南洋群島における外来政権の重層化と脱植民地化』慶應義塾大学出版会（2016），「「ニッケイ」の包摂と排除―ある日本出自のパラオ人の埋葬をめぐる論争から」『文化人類学』81巻2号（2016），"Remembering *Nan'yō* from Okinawa: Deconstructing the Former Empire of Japan through Memorial Practices." *History and Memory*. Vol.27 No.2 (2015)
執筆担当：第9章

深川宏樹（ふかがわ・ひろき）
国立民族学博物館先端人類科学研究部機関研究員
博士（文学）
専門：文化人類学
主要著書・論文：
「敵と結婚する社会―ニューギニア高地における紛争の拡大と収束の論理」丹羽典生［編］『〈紛争〉の比較民族誌―グローバル化におけるオセアニアの暴力・民族対立・政治的混乱』春風社（2016），「身体に内在する社会性と「人格の拡大」―ニューギニア高地エンガ州サカ谷における血縁者の死の重み」『文化人類学』81巻1号（2016）
執筆担当：第10章

交錯と共生の人類学
オセアニアにおけるマイノリティと主流社会

2017年3月31日　　初版第1刷発行　　定価はカヴァーに
　　　　　　　　　　　　　　　　　　表示してあります

　　　　　　　　編　者　風間計博
　　　　　　　　発行者　中西健夫
　　　　　　　　発行所　株式会社ナカニシヤ出版
　　　　　　　〒606-8161　京都市左京区一乗寺木ノ本町15番地
　　　　　　　　　　　　　　Telephone　075-723-0111
　　　　　　　　　　　　　　Facsimile　 075-723-0095
　　　　　　　　　　Website　http://www.nakanishiya.co.jp/
　　　　　　　　　　Email　　iihon-ippai@nakanishiya.co.jp
　　　　　　　　　　　　　　郵便振替　01030-0-13128

印刷・製本＝創栄図書印刷／装幀＝白沢　正／
中扉写真提供＝風間計博・倉田　誠・深川宏樹・福井栄二郎
Copyright © 2017 by K. Kazama
Printed in Japan.
ISBN978-4-7795-1144-8

本書のコピー，スキャン，デジタル化等の無断複製は著作権法上の例外を除き禁じられています。本書を代行業者等の第三
者に依頼してスキャンやデジタル化することはたとえ個人や家庭内での利用であっても著作権法上認められていません。

ナカニシヤ出版◆書籍のご案内　表示の価格は本体価格です。

平等論：霊長類と人における社会と平等性の進化

寺嶋秀明[著]

人間が平等を求める動物であることを初めて解き明かし，さらには平等を求める過程が社会を生み出すことを示す斬新な平等論。　　　　　　　　　　　　　　　　　　　　　2600円＋税

動物と出会う I：出会いの相互行為

木村大治[編]

人間と動物，動物と動物，人間と人間が出会うとき，そこでは何が起きるのか？　人類学，霊長類学，認知科学，心理学など多様な分野を横断し，人と動物のかかわりに肉薄する。　2600円＋税

動物と出会う II：心と社会の生成

木村大治[編]

人間と動物を同じ地平で考えるとき，「心」と「社会」はどうみえるのか？ 人類学，霊長類学，認知科学，心理学など多様な分野を横断し，人と動物のかかわりに肉薄する。　　　　2600円＋税

世界の手触り：フィールド哲学入門

佐藤知久・比嘉夏子・梶丸　岳[編]

菅原和孝が池澤夏樹と「旅」について語り，鷲田清一と「フィールド」について語る熱気溢れる対談と多彩な執筆陣の寄稿によるひと味ちがうフィールドワークへの誘い。　　　2600円＋税

遊牧・移牧・定牧：モンゴル，チベット，ヒマラヤ，アンデスのフィールドから

稲村哲也[著]

アンデス，ヒマラヤ，モンゴルの高所世界，極限の環境で家畜とともに暮らす人々。その知られざる実態に迫る貴重な記録。　　　　　　　　　　　　　　　　　　　　　　　　3500円＋税

響応する身体：スリランカの老人施設ヴァディヒティ・ニヴァーサの民族誌

中村沙絵[著]

老病死を支える関係性は，他人でしかない人々の間にいかに築かれているのか。少子高齢化の進むスリランカの老人施設が投げかける問いとは。うちすてられた人びとが集う施設のエスノグラフィー。　　　　　　　　　　　　　　　　　　　　　　　　　　　　　　　　　　　　5600円＋税

基礎から分かる会話コミュニケーションの分析法

高梨克也[著]

さまざまな会話コミュニケーションを明示的な方法論で観察し，理論的かつ体系的に説明しようとする人のための入門書。　　　　　　　　　　　　　　　　　　　　　　　　2400円＋税